新装版

英語の音声のすべてがここにある！

英語の発音 パーフェクト 学習事典

深澤俊昭 著

A Guide to Perfect English Pronunciation

本書は、2015年にアルクより刊行された「改訂版　英語の発音パーフェクト学習事典」の学習音声をダウンロード方式に変更した新装版です。

はじめに

　本書は、英語の音を身につけたいと思っているすべての人たちのために作られました。発音を初歩から学びたい人をはじめ、海外で英語を使う必要のある人、英語の資格試験を受ける人、大学などで英語を専攻していて音声に関心のある人、英語の教員を目指していて音声の指導に自信を持って臨みたい人、すでに英語を教えている人で実践的な発音指導法を学びたいという人まで、どのような立場の人でも目的に応じた使い方ができるように工夫されています。

　外国語の音声の習得は、母語の強烈な影響の下で行われるため、どうしても外国語の音を母語に引きつけて聞き、また母語の音で外国語の音の代用をしてしまいます。「通じない英語」の最大の原因は、実はここにあるのです。たとえ豊富な単語力があり、文法に詳しく、文字を通してであれば英語を理解できても、音声に関しては、耳と口とが日本語の音の枠組みのままではどうしても無理なのです。

　本書は日本語を母語とする人の立場に立って、その母語の影響によって生じる音の壁を乗り越え、短期間で確実に英語の音を習得するための方法を体系化したものです。日本語の母語話者にとって問題となる英語の音声現象をあらゆる角度から扱っています。著者自身が英語の発音に挑戦したその実体験、専攻した音声学、そしてさまざまな年代層の人や、いろいろな国の人たちに英語と日本語と音声学を教えてきた経験との融合から本書が生まれました。

　本書の英文の音声は基本的にすべてダウンロード音声（MP3）に収録され、テキストの該当個所に対応するファイル番号を表示してあります。また、英文には原則としてすべて日本語訳を付けました。テキストと音声を併せて活用し、母語の壁を乗り越え本物の英語の音を身につけてください。

　本書の新たな出版にあたり、アルクの鰤咲果さん、古木徳子さん、伴想社の坂本良輔さんにひとかたならぬお世話になりました。ここに深く感謝いたします。

2015年1月
深澤俊昭

CONTENTS

Part 1　リズム —— ホンモノ英語はリズムが決め手 ……………… 015

Part 2　イントネーション —— イントネーションが情報を伝える …… 061

Part 3　連結 —— 単語と単語の切れ目がわからなくなる ……………… 081

Part 4　同化 —— 隣の音に影響される ………………………………… 111

Part 5　短縮形 —— ひとつの単語に聞こえる短縮形 ………………… 125

Part 6　破裂 —— 聞こえなくなる破裂音 ……………………………… 147

本書の使い方

本書の構成

本書は、総論に当たる「日本語の音の壁を乗り越える」、各論に当たる1〜9までの各Part、特別講座の「マザー・グースで英語のリズムをマスター！」、および巻末の「資料編」の4部で構成されています。

また、学習に役立つコラムと、折り込み付録①「英語の発音記号」、②「アメリカ英語とイギリス英語の発音の違い」を収載しています。

各論のPartは、それぞれ内容が独立しています。もちろん、すべての項目をじっくり練習するのが理想的ですが、「興味のあるところからやってみよう」ということでも構いません。そういう場合は、まず「日本語の音の壁を乗り越える」は必ず読んでください。その後で、以下を目安に目的に応じて練習するといいでしょう。

まったくの初心者	Part 1、9を練習する
リスニングを重点的にやりたい人	Part 1、3、9を練習する
スピーキングを重点的にやりたい人	Part 1、8、9を練習する
中・上級者	Part 1、2と特別講座を練習する
3〜6カ月かけて、じっくり勉強したい人	Part 1から順に練習する
とにかくどれかひとつだけでも、という人	Part 1を繰り返し練習する

本書は英語の音声現象に関する事項をほぼ完全に網羅しています。わかりやすく分類されているので、事典としても活用できます。

各Partの構成

各Partは LET'S LISTEN、解説、いくつかの SECTION で構成されています。

LET'S LISTEN
そのPartで学ぶ音声現象が、実際に会話でどのように起きるかを体験するページです。ダウンロード音声を聞いて、自分の耳で確かめてください。

解説
そのPartで学ぶ音声現象の概要を説明しています。

各SECTIONの構成

各SECTIONは以下で構成されています。

EXAMPLES および解説
各Partで扱う音声現象をさらに細かく分類し、その具体例を挙げています。音声を聞いて確認し、必ず自分で言ってみてください。Part 1、6、7、9は4ページ、Part 2、3、4、5、8は2ページで構成されています。

EXERCISES および解答・解説
EXAMPLESを通して学んだことを確認し、定着させるための練習です。音声を聞いて行い、右ページの解答・解説で確認してください。EXERCISESの和訳は*p.*250を参照してください。

発音の表し方について

単語の発音記号は、原則として『プログレッシブ英和中辞典』（小学館）に沿っていますが、内容に応じて適宜本書独自のものを用いています。Partによっては、よりわかりやすくするためにカタカナの表記も併用しましたが、これは実際の音とは「似て非なるもの」ですから、参考程度にとどめてください。

ダウンロード音声について

本書の学習に必要な音声は、すべてお手持ちのスマートフォンやパソコンにダウンロードしてお聞きいただけます。(音声ファイルは MP3 形式ですが、ダウンロード時は zip ファイルに圧縮されています。)

本文中では、右のようなアイコンで音声ファイルを示しています。

音声のダウンロード方法

スマートフォンの場合

アルクの英語学習アプリ「booco」を使うと、本書の音声をさまざまな方法で聞くことができます。

① 以下の URL・QR コードから booco をインストールする
② booco を起動し、ホーム画面下の「さがす」をタップして商品コード「7024057」で本書を検索して、音声ファイルをダウンロードする。

https://booco.page.link/4zHd

パソコンの場合

パソコンに音声をダウンロードし、音声プレーヤーで聞くことができます。

※スマートフォンなどにダウンロードも可能ですが、zip ファイルとなるため、端末上で解凍→再生アプリで再生する必要があります。

①以下の URL にアクセスする。
②商品コード「7024057」で本書を検索し、音声ファイルをダウンロードする。

アルク「ダウンロードセンター」
https://portal-dlc.alc.co.jp/

※booco およびダウンロードセンターのサービス内容は、予告なく変更する場合があります。あらかじめご了承ください。

日本語の音の壁を乗り越える

英語を聞いたり、話したりすることは、とても難しいとあきらめている人は多いのではないでしょうか。しかし、使える英語を身につけるということは、決して不可能なことではありません。ただしそこには、乗り越えなければならない「壁」があるのです。

文としては正しい英語も声に出すと通じない！！

　大変有名なある日本人の先生が、国際学会で英語のスピーチをしました。あらかじめ作っておいた原稿を読んだのですから、英語の文章としては問題のないものだったはずです。ところが、その学会に出席していた英語のネイティブスピーカーの学者が、スピーチを聞いた後で、「何を言っているのか、まったくわからなかった」と言うのです。付け加えておくと、その日本人の先生は、言語を専門とする方でした。

　これは一見、極端な例のようですが、実はそうではありません。**英語の文としては正しくても、私たちがそれを声に出すとさっぱり通じないということは、国際的な会議だけではなく、いろいろな場面で頻繁に起きている**ことなのです。後で詳しく見ますように、原因はもちろん発音にあります。

　「日本人は英語が下手である」と、よく言われます。私たち日本人も、暗黙のうちにそれを認めている傾向があるようです。英語を相当勉強した人たちが、「どうもしゃべるのが苦手だ。それに、相手の言っていることがよくわからない」と言います。書かれた英文を読み上げても通じないのなら、その場その場で臨機応変に文を作って話をしていかなければならない日常会話は、まったくお手上げ、ということになってしまいます。

通じる英語の３つのポイント

　なぜこういうことになってしまうのでしょうか。通じる英語を身につけることは、特別な人たち、たとえば長い間英語圏で生活した人とか、普通の人にはまねのできないような勉強を何十年も朝から晩まで続けた人などを除いては、無理なことなのでしょうか。断じてそのようなことはありません。通じる英語は、だれでも身につけることができるのです。

たとえば、基本的な英単語、基本的な英文法、そして、これが重要なのですが、**日本語の発音をそのまま英語に移した発音ではなく、英語そのものの発音**を身につければ、日常のたいがいのことは聞き取れて話ができるようになるものです。単語は多く知っているに越したことはありませんが、単語を組み合わせて英文を作ることができなければ、話はできません。この単語を組み合わせる知識が基本的英文法です。要するに、中学校の英語がわかれば、後は、**発音の問題**であるということです。

　最初に挙げた国際的な学会での例は、文章はできていたわけですから、それが通じなかったのは、明らかに話した方の発音が悪かったのが原因です。問題は、ご本人は自分のスピーチが通じていないとは夢にも思っていない、言い換えれば、**自分の発音が英語の発音ではないことに気がついていない**ということにあるのです。自分の犯しているミスに気がついていないというのは、英語に関しては、何もこの大先生に限ったことではありません。私たちは、多かれ少なかれ、皆このミスに気がつかないのです。気がつかずにミスを犯している原因が何かがわかれば、通じる英語への道は、すでに半ばを越えたと言えるでしょう。

自分の話す英語がリスニングに影響

　ここまでは主としてスピーキングに視点を置いて話をしてきましたが、それではリスニングの問題はどうでしょうか。ここで大変大切なことでありながらあまり自覚されていない、リスニングとスピーキングの一体性について考えておく必要があるでしょう。

　それは、私たちは話をするとき、その話を自分でも聞いているということです。ネイティブスピーカーに通じない英語を話している場合、その通じない英語の音を自分でも聞いているのです。ということは、自分が作り出して耳にしている英語の音が、ネイティブスピーカーの音とはまったくかけ離れている場合、ネイティブスピーカーの英語を聞いてもわからないということになります。自分が作り出して耳にするのと同じタイプの英語なら（たとえば日本人同士の英語なら）よくわかるが、本物の英語になると駄目だということにもなります。

　これは、ニワトリが先か卵が先かの話に似ていますが、本物の英語の音を何度も聞き、まねをしていくことによって正しい発音が身についてくれば、同時にリスニング力も増大するということです。つまり、リスニングとスピーキングとは切り離して扱うことができず、両者が相互に影響し合って上達していくということなのです。その上達のための確実

なノウハウとでも言うべきものを示し、実践していくのが本書の目的です。

問題は母語にある

　一般に、ドイツ人やオランダ人は英語が上手だと言われています。また、たとえば中国人やフランス人の英語には、それぞれ独特の響きがあることが多いものです。これはなぜなのでしょうか。

　これは、母語の影響によって起こることなのです。**母語が何であるかによって、その人の話す英語は違ってきます**。これは当たり前のようでいて、実に重大なことを意味しています。

　すなわち、外国語を身につけて使いこなすということは、母語の壁を乗り越えることである、ということです。外国語の習得につまずく最大の原因は、母語にあるのです。母語の壁をどの程度乗り越えたかによって、その人の英語はネイティブスピーカーのようにもなるし、なまりのある英語にもなるし、通じない英語にもなるというわけです。外国語の習得は、だれにとっても難しいことは間違いありません。しかし、難しさの程度や、どういう点が難しいのかということは、学習者の母語によって違ってきます。

日本人は日本語の音の体系に組み込まれている

　私たちが英語の音に転化させたと思っていても、実際にはその転化が行われておらず、**ネイティブスピーカーにとっては、ただの雑音の連続となってしまっている**ことは多いのです。そして、それに気がついていないという点が、問題であるわけです。

　これは、私たちの母語である日本語が邪魔をしているせいです。私たちは、日本語を無意識に話しています。日本語を成り立たせているさまざまな音やその組み合わせを、無意識のうちに作り出しています。無意識に何かが行われる、というのは、それがしっかりと身についてしまっているということです。私たちは、だいたい、3歳のころまでに、母語の音の体系を身につけ、5、6歳でほぼ大人の水準に達します。母語を集中的に身につける1〜3歳のころは、大人になった私たちがあまり記憶していない時期です。その時期に身につけた母語の音の体系は、大変強い影響力を持っているのです。

　意味を理解するために必要な音の種類やその組み合わせには、日本語独自のものがあり、同じように英語にも英語独自の音とその組み合わせがあります。私たちは日本語を身につ

けていることによって、その日本語独自の音の体系を通して、英語の音を聞き、英語の音を作り出してしまうのです。たとえば、hat [hæt]、hot [hɑt | hɔt]、hut [hʌt]、heart [hɑːrt]、hurt [həːrt] などの母音をどれも日本語のア [a] として聞き、play [plei] を [pulei] のように [u] を入れて発音してしまう、といったことが起きます。

　すなわち、私たちは、**日本語の音の先入観とでも言えるものを持って英語を聞き、英語を話そうとするわけです。言い換えれば、日本語の音の体系という色眼鏡を通して英語に接している**のです。しかも、重要なことは、この先入観を持っているということ、その先入観に縛られているということに、私たちが気づいていないということなのです。先入観は、自覚することなくしては取り除けません。しかも自覚しただけでは不十分です。その先入観があまりに強いために、油断しているとすぐにまた引き戻されてしまいます。

日本語の音の体系から英語の音の体系へ

　日本語を母語としている私たちは、英語を学ぶときにはひとりの例外もなく、皆この母語の厚い壁に直面しています。**通じる英語を身につけた人は、この壁を乗り越えた人**なのです。それでは、日本語の音の壁を乗り越えるには、どうしたらいいのでしょうか。それを可能にする方法は何でしょうか。

　日本語と英語では音の体系が違うわけですから、まず行うべきことは、そのふたつの音の体系を分析し、違いをしっかりつかむことです。違いがわかったら、まず、その違いを違いとして認めることです（ちょうど、異文化間の異なる慣習、文化などを認めることと同じです）。違いを認めるということは、こういう発音では駄目で、こういう発音でなければいけない、英語の発音と日本語の発音とは、こういう点においてこのように違っている、ということを知ること、それに気づくことです。すなわち、「己を知り相手を知る」ということです。

　私たちは、発音に関してあまりにも無知であると言えます。読み書きだけが目的ならば話は別ですが、通じる英語を話し理解するというのであれば、「文法」をしっかり学ぶのと同様、「発音」もしっかり学ばなくてはなりません。英語の音への転化の法則を学び、練習によってそれを身につけなくてはならないのです。そうしなければ、日本語の音で英語を話し、日本語の音に引き寄せて英語を聞くということにならざるを得ません。

　通じる英語への道は、すなわち日本語の影響によって気づかずに通り過ぎている多くの問題点をひとつひとつ克服していくことだと言えます。

音の問題はここにある

それでは具体的に、英語のどのような点が、日本語を母語とする私たちにとって問題になるのでしょうか。以下に、日本語と英語の音の体系の違いから導き出される主な問題点を挙げてみます。これらはすべて、私たちひとりひとりにとって同じように難しいと言えるものです。

----

1. リズム → p.15 Part 1

英語は強弱の差をつけて話され、英語独自のリズムが生じる。

（例）**He tóld me that there was an áccident.**

- ● - - - - - ● - -

（大きい色丸の部分は強く、小さい色丸の部分は弱く発音される。p.25を参照）

----

2. イントネーション → p.61 Part 2

英語はイントネーション言語と言われ、日本語にはない複雑なイントネーションの使い方がある。

（例）`Yes ，Yes ´Yes ˇYes ˏYes

（記号はピッチの変化を示す。p.69を参照）

----

3. 連結 → p.81 Part 3

単語が滑らかにつながっていく現象がある。

（例）**Will you top it up?** to-pi-tup

----

4. 同化 → p.111 Part 4

音が変わってしまう現象がある。

（例）**Nice to meet you.** [t] + [j] → [tʃ]

[miːtʃu]

----

5. 短縮形 → p.125 Part 5

is、has、will、not などがほかの単語について短縮形になった場合、発音が変わる。

（例）**I knew you'd come.**

you had/would → you'd

6. 破裂の消失 → p.147 Part 6

破裂音があっても、実際には破裂が起こらない場合がある。

（例）**They all kept quiet.** [ke(p)(t) kwáiət]

7. 脱落 → p.177 Part 7

母音や子音の発音が省略されてしまう現象が起きる。

（例）**camera** [kǽmrə] ← [kǽm(ə)rə]

　　　next week [nekswíːk] ← [neks(t)wíːk]

8. 子音連続 → p.195 Part 8

日本語と違って、母音が入らずに子音だけが続く場合がある。

（例）**The child is clever.** [klévər]

9. 母音・子音の発音 → p.225 Part 9

区別しにくい音がある。

（例）**heart** [hɑːrt] / **hurt** [həːrt]　[ɑːr] / [əːr]

　　　bees [biːz] / **beads** [biːdz]　[z] / [dz]

　　　fly [flai] / **fry** [frai]　[l] / [r]

　　日本語の音の先入観とでも言うべきものは、無意識のものであるだけに、その根は実に深いものであるといえます。まず、先入観がある、ということを意識することから始めましょう。その先入観を意識した上で確認するように聞き、話すという態度を持ち続けることが大切なのです。小さいころから英語圏で生活し、その中で英語を身につけてきた人たちは別として、私たちのほとんどは、日本で英語を身につけようとしているのです。ですから、**本書で提示したような、確実でしかも効率的な方法がどうしても必要**となります。

　　本書は、日本人のスピーキングとリスニングにとってウイークポイントとなる**英語の音声現象を、ほぼ100パーセントに近い形でカバー**しています。本書を活用して、「英語の音」を身につけ、会話力のアップにつなげてください。

Part 1
リズム

DL
1_01

ホンモノ英語は
リズムが決め手

英語は強弱のリズムを持っています。
それを無視すると、英語にはなりません。

ダイアローグを聞いてみましょう

Bob: You **say** you're an ex-**con**? And **now** you're **work**ing for the **government**?

Timothy: It's an **unbeliev**able **sto**ry, **isn't** it?

Bob: But **what** do you **do** for them?

Timothy: **Surpris**ingly **enough**, I **steal** for them.

Bob: Do you **know** what you're **say**ing?

Timothy: That the **government** con**dones such** be**havior**? **Sure**, I do.

Bob: **What** would you **say** if I **told** you **you** were **despi**cable?

Timothy: **Listen**. I **always wanted** to **be** an en**gineer**. And I've **always thought** of my**self** as a **patriot**.

Bob: And **now** you're com**bin**ing the **two**?

Timothy: **Exactly**. **Call** it a **kind** of **reverse** en**gineer**ing, if you **will**.

強弱の差によって生じる英語のリズムは、リスニング・スピーキングの鍵を握る現象です。ここでは、██████ の単語の太字の部分が強になります。弾むように現れる強の部分に、遅れずに乗っていきましょう。

What do you do for them?

● ● ● ● ● ●

訳

ボブ：　　　　君は前科者で、しかもいまは国のために働いているって言うのかい？

ティモシー：　信じがたい話だろ？

ボブ：　　　　で、仕事の中身は？

ティモシー：　驚くなかれ、盗みだ。

ボブ：　　　　本気で言ってるのか？

ティモシー：　国家がそのような行為を看過するってことをかい？　もちろん本気さ。

ボブ：　　　　見下げ果てたやつめ、と言ったら何と言う？

ティモシー：　いいかい。ぼくはずーっと技術者になりたかったんだ。そしてずーっと愛国者だと自認してきた。

ボブ：　　　　それで、いまやそのふたつがうまく結合したとでも？

ティモシー：　まさにそのとおり。そうだな、「技術の方向転換」とでも呼んでくれたまえ。

日本人は日本語のリズムに縛られている

　日本人は、母語である日本語の音の体系に組み込まれている、ということはすでに述べました。これは、日本語の音を聞くときと同じように英語を聞き、話してしまうということでした。つまり、日本語の音の束縛が存在するということです。リズムも例外ではありません。例外ではないどころか、この**リズムこそが、日本語風の英語とネイティブスピーカーの英語とを、まったく違う言語であるかのようにしてしまう最大の要因**なのです。というのは、日本語と英語とはそれぞれ独自の言語リズムを持ち、しかもそのふたつはまったくと言っていいほど異なっているからです。

　幼児は、言語習得の過程で、母音や子音などの個々の音を身につける前に、その言語独自のリズムを身につけていると言われています。言語リズムは私たちにとって、それほど根源的なものだと言えるでしょう。ですから私たちのだれもが例外なく、日本語の言語リズムに縛られているのです。つまり、無意識のうちに日本語のリズムで英語を聞き、話しているということです。これでは、聞き取れるわけがありません——音の流れに乗っていないのですから。これでは、話しても通じないことになります——相手（ネイティブスピーカー）の作り出すリズムとまったく違っているのですから。

　私たちは、日本語のリズムの壁を乗り越えて、英語独自のリズムを身につける必要があります。聞くときでも、話すときでも、この英語のリズムに乗っていかなければなりません。

英語には英語独自のリズムがある

　以前、ラジオやテレビで、英語を母語とする人たちの話す日本語のまねをよく耳にしました。これは、どこかが特別に強くなったり、速くなったりする特徴を持っていました。

　前述したように、英語という言語の持つリズムは、日本語のそれとはまったく違うものです。たとえば、「それをください」という文があります。これは普通の日本語では、「そーれーをーくーだーさーい」のように、ひとつひとつの音の単位（音節）がだいたい同じ時間で発音されます。しかも、どこかがほかよりも特に強く発音されると

いうことはありません。要するに、どの音も均質的に現れてくる、ということです。これを仮に、英語的に発音したとすると、次のようにでもなるでしょうか。太字のところが強く話されます。

　　　　それを―ください

　外国人の話し方として私たちがまねするときのような日本語です。ここで見られる特徴は、次の2点です。

(1)　ひとつひとつの音が均質的に現れるのではなく、「**それを**」と「**く**ださい」というひとまとまりが、それぞれあたかもひとつずつの単位であるかのように現れる。

(2)　**そ**と**く**が、ほかよりも強く、際立って発音されている。

　要するに英語のリズムは、日本語の場合のように均質的に現れるのではないということです。

英語のリズムの特徴

　英語のリズムの特徴をまとめると、次のようになります。

(1)　**強弱（濃淡）**――英語では、話すときにほかよりも強いエネルギーを必要とする個所がある。そこは、聴覚的には際立って聞こえるところでもある。この強いところ（あるいは濃いところと言ってもよい）と、あまり強いエネルギーを必要としない弱いところ（あるいは淡いところ）とがいろいろな組み合わせで現れる。

(2)　**グループ性**――強いところは、弱いところを引きつけた形でひと塊になる。これは弱いところがいくつあっても同じで、強の部分にくっついていくような形になる。ちょうど、次の波の図のように、大波が小波を引き連れて現れるようなものである。

(3)　**等時性**――弱を従えた強は、盛り上がるようにして現れる。この強は、時間の上で比較的等しい間隔で現れる強い傾向がある。すなわち、最初の強から次の強までにかかる時間が、次の強からその次の強までにかかる時間とほぼ等しくなる傾向がある、ということになる。

(4) **緩急の差**——英語では、ひとつの発話が常に、たとえば「強弱・強弱・強弱」というリズムで行われるわけではない。単語の種類やその組み合わせ方によって、さまざまな強と弱の組み合わせが生じる。強と強との間に、弱がひとつもない場合もあれば、弱が3つ、4つ、あるいはそれ以上ある場合もある。ということは、強と強との間の弱が多くなればなるほど、強から強への等時性の傾向によって、その個所が速く話されることになる。

このようにして、ひとつの発話の中で、そのスピードには緩急の差が生じることになる。強が続くところや、弱の数が少ないところは、弱の数が多いところに比べてゆっくり通過することになる。反対に、弱が多くなればなるほど、速く通過するということである。

(5) **弱形**——英語の単語は、常に単独で発音されるときと同じように発音されるわけではない。文として話される場合、弱の個所では、発音があいまいになる傾向が強く、単語によっては、単独で発音されるときとはかなり違った発音になるものがある。これを弱形と言い、単独で発音された場合の強形と区別する。ところが、私たちは普通強形の発音だけを覚えているので、実際の発話で、弱形にすべきところでも強形の発音をしてしまうことが多い。しかし、ネイティブスピーカーの発話では、特に強調される場合を除いて、変形した発音、すなわち弱形で発音されるのが普通である。

弱形を取る語については、次ページ以降にリストを挙げておいた。

リズムをマスターするために

英語のリズムをマスターするポイントをまとめておきます。

(1) **強弱をはっきりと**——強の個所は、しっかりと際立つようにし、強・弱の差をつける。

(2) **スピードをコントロールする**——発話の中で、速めに通り過ぎるところは速く、ゆっくり言うべきところは間を取るような気持ちで発音する。すべてを早口で言おうとしてはならない。英語は全体が日本語より速いわけではない。速いところと遅いところがあることを覚えておく。

(3) **弱形の発音を押さえる**——自分勝手にあいまいにするのではなくて、弱形としての正確な発音を身につけるようにする。

弱形を取る語

 DL 1_03 **1．代名詞**

1.	me [miː]	→ [mi]	She wánted <u>me</u> to gó.
2.	you [juː]	→ [ju]	She dóesn't líke <u>you</u>.
3.	your [juər, jɔːr]		
		→ [jər]	It's <u>your</u> ówn fáult.
4.	he [hiː]	→ [hi]	<u>He</u> dídn't líke it.
		→ [i]	Hów did <u>he</u> dó it?
5.	his [hiz]	→ [iz]	I've forgótten <u>his</u> addréss.
6.	him [him]	→ [im]	We áll líke <u>him</u>.
7.	she [ʃiː]	→ [ʃi]	Whý does <u>she</u> knów that?
8.	her [həːr]	→ [hər]	<u>Her</u> chíld is in the hóspital.
		→ [ər]	She's lóst <u>her</u> hándbag.
9.	we [wiː]	→ [wi]	Thát's what <u>we</u> díd.
10.	us [ʌs]	→ [əs]	She wánted <u>us</u> to léave.
		→ [s]	Lét's dó it nów.
11.	them [ðem]	→ [ðəm]	We wátched <u>them</u> rúnning.
		→ [ðm]	I'll sée <u>them</u> in my óffice.

DL 1_04 **2．前置詞**

1.	at [æt]	→ [ət]	I'll sée you <u>at</u> the áirport.
2.	for [fɔːr]	→ [fər]	They were wáiting <u>for</u> the bús.
3.	from [frʌm]		
		→ [frəm]	I'm hóme <u>from</u> wórk.
4.	of [ʌv]	→ [əv]	The bóy is afráid <u>of</u> ánimals.
5.	to [tuː]	→ [tu]	He wánts <u>to</u> éat.
		→ [tə]	We'd líke <u>to</u> gó.

1. am [æm]　→ [əm]　<u>Am</u> I wróng?

　　　　　　→ [m]　I'<u>m</u> dríving hóme.

2. are [ɑːr]　→ [ər]　They <u>are</u> cóming tomórrow.

3. is [iz]　→ [z]　Jóhn'<u>s</u> cóming.

　　　　　　→ [s]　It'<u>s</u> cólder than yésterday.

4. was [wʌz]　→ [wəz]　There <u>was</u> nó replý.

5. were [wəːr]　→ [wər]　The quéstions <u>were</u> dífficult.

6. be [biː]　→ [bi]　It wón't <u>be</u> lóng.

7. been [biːn]　→ [bin]　We've <u>been</u> wátching the pláy.

8. have [hæv]　→ [həv]　<u>Have</u> you fínished?

　　　　　　→ [əv]　The chíldren <u>have</u> góne.

　　　　　　→ [v]　I'<u>ve</u> forgótten.

9. has [hæz]　→ [həz]　<u>Has</u> he cóme?

　　　　　　→ [əz]　Whích <u>has</u> been bést?

　　　　　　→ [z]　The ráin'<u>s</u> stópped.

　　　　　　→ [s]　The cát'<u>s</u> éaten the físh.

10. had [hæd]　→ [həd]　<u>Had</u> they góne?

　　　　　　→ [əd]　Whát <u>had</u> she fóund?

　　　　　　→ [d]　If ónly I'<u>d</u> knówn.

11. do [duː]　→ [du]　<u>Do</u> áll of you agrée?

　　　　　　→ [də]　Whát <u>do</u> they sáy?

12. does [dʌz]　→ [dəz]　Whén <u>does</u> it arríve?

13. can [kæn]　→ [kən]　Whát <u>can</u> I dó nów?

　　　　　　→ [kn]　You <u>can</u> trúst her.

14. could [kud]　→ [kəd]　Í <u>could</u> have hélped her.

15. must [mʌst]　→ [məst]　I <u>must</u> ópen the wíndow.

　　　　　　→ [məs]　You <u>must</u> trý hárder.

16. shall [ʃæl]　→ [ʃ(ə)l]　<u>Shall</u> we léave at tén?

17. should [ʃud] → [ʃ(ə)d] Whére <u>should</u> we kéep it?
18. will [wil] → [l] He'll be láte as úsual.
19. would [wud] → [wəd] <u>Would</u> you líke some móre?
→ [əd] Whát <u>would</u> háppen?
→ [d] I'<u>d</u> be delíghted to.

DL 1_06 **4．冠詞、接続詞、関係詞ほか**

1. an [æn] → [ən] I néed <u>an</u> énvelope.
2. some [sʌm] → [s(ə)m] I néed <u>some</u> wíne for cóoking.
3. and [ænd] → [ənd] Hám <u>and</u> éggs.
→ [ən] He's táll <u>and</u> thín.
→ [n] Bréad <u>and</u> bútter.
4. but [bʌt] → [bət] Lást <u>but</u> nót léast.
5. as [æz] → [əz] Júst <u>as</u> you líke.
6. than [ðæn] → [ðən] Thís is bígger <u>than</u> thát.
7. there [ðɛər] → [ðər] <u>There</u> múst be a mistáke.
8. who [huː] → [u] There's a mán <u>who</u> wánts to sée you.
9. that [ðæt] → [ðət] I belíeve <u>that</u> it's trúe.

単語のアクセント

EXAMPLES

DL 1_07

1. fórward
2. páttern
3. políce
4. prefér
5. áverage
6. génerous
7. contríbute
8. impórtant
9. rècomménd
10. introdúce
11. cómfortable
12. últimately
13. unfórtunate
14. compárison
15. sèntiméntal
16. càlculátion
17. exàminée
18. concèssionáire

POINT

英語の単語は、それぞれ強勢の位置が決まっています。たとえば fórward [fɔ́ːrwərd] は、前の fór- のところに、políce [pəlíːs] は後ろの -líce のところに強勢が置かれます。間違ってこの強勢の位置を変えてしまうと、単語の形が崩れて理解されなくなります。●は強勢が置かれる音節、●は強勢が置かれない音節を示します。

II

DL
1_08

1. **pó**litics　po**lí**tical　pòli**tí**cian

2. **ín**tel**lèct**　in**tél**ligence　ìntel**léc**tual

3. **dé**mo**cràt**　de**mó**cracy　dèmo**crá**tic

4. **bé**nefit　be**né**ficent　bène**fí**cial

III

DL
1_09

1. **cón**duct 名 / con**dúct** 動

2. **ín**sult 名 / in**súlt** 動

3. **éx**port 名 / ex**pórt** 動

4. **pér**mit 名 / per**mít** 動

5. **és**cort 名 / es**córt** 動

6. **fré**quent 形 / fre**quént** 動

訳

I 1. 前方の（へ）
2. 模様
3. 警察
4. …を好む
5. 平均
6. 寛容な
7. 貢献する
8. 重要な
9. 推奨する

10. 紹介する
11. 快適な
12. 最終的に
13. 不運な
14. 比較
15. 心情的な
16. 計算
17. 受験者
18. 権利保有者

II 1. 政治　政治的な　政治家
2. 知性　知能　知性の
3. 民主主義者　民主主義　民主的な
4. 利益　慈善心に富んだ　有益な

III 1. 行為／（業務など）を行う
2. 侮辱／侮辱する
3. 輸出／輸出する
4. 許可（書）／許す
5. 付き添い／付き添う
6. たびたびの／（場所）へしばしば行く

解 説

英語の単語に見られる強勢現象には、次のような問題点があります。

強勢現象の問題点

⑴　強勢は、母音や子音と同様に、単語を構成する要素のひとつであり、単語を識別するために不可欠なものである。

⑵　単語の強勢は、英語の発話における独特のリズムを作り出す基本的な要素となる。

⑶　英語に見られる強勢およびリズムは、日本語には見られない現象である。そのため習得するのが大変難しく、リスニング・スピーキングの面で大きな障害となる。

　⑵および⑶に関しては後で詳しく扱います。ここでは⑴に関して、英語の単語における強勢現象の特徴をまとめておきましょう。

⑴ 強勢の位置が各単語ごとに違っている。(EXAMPLES I)

a）強勢の位置に関してある種の傾向は見られるが、例外が非常に多いので、単語全体に共通する規則と言えるものがない。従って、ほかの言語のように、常に最後の音節に強勢がくるとか、派生語などの場合に、強勢が語根（root）以外にはこない、というようなことが言えない。

b）EXAMPLES I の 1 ～ 4 は 2 音節語、5 ～ 10 は 3 音節語、1 ～ 18 は 4 音節語における強勢の位置の例である。2 音節語には 2 種類、3 音節語には 3 種類、4 音節語には 4 種類の異なる強勢の型があるということになる。

⑵ 派生語において、強勢の位置の移動が見られる。(EXAMPLES II)

órigin	oríginal	originálity
cátegory	càtegórical	càtegorizátion

(3) 品詞によって強勢の位置に違いが生じる。（EXAMPLES Ⅲ）

ímport 名 / impórt 動　　　íncrease 名 / incréase 動

óverflow 名 / òverflów 動　cóntent 名 / contént（動・形）

(4) 強勢のレベルの問題

a) 強勢のレベルをふたつに分けるか、3つに分けるか、あるいはそれ以上に分けるかは、学者によって異なる。

b) 第2強勢（ ˋ ）は、単語が単独に発音された場合にははっきりと見られるが、文（発話）においては特別に強調される場合を除いて、自然に弱まる傾向が強い。ということは、リズムの面から見ると、単語の第1強勢がそのまま文（発話）のうえでも強勢を取って強いビートを形成していくとき、第2強勢は弱まり、強いビートを取らない（のが普通）ということである。（以下の例で、○は第2強勢を表す）

ìntelléctual　　　Jáck is an intelléctual pérson.
○ ● ● ● ●　　　● ● ● ● ● ● ● ● ● ●

òverflów　　　　The ríver overflówed.
○ ● ●　　　　● ● ● ● ● ●

c) 実践的には、第2強勢は、母音に注意すれば、特に強さを意識する必要はないと言える。

EXERCISES

DL
1_10

I 音声を聞いて、各語の強勢を確かめ正しく発音しましょう。

1. diplomat   diplomacy   diplomatic

2. hypocrite   hypocrisy   hypocritical

3. mechanism   mechanical   mechanician

4. telegraph   telegraphy   telegraphic

5. photograph   photographer   photographic

6. idea   ideology   ideological

7. competence   competitor   competition

8. person   personify   personality   personification

9. method   methodical   methodology   methodological

DL
1_11

II 音声を聞いて空欄を埋め、強勢の位置に注意して発音しましょう。

1. She practiced hard to _____ her technique.

2. Japanese farm _____ came under pressure from foreign competition.

3. He told me that your _____ at school has improved.

4. Try to _____ the final word. （ふたとおりの読み方で読まれている）

5. Their _____ effort brought success.

6. The children went to bed without _____.

7. She _____ herself with listening to the _____.

8. His sudden visit caused quite an _____.

9. The doctor said that she's _____ nicely.

解答・解説

　以下に記す発音記号と強勢符号を参考に、ダウンロード音声を活用して正しい発音を身につけましょう。アルファベットのスペリング（文字）と実際の音との間にはギャップがあります。特に、強勢の位置は文字からはまったくわかりません。これを機会に、発音記号とともに強勢の位置に特に注意を払うようにしましょう。

　　　　　＊　　　　　　＊　　　　　　＊　　　　　　＊

Ⅰ　**1.** [dípləmæt]　[diplóuməsi]　[dìpləmǽtik]　「ディ」→「ロゥ」→「マ」

　2. [hípəkrit]　[hipǽkrəsi]　[hìpəkrítik(ə)l]　「ヒ」→「パ」→「ｸリ」

　3. [mékənìzm]　[məkǽnik(ə)l]　[mèkəníʃ(ə)n]　「メ」→「カ」→「ニ」

　4. [téləgræ̀f]　[təlégrəfi]　[tèləgrǽfik]　「テ」→「レ」→「ラ」

　5. [fóutəgræ̀f]　[fətágrəfər]　[fòutəgrǽfik]　「フォゥ」→「タ」→「ｸラ」

　6. [aidí(:ə)]　[àidiáləd ʒi]　[àidiəládʒik(ə)l]　「ディ」→「ア」→「ラ」

　7. [kámpit(ə)ns]　[kəmpétitər]　[kàmpitíʃ(ə)n]　「カ」→「ペ」→「ティ」

　8. [pɔ́:rs(ə)n]　[pə(:)rsánəfài]　[pɔ̀:rsənǽləti]　[pə:rsànəfəkéiʃ(ə)n]
　　　　　　　　　　　　　　　　　　　　　　「パ」→「サ」→「ナ」→「ケ」

　9. [méθəd]　[məθádik(ə)l]　[mèθədáləd ʒi]　[méθədəládʒik(ə)l]
　　　　　　　　　　　　　　　　　　　　　　「メ」→「サ」→「ダ」→「ラ」

Ⅱ　**1.** perfect [pərfékt] 動 / [pɔ́:rfikt] 形

　2. produce [prád(j)u:s | pródju:s] 名 / [prəd(j)ú:s] 動

　3. conduct [kándʌkt | kón-] 名 / [kəndʌ́kt] 動

　4. accent [ǽksent] [æksént]（英は[əksént]）動 / [ǽksent] [ǽks(ə)nt] 名

　5. concerted [kənsɔ́:rtid] 形 / [kánsə(:)rt]（英は[kónsət]）名　[kənsɔ́:rt] 動

　6. protest [próutest] 名 / [prətést] 動（米は[próutest]もある）

　7. contented [kənténtid] 動 / [kántent] 名　[kəntént] 形

　　　record [rékərd | rékɔ:d] 名 / [rikɔ́:rd] 動

　8. upset [ʌ́pset] 名 / [ʌpsét] 動 形

　9. progressing [prəgrésiŋ] 動 / [prágres]（米）　[próugres]（英）名

単語がふたつ続いたときの強勢型

EXAMPLES

 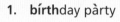

I

1. **bírth**day pàrty
2. piáno còncert
3. **chéw**ing gùm
4. **fíre** èngine
5. **týpe**writer rìbbon
6. **cóf**fee grìnder
7. **ráil**way stàtion
8. **sléep**ing bàg
9. **bráin** dèath
10. **hóme**wòrk

II

1. **ápp**le **píe**
2. **príme mín**ister
3. **séa bréeze**
4. **cíty háll**
5. **láce cúr**tain
6. **séc**ond **cláss**
7. the **Réd Cróss**
8. **spríng béd**
9. **púb**lic **sérv**ant
10. **bláck bóx**

POINT **bírth**day pàrty は、前の単語に強勢が置かれ、**ápple píe** は両方の単語に強勢が置かれます。**dárk**ròom（暗室）と **dárk róom**（暗い部屋）は、強勢の置かれ方によって意味が違ってしまいます。このように、単語がふたつ以上続いた場合の強勢型を覚えましょう。

III

1. a) **dárk**ròom
   b) **dárk róom**

2. a) **gréen**hòuse
   b) **gréen hóuse**

3. a) **hót**plàte
   b) **hót pláte**

4. a) **frée**hànd
   b) **frée hánd**

5. a) **cóp**perplàte
   b) **cóp**per **pláte**

6. a) **gránd**mòther
   b) **gránd mó**ther

訳

I
1. 誕生パーティー
2. ピアノコンサート
3. チューインガム
4. 消防（自動）車
5. タイプライターのインクリボン
6. コーヒー挽き（器）
7. （鉄道の）駅
8. 寝袋
9. 脳死
10. 宿題

II
1. アップルパイ
2. 首相
3. 海からの風
4. 市庁舎
5. レースのカーテン
6. 二流（の）
7. 赤十字社
8. スプリング（を使った）ベッド
9. 公務員
10. ブラックボックス（フライトレコーダー）

III
1. a）暗室
   b）暗い部屋
2. a）温室
   b）緑色の家
3. a）ホットプレート
   b）熱い皿
4. a）手描きの
   b）自由裁量
5. a）銅板
   b）銅製の皿
6. a）祖母
   b）偉大な母

解説

　強勢現象は英語に独特なものなので、単語がひとつの場合の強勢型はもとより、ふたつ（以上）続いた場合の強勢型には特に注意が必要です。

強勢とは

　強勢（stress）とは、単語のある部分（音節と言う）を、ほかの部分（音節）より「際立たせる、目立たせる」ために、その部分に費やされる強いエネルギーであると言えます。具体的には、声を大きくする、ピッチを高めたり変化をつけたりする、あるいは、時間をかけて長めに発音したりする、などが挙げられます。また、母音の種類によっても際立たせ方に違いが出てきます。

　英語では、この強勢が、単語に欠くことのできない要素のひとつとなっていて、2音節以上の単語では、必ずどこかの音節に強勢が置かれます。そのため、強勢の位置を間違えたり、強勢のつけ方が不十分であったりすると、単語が識別されなくなったり、違った意味になってしまったりします。すなわち、英語における強勢現象は根源的なものであって、あってもなくてもよいというものではありません。英語のネイティブスピーカーには、ある音節に強勢を置き、ある音節には強勢を置かないという慣習が強くしみ込んでいます。そのため、彼らは、この強勢現象には、実に敏感なのです。

日本語には強勢現象がない

　ところが私たちの日本語には、この強勢現象がありません。ですから私たちは、この強勢現象を感じる力、作り出す力が大変弱いのです。日本語の影響によって、私たちの内部には、ある音節がほかの音節よりもいっそう際立って強いビート（beat）あるいは律動（pulse）を持って現れる現象を感じる力がない、あるいはあってもきわめて乏しいということなのです。これは、私たちの日本語が、強弱をベースとしないで、ひとつひとつの音節が比較的均等に発音される言語であることによるものです。

　外国人が日本語にもともとない強勢をつけて話しても、変に聞こえる程度であって、理解できないとか、意味を取り違えるということはまずありません。日本

語にとって強勢はあまり重要ではないからです。しかし逆は真ならずで、英語においては強勢こそが重要なのですから、これを間違ったりいい加減にしたりしては、それはもう英語ではなくなってしまうのです。

強弱のコントロール

　一般的に言って私たちの話す英語は、強勢のあるべき音節が十分際立たない傾向が強く、どうしても、日本語的に平坦になってしまいがちです。私たちは、まずどこに強勢があるかを学ばなければなりません。そしてそれがわかったら、そこに十分な強勢を置くように、意識的に努めなければなりません。つまり、その音節がほかの音節よりも十分「際立つ」ように、その個所に十分なエネルギーを使うということです。そして同時に、強勢のない音節には、多くのエネルギーを使って必要以上に「際立たせてしまう」ことのないように、強と弱とをコントロールすることが大切です。

EXERCISES

I 音声を聞いて、各語句の強勢の位置を確認し正しく言ってみましょう。

1. kitchen sink	**2.** orange juice
3. morning paper	**4.** morning glory
5. night school	**6.** night watchman
7. night shift	**8.** nighttime
9. summer weather	**10.** summertime
11. waterfall	**12.** table tennis
13. fellow citizen	**14.** star player
15. snowman	**16.** home run
17. jackknife	**18.** cross-examine

II 音声を聞いて、下線部の強勢型と、（　　）内のどちらの意味を表しているかを確認しましょう。ただし、本当はひとつの単語としてつづられるものも、語間はすべて空けてあります。

1. Can I use the <u>white board</u>? （白い板／ホワイトボード）

2. Where did you buy the <u>gold fish</u>? （金製の魚／金魚）

3. Put the newspapers in the <u>paper bag</u>. （紙袋／書類入れ）

4. They exchanged <u>cross words</u>. （パズル／怒りの言葉）

5. Do you mean a <u>green belt</u>? （緑地帯／緑色の帯）

6. We need a <u>strong box</u>. （丈夫な箱／金庫）

7. We saw a few <u>black birds</u> in the park. （黒い鳥／クロウタドリ）

8. He's in that <u>moving van</u>. （走っている車／家具運搬車）

9. I'd like to meet that <u>dancing girl</u>. （踊っている娘／踊り子）

10. Put it in the <u>glass case</u>, please. （ガラスの箱／グラス入れ）

bláckbòard（黒板）、grándfàther（祖父）、crédit càrd（クレジットカード）、bírd wàtching（野鳥観察）、lífestỳle（ライフスタイル）、áir-condìtion（エアコンをつける）、などのように、ふたつまたはそれ以上の単語が、意味の上からひとつの単語のようになっているものを複合語と言います。最初の語に強勢が置かれるものが圧倒的に多いのですが、例外もあり、また、英米その他で違うこともあります。なお、複合語でないもの（最初の単語が次の単語を修飾するような場合）は、両方の単語に強勢が置かれます。（[例] a réd cár）

複合語の種類と意味およびその強勢型については、辞書などでひとつひとつ学ばなければなりません。単語の強勢型が決まっているように、複合語の強勢型も決まっているためです。sléeping bàg（寝袋）は複合語で、最初の単語に強勢があります。これを日本語の影響で、sléeping bág のように言うと、「寝ている袋」になってしまいます。私たちは、無意識のうちに平坦な発音になる傾向があるので、複合語に関しては、特に注意が必要です。

＊　　　　　＊　　　　　＊　　　　　＊

I

1. ´ ` 　台所の流し（台）
2. ´ ` 　オレンジジュース
3. ´ ` 　朝刊
4. ´ ` 　朝顔
5. ` ´ 　夜学
6. ´ ` 　夜警員
7. ` ´ 　夜勤、夜間労働者
8. ´ ` 　夜、夜間
9. ´ ` 　夏の天候（気象）
10. ´ ` 　夏時間（の期間）
11. ` ´ 　滝
12. ´ ` 　卓球
13. ´ ` 　同国民
14. ´ ` 　花形選手
15. ` ´ 　雪だるま
16. ´ ` 　ホームラン（野球）
17. ` ´ 　ジャックナイフ
18. ´ ` 　詰問する、反対尋問する

II　先に出ているものが正解

1. whíte bóard　白い板／whítebòard　ホワイトボード
2. góldfìsh　金魚／góld físh　金でできた魚（飾り）
3. páper bàg　書類（紙）入れ／páper bág　紙の袋
4. cróss wórds　怒りの言葉／crósswòrds　クロスワード（パズル）
5. gréenbèlt　緑地帯／gréen bélt　緑の帯、緑帯（柔道）
6. stróngbòx　金庫／stróng bóx　丈夫な箱
7. bláckbìrds　クロウタドリ／bláck bírds　黒い鳥
8. móving vàn　家具運搬車／móving ván　動いている車（バン）
9. dáncing gìrl　踊り子／dáncing gírl　踊っている少女
10. gláss cáse　ガラスの箱／gláss càse　グラス入れ

単語のアクセントが生む文のリズム

EXAMPLES

 I 強勢がひとつの場合

 DL 1_17

1. **Gíve** it to him.
   ● · · ·

2. I've **héard** of it.
   · ● · ·

3. I can **sée** it.
   · · ● ·

 II 強勢がふたつの場合

 DL 1_18

1. **Pút** it on the **désk**.
   ● · · · ●

2. It **úsed** to be **míne**.
   · ● · · ●

3. I **dón't** belíeve you.
   · ● · ● ·

 III 強勢が3つの場合

 DL 1_19

1. I'll **máke** it **hót**ter, if you **líke**.
   · ● · ● · · ●

2. I'm **súre** that he **wánts** to **búy** it.
   · ● · · ● · ● ·

3. I **wánt**ed to **méet** her ag**áin**.
   · ● · · ● · · ●

POINT　英語では、単語や複合語の強勢が、文（発話）のリズムを作り出します。強勢のあるところが、強いビートとなって、ボン、ボンと山のように現れてきます。強勢のないところは谷のような感じです。山は、強めにはっきりと、谷は弱めに発音します。

IV　強勢が４つの場合

1.　I cán't forgét the thíngs she sáid.
　　　　● 　●　 　●　● 　　●　 　●　　●

V　強勢が５つの場合

1.　I suppóse you wánt me to bríng it báck toníght.
　　　● 　●　●　 　●　●　●　 　●　●　 　●　●　●

訳

I 1. 彼にあげて。
　　2. 聞いたことがある。
　　3. 見えるよ。

II 1. 机の上に置いて。
　　2. もとは私のものだった。
　　3. 信じられない。

III 1. よかったらもう少し熱くしようか。
　　2. きっと彼はそれを買いたがるね。
　　3. もう一度彼女に会いたかった。

IV 1. 彼女があれこれ言ったことは忘れられない。

V 1. 今晩それを返してほしいんでしょ。

解 説

　英語の強勢現象は、単語や複合語だけのものではなく、単語がいくつか続いた文（発話）の場合にも見られます。その場合、普通は、単語の強勢がそのまま発話の際の強勢になります。従って2音節以上の単語では、すでに見たように必ずどこかの音節に強勢が置かれるわけですから、その音節がそのまま発話においても強勢を受けることになります。

　　1音節の単語では普通、本動詞、名詞、形容詞、副詞、疑問詞、数詞などの、いわゆる**内容語**（content words：実質的意味内容が濃い語）と言われるものは強勢を受けます。これに対して助動詞、前置詞、人称代名詞、接続詞、関係詞などの、いわゆる**機能語**（function words：主として文法上の関係を示す語）と言われるものは強勢を受けません（これはあくまでも原則であって、前後の関係、強調、また発話のスピードなどによっても変化します）。なお、単語がひとつだけの発話もありますが、その場合は、必ずその単語に強勢が置かれます。

　　Cértainly. (●●●)　Súre. (●)　Yés. (●)　Yóu. (●)　Mé? (●)

　以下、1音節の単語で通常強勢を受けるものを、例を挙げてまとめておきましょう。下線を引いた単語が各項目の例となっている単語です。

1. 名詞
I spóke to her by phóne. / I'll gíve you a cáll.

2. 本動詞
Whát do you wánt? / I wróte a létter to her.

3. 形容詞
It was a sád stóry. / She's a góod dríver.

4. 副詞
I wént thére with my fríend. / Thére she góes.

5. 疑問詞
Whén did he cóme? / Whát did she sáy?

6. 所有代名詞（mine, yours, his, hers, theirs, etc.）
   Hís is on the táble. / Is thís bág yóurs?

7. 指示代名詞（this, that, these, those）
   Whát's thát? / Thís is my bróther.

8. 数詞、その他の数量を表す語
   （each, few, some, both, one, two, three, etc.）
   We áte sóme of it. / She bóught twó bóxes of chócolates.

9. 否定詞（no, not）
   Nó smóking. / I'm féeling nó bétter. / I'm nót cóming.

10. 感投詞
    Óh déar! / Gósh, I'm húngry. / Mý góodness!

11. 文意から
    It's mé. / Whý shóuld I? / You dón't líke it, dó you?

EXERCISES

音声を聞いて、空欄を埋め、強勢に注意して言ってみましょう。

**DL
1_22**

1. I've _____ for it.

2. They _____ it from me.

3. He's at _____.

4. They were _____ ones.

5. _____ she _____?

6. It's _____ _____.

7. He's _____ _____.

8. It's _____ all _____.

9. I'm _____ my _____ is _____.

10. I _____ it was an _____ _____.

11. You'd _____ be as _____ as you _____.

12. I _____ be _____ if they _____.

13. He _____ to _____ to _____ at _____.

14. She _____ _____ and _____ _____.

15. It's _____ what I _____ to _____ you about.

16. _____ and _____ what the _____ _____ in the _____.

17. It's the _____ of _____ that I _____ _____ _____.

18. I'd _____ to _____ a _____ to the _____ _____.

19. I _____ I can _____ _____ to _____ _____.

20. We'd _____ _____ to _____ you to _____ _____ in the _____.

解 答 ・ 解 説

英語の文（発話）には、少なくとも1カ所は強勢を受けるところがあります。その数は、発話を構成する単語の種類によって違います。●のところでおなかからウッと空気を押し出すような気持ちで言ってみましょう。

　　　　　　　　*　　　　　　*　　　　　　*　　　　　　*

1. I've (páid) for it.
2. They (tóok) it from me.

3. He's at (hóme).
4. They were (néw) ones.

5. (Whére's) she (fróm)?
6. It's (nó) (góod).

7. He's (fást) (asléep).
8. It's (quíte) all (ríght).

9. I'm (afráid) my (són) is (íll).

10. I (thóught) it was an (éxcellent) (idéa).

11. You'd (bést) be as (quíck) as you (cán).

12. I (shóuldn't) be (surprísed) if they (forgét).

13. He (hás) to (gó) to (wórk) at (séven).

14. She (sát) (tíght) and (dídn't) (móve).

15. It's (nót) what I (wánted) to (ásk) you about.

16. (Cóme) and (sée) what the (cát) (díd) in the (kítchen).

17. It's the (kínd) of (fílm) that I (símply) (cán't) (enjóy).

18. I'd (líke) to (pláce) a (cáll) to the (Uníted) (Státes).

19. I (thínk) I can (convínce) (Jóan) to (cóme) (alóng).

20. We'd (álso) (líke) to (invíte) you to (táke) (párt) in the (gáme).

SECTION 4

周期的に現れる強いビート

EXAMPLES

I

1. **Cóme.**
   ●

2. **Cóme** to **téa.**
   ● ● ●

3. **Cóme** to **téa** with **Jóhn.**
   ● ● ● ● ●

4. **Cóme** to **téa** with **Jóhn** and **Máry.**
   ● ● ● ● ● ● ● ●

5. **Cóme** to **téa** with **Jóhn** and **Máry** at **tén.**
   ● ● ● ● ● ● ● ● ● ●

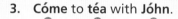

II

1. **Thánk** you.
   ● ●

2. **Thánk** you **véry** **múch.**
   ● ● ● ● ●

3. **Thánk** you **véry** **múch** for **éve**rything.
   ● ● ● ● ● ● ● ●

4. **Thánk** you **véry** **múch** for **éve**rything that you **díd**
   ● ● ● ● ● ● ● ● ● ●

   for us.
   ● ●

042

英語の発話では、強勢から強勢までの間が、時間的に等しくなろうとする強い傾向が見られます。これを強勢の等時性と言います。強いビートが等間隔に現れる傾向です。メトロノームを使ったり、手で机をたたいたりして、強勢の間隔パターンに慣れましょう。

DL
1_25

1. I'm amúsed.

2. I'm amúsed by the mán.

3. I'm amúsed by the mán and his jókes.

4. I'm amúsed by the mán and his fúnny jókes.

5. I'm amúsed by the mán and his véry fúnny jókes.

訳

Ⅰ 1. 来て。
2. お茶に来て。
3. ジョンとお茶に来て。
4. ジョンとメアリーとお茶に来て。
5. 十時にジョンとメアリーとお茶に来て。

Ⅱ 1. ありがとう。
2. どうもありがとう。
3. 何から何までどうもありがとうございます。
4. 私たちのために何から何までやってくださって本当にありがとうございます。

Ⅲ 1. 面白い。
2. その男性は面白い。
3. その男性と彼のジョークは面白い。
4. その男性と彼のおかしなジョークは面白い。
5. その男性と彼のものすごくおかしなジョークは面白い。

解 説

　世界の言語は、リズムの面から見て大きくふたつに分けられます。強勢のある（強く際立つ）音節と、強勢のない（弱く際立たない）音節との組み合わせから成り、この強勢のある音節から次の強勢のある音節に、弾むようにして跳んでいくタイプのリズムを持っている言語、これを強勢リズムの言語（stress-timed languages）と言います。英語は、強勢リズム（stress timing）を持っている言語のひとつです。

強勢の等時性

　強勢は、比較的等間隔に現れようとする強い傾向（**等時性**）を持っています。これは、弱いビートを縫うようにして、強いビートが繰り返し、比較的規則的に現れようとすることを意味します。そこで、たとえば下のふたつの英語を比べてみると、次のようなことが言えます。

1.　Á, B́, Ć, D́, É, F́, Ǵ, H́.
　　● ● ● ● ● ● ● ●

2.　Gíve it to me this mórning and I'll fínish it by this évening.
　　● ● ● ● ● ● ● ● ● ● ● ● ● ● ● ●

　a）1. の英語は音節の数の点では 2. の英語の半分しかありません（1. は 8 音節、2. は 16 音節）。しかし、強勢の数の点では、1. は 2. の倍になります（1. は 8 強勢、2. は 4 強勢）。そこで、普通に話した場合、1. の英語は、2. の英語の約 2 倍の時間がかかるのです。

　b）1. の英語は、弱音節がひとつもないため、Á , B́ , Ć . . . とひとつずつが規則的にボン、ボン、ボン……の調子で現れてきます。しかし 2. のほうは、強勢のある音節は 4 つしかなく、残りの 12 音節はすべて弱音節です。英語の強勢は強い等時性を持っていますから、弱音節は、数が多くなればなるほど速く言われるようになり、いわば圧縮されて、発音が弱くはっきりしなくなります。

日本語は音節リズムの言語

　これに対して、日本語は**音節リズムの言語**（syllable-timed languages）のひとつであって、英語のように強弱をベースにして、ある特定の音節（強勢のある音節）が規則的に現れるタイプとは違います。つまり、すべての音節が、強弱の差を特別につけず、均質的に等間隔で現れるという音節リズム（syllable timing）を持った言語なのです。ですから、たとえば、１. ナマタマゴヲカケテタベマシタ（生卵をかけて食べました）は14音節、２. タマゴヲタベタ（卵を食べた）は７音節で、１. は２. のほぼ２倍の時間をかけて言われることになります。この日本語のリズムは、私たちがしっかりと身につけてしまっているものですから、よほど注意しない限り、英語の発音にも持ち込んでしまいます。その結果、すべての音節に強弱をつけず、しかもひとつひとつの音節を同じ時間をかけて発話してしまい、平坦な英語を作り出してしまうことになるのです。

　EXAMPLES I、II、IIIは、それぞれ強勢の数が増えていっています。強勢と強勢との間が比較的等間隔になっていることを、耳と口とで確認しましょう。

EXERCISES

DL
1_26

音声を聞いて、空欄を埋め、強勢の数が増えていっているのを確認し、
自分でも言ってみましょう。

1. a) I'll _____ you.

   b) I'll _____ you the _____.

   c) I'll _____ you the _____ of my _____.

2. a) _____ was _____.

   b) _____ was _____ with the _____.

   c) _____ was _____ with the _____ for _____ the _____.

3. a) _____ won't you _____?

   b) _____ won't you _____ until _____?

   c) _____ won't you _____ until _____, when he's _____?

4. a) She _____ the _____.

   b) She _____ the _____ _____ .

   c) She _____ the _____ _____ in the _____.

   d) She _____ _____ the _____ _____ in the _____.

5. a) She's in _____ with him.

   b) She's _____ in _____ with him.

   c) She's _____ in _____ with an _____.

   d) She's _____ in _____ with an _____ _____.

   e) _____ _____ in _____ with an _____ _____ .

解答・解説

ボンと盛り上がるようにして際立つところが増えていきます。そのボンの個所をしっかりと盛り上げ、しかもほぼ同じ間隔で現れるように練習し、英語のリズム感覚を身につけましょう。

         *   *   *   *

1. a) I'll (shów) you.

   b) I'll (shów) you the (phóto).

   c) I'll (shów) you the (phóto) of my (fámily).

2. a) (Í) was (annóyed).

   b) (Í) was (annóyed) with the (mán).

   c) (Í) was (annóyed) with the (mán) for (béating) the (dóg).

3. a) (Whý) won't you (wáit)?

   b) (Whý) won't you (wáit) until (Fríday)?

   c) (Whý) won't you (wáit) until (Fríday), when he's (báck)?

4. a) She (consóled) the (chíld).

   b) She (consóled) the (wéeping) (chíld).

   c) She (consóled) the (wéeping) (chíld) in the (párk).

   d) She (cóuldn't) (consóle) the (wéeping) (chíld) in the (párk).

5. a) She's in (lóve) with him.

   b) She's (fállen) in (lóve) with him.

   c) She's (fállen) in (lóve) with an (ártist).

   d) She's (fállen) in (lóve) with an (ártist) (agáin).

   e) (Elízabeth's) (fállen) in (lóve) with an (ártist) (agáin).

SECTION 5

文中の速いところ・遅いところ

I

1. **Tóm lóoks tíred.**

2. **Tóm lóoks** as if he were **tíred.**

II

1. I **thínk** he **wánts** to **léave.**

2. I **thínk** that he **wánts** us to **léave.**

III

1. I'll **táke** him **thére** tomórrow.

2. I'll **táke** him to **schóol** tomórrow.

3. I'll **táke** him to the **cóncert** tomórrow.

4. I'll **táke** him to the **recítal** tomórrow.

POINT 強勢の等時性は、スピードの変化と表裏一体の関係にあります。強勢と強勢との間の弱が多くなるほど、そこは弱めかつ速めに発音されます。Tóm lóoks as if he were tíred. (● ● • • • • ●) では、as if he were のところが弱く、速くなります。

Ⅳ

1. Á   B́   Ć   D́

2. Á and   B́ and   Ć and   D́

3. Á and a B́ and a Ć and a D́

4. Á and then a B́ and then a Ć and then a D́

Ⅴ

1. She was in a **bád tém**per this **mórn**ing.

2. **Lét**'s in**víte** them to the **párty**.

3. **Bíll's nót súre** if he can af**fórd** it.

4. He **tóld** me that there was an **áccident**.

訳

Ⅰ 1. トムは疲れているみたい。
　2. トムは疲れているように見える。

Ⅱ 1. 彼はもう行きたいのだと思う。
　2. 彼はもうわれわれに行ってほしいんだと思う。

Ⅲ 1. 彼を明日そこへ連れていく。
　2. 彼を明日学校へ連れていく。
　3. 彼を明日コンサートに連れていく。
　4. 彼を明日リサイタルに連れていく。

Ⅳ 1. A　B　C　D
　2. AとBとCとD
　3. AとB(ひとつ)とC(ひとつ)とD(ひとつ)
　4. AとそれからB(ひとつ)とそれからC(ひとつ)とそれからD(ひとつ)

Ⅴ 1. 彼女は今朝機嫌が悪かった。
　2. 彼らをパーティーに招待しよう。
　3. ビルはその余裕があるかどうか確かではない。
　4. 彼は事故があったと(私に)言った。

Part 1　リズム

解説

　ここでは、発話のスピードという問題に焦点を当て、日本語と英語のリズムの本質的な違いを理解します。それによって、英語のリズムをしっかりと身につけることができるようにしましょう。

発話の中でスピードの変化が生じる

　発話全体のスピードは、個人個人によって差がありますし、話し手の気持ちによっても変化します。また、話す相手や場面（公式な場面、非公式な場面など）によっても違ってきます。いわゆる早口な人の話が聞き取りにくいのは、短い時間内により多くの情報が詰め込まれ、同時に発音があいまいになるからです。これは、日本語でも英語でも変わりありません。ネイティブスピーカー同士の間でも、聞き取れないということが起きるのですから、私たちが極端に速いスピードの英語についていけないことがあっても、これは大した問題ではありません。問題は、ひとまとまりの発話の中でスピードの変化が生じるという現象なのです。

　私たちにとって問題になるのは次の2点です。

単語のレベルで発話を長くしてしまう

⑴　たとえば、stress [stres] は1音節ですが、私たちはこれを、ス・ト・レ・スのように4音節で発音しがちです。springs [sprinz] も1音節ですが、ス・プ・リ・ン・グ・ズのように6音節にしがちです（原因についてはPart 8参照）。it はイ・ッ・ト、wife はワ・イ・フというように、単語のレベルで発話を長くしてしまいがちなのです。英語の単語は、発散させるようにゆっくりと発音するのではなく、むしろ収縮させるように素早く言う必要があります。

文（発話）全体を引き延ばしてしまう

⑵　たとえば、Tóm lóoks as if he were tíred.（EXAMPLES 1 - 2）は、決してTóm lóoks ás íf hé wére tíred.のようには発音されません。まして、ト・ム・ル・ッ・ク・ス・ア・ズ・イ・フ・ヒ・ー・ワ・ー・タ・イ・ア・ー・ドのように発音されることはありません。しかし、私たちはこれに近い発音をしていることが多いのです。すなわち、単語ばかりでなく、文（発話）全体をも引き延ばしてしまっているということです。

　英語では、as、if、he、wereの4つの単語に、ほかと同じ比重が置かれるのではありません。Tómからlóoksにかけては、比較的ゆっくり落ちついたペースで進みますが、lóoksからas if he wereにかけては、多くの単語を速く言おうとするのでペースが速まります。そして最後のtíredでまたゆっくりしたペースになります。ダウンロード音声で確認するとよくわかります。

最大の課題は緩急の差

　すなわち、英語では、ひとつの文（発話）の中で、ゆっくり進むところと、速く多くを言わなければならないところが出てくるということです。日本語のように、同じペースで進んでいくわけではありません。この、発話の内部における**緩急の差**という現象こそが、私たちにとって最大の課題です。私たちは、一定のペースで進む日本語の特徴によって生まれる壁を乗り越えて、スピードの変化を自由にコントロールできるようにしたいものです。

EXERCISES

I 音声を聞いて、次の各組の発話のスピードの違いに注意して言ってみましょう。

DL
1_32

1. a) I want to know.

    b) I wanted him to know.

    c) I wanted him to forget.

    d) I wanted him to be a doctor.

    e) I wanted him to be a musician.

    f) I wanted him to be an engineer.

2. a) See you later.

    b) See you tomorrow.

    c) See you in the evening.

    d) See you in the afternoon.

3. a) He hit the man.

    b) He hit him in the stomach.

II 音声を聞いて、次の各英文内に生じる強勢とスピードの変化に注意して、自分でも言ってみましょう。

DL
1_33

1. I really think that it was a very good idea.

2. I think that it was his own idea.

3. Peter apologized for his temper and his impatience.

4. Please extend to her our sincere sympathies.

5. Take care of him for me, won't you?

6. I'll see what I can come up with.

7. I was most grateful to him for his help and advice.

I 強勢を受けるふたつの音節の間に、強勢を受けない音節（下線部）が増えていきます。当然この部分は、速足で駆けていくような感じがだんだん強くなります。

1. a) I wánt to knów.　　　　b) I wánted him to knów.

c) I wánted him to forgét.　　d) I wánted him to be a dóctor.

e) I wánted him to be a musícian.

f) I wánted him to be an enginéer.

2. a) Sée you láter.　　　　b) Sée you tomórrow.

c) Sée you in the évening.　　d) Sée you in the afternóon.

3. a) He hít the mán.

b) He hít him in the stómach.

II 1.～7.までの英文は、それぞれの発話の内部で、どのようにスピードの変化が生じているかを感じ、身につけるためのものです。弱の部分（●）が多いところで急、少ないところで緩となります。

1. I réally thínk that it was a véry góod idéa.

2. I thínk that it was his ówn idéa.

3. Péter apólogized for his témper and his impátience.

4. Pléase exténd to her our sincére sýmpathies.

5. Táke cáre of him for me, wón't you?

6. I'll sée what I can come úp with.

7. I was móst gráteful to him for his hélp and advíce.

SECTION 6

文の中では弱くなる語

EXAMPLES

I 代名詞

1. I knów <u>you</u> líke it.

2. Whére's <u>your</u> cár?

3. He sáid <u>he</u> cáme.

4. Whát's <u>his</u> náme?

5. Cáll <u>him</u> báck!

6. Whát's <u>she</u> sáying?

7. I mét <u>her</u> yésterday.

8. I bóught <u>them</u> drínks.

II be動詞・助動詞

1. They <u>are</u> tíred.

2. There <u>was</u> nó ánswer.

3. They <u>were</u> áll afráid.

4. The bóys <u>have</u> góne.

5. Whát <u>had</u> she fóund?

6. You <u>can</u> trúst him.

7. We <u>must</u> gó.

8. Whát <u>would</u> you sáy?

POINT 弱のところにくる単語は、弱めに、あいまいに発音され、単独で発音されるときと違う発音になるものがあります。これが弱形（weak forms）です。たとえば I knów you líke it. の you は [juː] から [ju] や [jə] になります。

III 前置詞

DL
1_36

1. I'd líke a cúp of téa.

2. He is from Cánada.

3. They léft for schóol.

4. Gíve it to Tóm.

IV 接続詞ほか

DL
1_37

1. He's táll and thín.

2. I bóught some stámps.

3. Thís is bétter than thát.

4. I knów that it's trúe.

訳

I
1. それ好きだよね。
2. 車はどこにあるの？
3. 彼は来たと言った。
4. 彼の名前は？
5. （彼を）呼び戻して！
6. 彼女は何を言っているの？
7. 彼女に昨日会った。
8. 彼らに飲み物を買ってあげた。

II
1. 彼らは疲れている。
2. 応答がなかった。
3. 彼らはみんな怖がっていた。
4. 男の子たちはもう行っちゃった。
5. 彼女は何を見つけたの？
6. 彼を信じていいよ。
7. 行かなくちゃ。
8. 何とおっしゃいますか。

III
1. お茶が飲みたい。
2. 彼はカナダ出身です。
3. 彼らは学校へ行った。
4. それをトムにあげて。

IV
1. 彼は背が高くてやせている。
2. 切手を少し買った。
3. このほうがあれよりよい。
4. それが本当なことはわかっているよ。

解 説

　以下の下線部は、1音節の単語で、通常、文(発話)の中で強勢を受けない語です。このような「弱形を取る語」については*p.21*を参照。

Ⅰ．人称代名詞

I dón't líke <u>them</u>. / Whére's <u>your</u> cár?
Téll me what <u>you've</u> dóne. / <u>One</u> néver knóws.

2．be動詞、助動詞（ought、need、dare、usedを除く）

There <u>was</u> nó replý. / Whére <u>are</u> we góing?
Whát <u>do</u> they sáy? / Ásk him if he <u>can</u> cóme.

3．前置詞

It's <u>on</u> the táble. / I'm <u>from</u> Japán.
There were fóur <u>of</u> us. / They wáited <u>for</u> twó hóurs.

4．関係詞

Thís is the bóok (<u>which</u> / <u>that</u>) I wánted.
Ányone <u>who</u> / <u>that</u> dóes that must be mád.

5．接続詞

It was snówing <u>when</u> we arríved.
He rán <u>and</u> rán. / I would líke to gó, <u>but</u> I cán't.

6．その他

Thís is bétter than thát. / Bíll's <u>as</u> stróng <u>as</u> an óx.
Wóuld you líke <u>some</u> téa?（数量が特に意識されない場合）
<u>There</u> are some létters for you.（……があるという場合のthere）

次に、これらの語が特別に強勢を受ける場合を見てみましょう。

1．意味の上で重要になる場合（文脈上必要となる）

It's for yóu to decide. / It's yóur turn now. / In mý country . . .

2．意味が強調される場合

Tóm, what áre you dóing? / Thís is thé [ðiː] book to read.

3．ほか（の単語）と対比させる場合

It's ón the table (not únder the table). / I cán and wíll do it.

4．発話の最後の助動詞・be動詞

I dón't thínk he cán. / Whére have you béen?

5．発話の最後に強勢のない語がきた場合、その前にある単語に強勢がくる。

Whére wére you? / Hów ís she? / Hów áre you? / Whý shóuld I?

6．助動詞がほかに動詞を伴わない場合

Múst you? / Háve you? / Díd she?

7．発話の先頭にあって、しかもゆっくりと言われる場合

Dó you líke it? / Cán you cóme?

EXERCISES

I 基本練習：音声を聞いて、空欄を埋め、弱いところを強くしないように注意して、自分でも言ってみましょう。

DL
1_38

1. _____ _____ call _____ _____.

2. _____ _____ all _____ _____.

3. _____ _____ _____ copies _____ _____ office.

4. _____ _____ think _____ pass _____ exams?

5. Give _____ _____ milk, please.

6. I believe _____ _____ America.

7. What time _____ _____ going _____ leave?

8. _____ older _____ _____ think.

9. _____ _____ do _____ _____ _____ told.

II 応用練習：音声を聞いて、空欄を埋め、 I と同様に言ってみましょう。

1. The _____ _____ died _____ _____ uncle.

DL
1_39

2. _____ _____ _____ _____ away _____ _____ arrives.

3. I'll _____ _____ through _____ _____ secretary.

4. _____ _____ _____ _____ _____ _____ _____
_____ back.

5. Hard work _____ _____ _____ _____ road _____ success.

6. Everyone _____ _____ _____ _____ time _____ _____
_____ _____ _____.

解答・解説

I 基本練習　弱くあいまいになった単語の発音を身につけましょう。

1. ● ● ● ● ●　There's a [ðərzə]「ザァザ」、for you [fərju]「ファユ」

2. ● ● ● ● ●　It's for [itsfər]「イツファ」、of us [əvəs]「アヴァス」

3. ● ● ● ● ● ● ● ●　There were some [ðərwərsəm]、in the [inni]。
   in the [inðə] は [inni] のようになる。

4. ● ● ● ● ● ● ● ●　Do you [dju, dʒə]、she'll [ʃi(:)l]、her [(h)ər]

5. ● ● ● ●　them some [ðəmsəm]「ザムサム」。最後のpleaseは文の強勢
   も受けず、弱形にもならない語。

6. ● ● ● ● ● ● ●　she's from [ʃi(:)zfrəm]「シズフラム」

7. ● ● ● ● ● ●　are we [ərwi]、to [tə]。going to は、くだけた米語で
   は gonna [gɔ́(:)nə, gənə]「ゴナ、ガナ」のようになる。

8. ● ● ● ● ●　He's [hi(:)z]、than you [ðənjə]「ザニュ」

9. ● ● ● ● ● ●　You must [juməs]「ユマス」、as you are [əʒjuər]「ア
   ジュア」

II 応用練習

1. ● ● ● ● ● ● ●　mán who [mǽn(h)u(:)]「マンフー」、
   was my [wəzmai]「ワズマイ」。my は [mə] にもなる。

2. ● ● ● ● ● ● ● ● ●　I'm afráid I'll be [aiməfréidailbi]「アイマフレ
   イダイルビ」、when he [(h)wen(h)i(:)]「ウェニイ」

3. ● ● ● ● ● ● ●　pút you [pútʃə]「プチュ」、to the [təðə]

4. ● ● ● ● ● ● ● ●　I would appréciate it [aiwədəprí:ʃieitit]
   「アイワダプリーシエイティト(ゥ)」、
   if he could cáll me [if(h)i(:)kədkɔ́:lmi]「イフィクドゥコールミ」

5. ● ● ● ● ● ● ● ● ●　pút him on the [pút(h)imɑnnə | -ɔnnə]「プティ
   マナ」、to [tə]。on the は [ɑnnə | ɔnnə]「アンナ」のようになる。

6. ● ● ● ● ● ● ● ● ●　belíeved it at the 「ビリーヴディタト(ゥ)
   ザ」、that I spóke to you [ðətaispóuktəju]

COLUMN

Q&A 1 「ネイティブの話す英語が聞き取れないのはなぜ?」

Q 英会話の学校に通っているのですが、日本人同士や、ネイティブスピーカーの人たちとの間で英語で話す機会があります。そうしたとき、日本人の話す英語は、比較的速く話されたり、内容の点で高度であったりしても理解できるのですが、ネイティブスピーカーの英語だと何を言いたいのかはっきりしないことが多いのです。どういった点に問題があり、その解決のためにどのような学習をしていけばいいのでしょうか。

A この問題に関しては、本書冒頭の「日本語の音の壁を乗り越える」の中ですでに触れておきました。すなわち、自分の話す英語が、リスニングに影響を与えるという問題です。私たちが、お互いの話す日本語を何ら問題なく理解できるのは、お互いが同じもの（日本語）を、それぞれのうちに持っているからです。同じ文法、同じ音の体系をお互いが身につけているからです。つまり、相手が話す日本語と同じ（ような）日本語を話すことができるから、相手の言うことが聞き取れる（わかる）のです。

たとえば、方言に相当の違いがある場合は、その違いの程度に応じて、相手の言うことがわからなくなります。英語の場合にも同じことが言えます。日本人同士の英語が理解できるのは、自分の耳に入ってくる、自分が話している英語と、相手の日本人が話している英語の両方が、同じ（種類）のものであるためです。この場合、ふたりとも、母語である日本語によって強烈に影響を受けている英語を話すのですから、ある意味では英語らしい日本語を話していると言ってよいのです。

これに対して、ネイティブスピーカーの話す英語がわからないのは、根本的には、自分の話す英語が、ネイティブスピーカーのそれとは違いすぎているからです。自分の耳に入ってくる自分の話す英語と、同じ耳に入ってくるネイティブスピーカーの話す英語とが、音声として違いすぎていれば、後者は単なる雑音になってしまうということです。

日本人同士では、たとえば、5、6歳の子どもが大人と話をして、お互いに理解し合っています（もちろん語彙力の差がありますから、子どもの語彙力を超えない範囲、という条件は付きます）。このことから、話の内容がその子どもの持つ語彙力の範囲を超えない限り、子どもは大人と同じように話せるようになっていれば、大人の言うことを理解することもほぼ完全にできるということです。ですから、英語に関しても、**自分の語彙力の範囲内でなら、ネイティブスピーカーとほぼ同じように話せる**ということを目標にし、それが達成されると、同時にネイティブスピーカーの英語がわかるようになります。後は発音を含めた総合的な語彙力を増進させていけばよいのです。

以上、要するに、ネイティブスピーカーが話す英語と同じような英語が話せるようになるということが、リスニング力のアップになるということです。まず中学校程度の英語から始めて、次いで、ネイティブスピーカーが頻繁に使う2000～3000語程度の語彙なら、自由に操ることができる、ということを目標にするとよいでしょう。

Part 2
イントネーション

イントネーションが
情報を伝える

イントネーションは、話し手の微妙な
気持ちを表すほかに、さまざまな情報
を含んでいます。

ダイアローグを聞いてみましょう

Nancy: You **know** what **I** just heard?

Patrick: **No**, **what**?

Nancy: **Richard** and **Christine** won the state **lot**tery!

Patrick: You're **kid**ding! Who told you **that**?

Nancy: **Karen**. She said they won over two **mil**lion **dol**lars!

Patrick: They **did**n't!

Nancy: **Yes**. They bought a new **house** and two new **cars** . . .

Patrick: I don't be**lieve** it!

Nancy: **And** they're **leav**ing next week on a trip around the **world**.

Patrick: It's not **true**!

Nancy: It is, **too**! What's the **matter** with you? Why won't you be**lieve** me?

Patrick: I be**lieve** you, I be**lieve** you!

複雑な英語のイントネーションをマスターします。どこで、どのようなピッチ（声の高低）の変化が起きるかを押さえ、同じように言ってみることが大切です。ここでは、░░░░░の単語の太字の部分でピッチ変化が生じています。

You `know what ⌐I just heard?

訳

ナンシー：　ねえ、もう聞いた？

パトリック：　いや、何だい？

ナンシー：　リチャードとクリスティーン（の夫婦）が州の宝くじを当てたんですって！

パトリック：　まさか！　そんなことだれから聞いた？

ナンシー：　カレンよ。何でもふたりには、200万ドル以上入るらしいわよ。

パトリック：　そんなことあるもんか！

ナンシー：　大ありよ。新しい家を買って、新車を2台入れて……。

パトリック：　ぼくは信じないぞ！

ナンシー：　それに来週には世界一周旅行に出発するらしいわ。

パトリック：　うそだ！

ナンシー：　本当だってば！　あなたったらどうしたの？　どうして私の言うことが信じられないの？

パトリック：　わかった、信じるよ、信じるったら！

Part2 話のポイントを示す音の上下 ♪

イントネーションの機能

It's not what he said, but the way he said it.（何を言ったかではなくて、その言い方なんだよ）というのは、私たちの日常生活でよくあることです。これはもちろん、日本語だけでなく、英語にも言えることです。

言い方の問題は、声色（こわいろ）——たとえば、怒気を含んだ調子、猫なで声、威厳のある調子など——や、話すスピード（テンポ）、声の大きさなどにかかわっています。それと同時に、重要な役割を果たしているのがイントネーションです。

イントネーションというのは、声の高低上下の動きのことです。これは話者の心的態度を表すばかりでなく、発話の意味を変えてしまう働きを持っています。たとえば、No.という簡単な単語の場合、次のようになります。 ` ´ などの記号は、その単語の中での調子の変化を示します。

`No.（声が下がる——嫌です）

ˏNo?（声が上がる——嫌だって？）

イントネーション（すなわちピッチ——声の高低上下——の動き）はどの言語にも見られます。その意味で、イントネーションの働きには普遍性があると言われています。しかし同時に、ピッチの利用の仕方には違いがあり、その違いの習得が、私たちにとって重要になるわけです。

それではまず、イントネーションの働き（機能 = function）についてまとめておきましょう。

1. 話者の心的態度を表す機能

心的態度というのは、「親しげな」「遠慮がちな」「押し付けるような」「快活な」など、多様に表現される話者の感情や態度を指します。普通イントネーションと言うと、このような話者の気持ちを表すものと考えられています。

（例）ˏWhat's the ˏtime?（気持ちのこもらない聞き方）

ˈWhat's the `time?（気持ちのこもった聞き方）

`What's the `time?（「何時なんだよ」というような強い聞き方）

ˈWhat's the ˏtime?（丁寧な聞き方）

（注）ˏWhat's は低い出だし、ˈWhat's は高い出だし、ˏtime は低い出だしで始まり、さらに下がることを示す。

しかし、注意しなければならないのは、この話者の心的態度とイントネーションとの関係は、絶対的なものではないということです。話者の発話には、ピッチ以外の音

声要素が入っているからです。また仮に、同じような調子で言ったとしても、顔の表情や身振りなどの、いわゆるボディーランゲージ（body language）も関与してくるわけですから、こういう気持ちはこういうイントネーションでなくてはならないというようなものではないのです。

どうしてこういうことを述べたかというと、多くの英語の専門家に、心的態度とイントネーションとの関係をあまりに強調しすぎる傾向が見られるからです。心的態度とイントネーションとの間に絶対的な決まりがあるわけではないのですから「間違ったら大変な誤解を受けるかもしれない」と不安になって、ひとつの決まった型に縛られてしまうのはかえってよくありません。誤解を与えることがあるとすれば、それはむしろ、心的態度以外のイントネーションの機能に関するものであると言えます。

ですから私たちは、イントネーションによって表される話者の心的態度の微妙な違いに関しては、あまり神経質になる必要はないと言ってもよいでしょう。むしろ、以下に記すことをよく理解して、身につけるようにしてください。

2．発話のある部分を際立たせる機能

発話というのは、話者が情報を整理して相手に伝えようとするものです。イントネーションは、その一連の情報の中のどの部分（どの単語）が、話者にとって最も重点を置きたい個所（これをここでは**情報の焦点**という言葉で表します）なのかを示します（情報の焦点については*p.73*参照）。

⑴　a) I was very `tired. （私はすごく<u>疲れていた</u>）

　　b) I was `very tired. （私は<u>すごく</u>疲れていた）

　a）とb）では、それぞれ、**tired** と **very** でピッチの変化が生じています。このように、ピッチの変化が生ずるところが情報の焦点を示しています。

⑵　a) Here's my `book. （ここに私の<u>本</u>があります）

　　b) Here's `my book. （ここに<u>私の</u>本があります）

　　c) `Here's my book. （<u>ここに</u>私の本があります）

　ピッチ変化が `book、`my、`Here's で生じており、それぞれが情報の焦点となっています。

3．文法的機能

陳述文、疑問文、命令文、その他文法的な意味の違いが、イントネーションによって表されます。

⑴　a) Isn't she like her `mother? （彼女、お母さんにそっくりね）

　これは、形は疑問文でも内容的には陳述文です。`mother のところでピッチの下降があります。

　　b) This is ,yours. （これ、あなたのですか）

　形は陳述文でも、,yours におけるピッチの上昇によって疑問文となっています。

c) You `must be back by ten. （10時までに家に帰りなさい）

　形は陳述文であって命令文ではありませんが、`must にピッチの下降が置かれ、実際には命令文となっています。

(2) a) He is coming on `Sunday, `isn't he?

　　b) He is coming on `Sunday, ˏisn't he?

　a) は「彼、日曜日に来るよね（そうだよね）」と、来ることをほぼ確信していて、相手に確認を求めている文です。陳述文的な文です。

　b) は、「彼、日曜日に来るよね、そうじゃない？」と、来ることがそれほど確かではなく、相手に尋ねています。疑問文的な文です。

イントネーションの形態

　次は、イントネーションの形（形式、形態＝ form）をまとめておきましょう。

1．音調 ── ピッチ変化の型

　下降調と上昇調の区別があることはすでに見ましたが、このほかに**下降上昇調**と**上昇下降調**とがあります。さらに研究者によっては、平坦調、急な上昇調、滑らかな上昇調、高いところからの下降調などを設定する人もいます。

　要するに、イントネーションは意味との関係で非常に複雑に変化するので、母音や子音のようにはっきりとした数を設定できないというのが現実です。実際には以下に述べる4つを身につけておけば、英語で考える力と慣れとの相乗効果によって、自然と英語らしいイントネーションで話せるようになるものです。

　下降調と**上昇調**は日本語にもありますから、それほど問題はありません。しかし、**下降上昇調**（˅いったん降りてまた昇る）と**上昇下降調**（˄いったん昇ってまた降りる）は、単語のアクセントとの関係で、日本語にはないイントネーションです。しかも、英語ではかなり頻繁に使われる型ですから（特に˅）、十分練習しておく必要があります。ではまず、簡単な例から見てみましょう。

(1) a) 下降調 `Yes. （いいです──普通の答え）

　　b) 上昇調 ˏYes. （いいですか？──尋ねている）

　　c) 下降上昇調 ˅Yes. （ええ、いいんですが、〔でも……〕──躊躇している）

　　d) 上昇下降調 ˄Yes. （もちろんですよ、とんでもない──特に相手の言ったことを否定するときなど）

(2) a) `Mary. （メアリー ──ちょっとここへ来て）

　　b) ˏMary. （メアリー ──あなたなの？　どこにいるの？）

　　c) ˅Mary. （メアリー ──よくお聞きなさい、いいね）

　　d) ˄Mary. （メアリー ──何てことをしたの！）

人の名を呼ぶとき（たとえば教室などで）、平坦調で ˉMary ということがあります
が、これも必ず平坦調になるわけではありません。

⑶ a) I didn't go because I was ˇbored.

（**bored** のところが下降上昇調：退屈だから行ったというわけではない――行
った理由はほかにある）

b) I didn't go because I was ˋbored.

（**bored** のところが下降調：退屈だから行かなかった）

2．ピッチ変化の場所

機能のところで、ピッチ変化が生じるところが情報の焦点であると述べました。発
話の中におけるピッチ変化の位置によって、意味が変わってくる場合があります。

⑴ a) Who is that lady over ˏthere?（普通の質問）

b) ˏWho is that lady over there?（もう一度言ってくれませんか――相手の言
ったことを聞き直すとき）

⑵ a) Jack also wrote (to) Jill tòday.（ジャックは<u>今日も</u>ジルに手紙を書いた）

b) Jack also wrote (to) ˋJill today.（ジャックは今日<u>ジルにも</u>手紙を書いた）

c) Jack also ˋwrote (to) Jill today.（ジャックは今日ジルに<u>手紙も</u>書いた）

d) Jack ˋalso wrote (to) Jill today.（<u>ジャックも</u>今日ジルに手紙を書いた）

3．イントネーションの構造

話者は、いろいろと考えながら話をしていきます。その際、前に言ったことや聞い
たこととの関係、相手が知っているかどうかに関する知識や思惑などによって、発話
をいくつかの情報の単位に分割していきます。話者の伝えたいと思うことが、どのよ
うな情報単位で組み立てられていくかが、イントネーションによって表されるのです。

⑴ a) He's ˋgoing, │ ˏis he?（彼、行くの、そうなの？）

b) He's ˋgoing, is he?（彼、行くんだね――皮肉や批判などの気持ちが込められ
ている。だれかから彼が行くと聞いたり、偶然にわかったという場合）

⑵ a) I know his ˋson, │ ˋBill.（彼の息子、ビルを知っている）

b) I know his son ˋBill.（ビルという名の息子を知っている）

a）は、彼には一人息子がいて、その名を Bill という場合。b）は、彼には Bill とい
う名の息子がいる。Bill のほかにも息子がいるかもしれないという場合です。

また、会議や、大勢の人の前でのスピーチでは、情報の単位が増えることがあり、
その場合はピッチ変化の起きる場所も多くなります。

調子の上がり下がりの４つの型

EXAMPLES

DL
2_03

1. a) What's the `\`time`? （1．下降調）
   b) What's the `,time`? （2．上昇調）
2. a) Are you `,hap`py? （2．上昇調）
   b) Are you `\`hap`py? （1．下降調）
3. a) I know `\`Mary`. （1．下降調）
   b) I know `ˇMary`. （3．下降上昇調）
4. a) Give her a `\`chance`. （1．下降調）
   b) Give her a `ˇchance`. （3．下降上昇調）
5. a) `\`Oh`! （1．下降調）
   b) `,Oh`! （2．上昇調）
   c) `ˬOh`! （4．上昇下降調）
6. a) She `\`could` do. （1．下降調）
   b) She `,could` do. （2．上昇調）
   c) She `ˇcould` do. （3．下降上昇調）
   d) She `ˬcould` do. （4．上昇下降調）

訳

1. a）何時ですか。〔普通の問い〕
   b）何時でしょうか。〔丁寧な質問〕
2. a）満足した？〔普通の問い〕
   b）満足したでしょう。〔当然〕
3. a）メアリーを知っています。〔陳述〕
   b）メアリーは知っていますが……。
4. a）彼女にチャンスを与えなさい。〔普通の命令〕
   b）（たとえ駄目でも）彼女にチャンスを与えた
   ら？
5. a）ああ（なるほど）。

   b）ええ？（そうなの？）
   c）ええっ？（本当？）
6. a）できますよ。〔陳述〕
   b）できますかねえ。／できますか。
   c）できますよ、でも……（やるかなあ）。
   d）もちろんできますよ！

解説

文字は音を写すものであっても、音のすべてを写しているわけではありません。

　音の姿を詳しく分析し、表すためには、文字以外のいろいろな記号が必要となります。英語の辞書に載っている、母音や子音の記号、強勢の記号などもその例です。

　ところが、辞書にも表されていないものがあります。イントネーションがそれです。人間の声は高くも低くもなり、いろいろなところで高低の動きを示します。この声の高低の動きを完全に示す方法はありません。機械を使えば別ですが、とても複雑で、すべての発話に用いることができるわけではありません。

　しかし、言語を学ぶ範囲では、声の高低のすべてが同じように重要なわけではありません。**発話の意味を変えてしまう動き**こそが重要なわけですから、それを示せば事足ります。

まずは4つの音調をマスターする

　ここでは、簡単で、しかもイントネーションの最も重要な姿を効果的に示す表示法を採用しました。￣￣￣は、普通に話しているときの各人の声の幅（高めと低め）を表し、\\ や ˋm は、声の動きの方向を示します。

⑴　下降調　　　　　　　　ˋm　高めから低めに下がる場合。
⑵　上昇調　　　　　　　　ˏm　低めから高めに上がる場合。
⑶　下降上昇調　　　　　　ˇm　高めからいったん下がって、再び上がる場合。
⑷　上昇下降調　　　　　　ˆm　低めからいったん上がって、再び下がる場合。

　英語では、以上の4つの音調を中心として、さらに細かい分類が可能です。しかし、とにかくまずこの4つを基本としてマスターすることです。

　なお、イントネーションは、どんな発話にも必ず現れるものです。特別な場合に使われる平坦調（レベルピッチ）●― ˉm を除いて、単語がひとつしかない発話でも、必ずこれらの音調のどれかが現れます。そして、この音調の違いによって、発話の意味が違ってくるわけです。

　また、イントネーションによって表される意味は、非常に複雑です。文法的な意味と、話者の心的態度のどちらか一方のみを表すという、二極の分類が常に可能なわけではありません。実際にはむしろ、その両方を持ち、どちらかの要素が強いというのが普通です。そのため、イントネーションによる意味の違いを、明確に文字に表すことは大変難しいことです。従って、ここで訳として挙げたものは、そのイントネーションの変化によってそういう意味になることが可能である、という程度に理解してください。絶対にそういう意味になる、ということではありません。発話の意味は、状況の中で決まるからです。

EXERCISES

音声を聞いて、下線部の発音がどういう音調で言われているかを確認し、同じように繰り返しましょう。また、それぞれの発話にはどのような意味が込められているのでしょうか。

1. a) That's O**K**.

   b) That's O**K**.

   c) That's O**K**.

   d) That's O**K**.

2. a) I think that's a **dread**ful play.

   b) I think that's a **dread**ful play.

3. a) **I** like it.

   b) **I** like it.

4. a) John isn't **here** yet.

   b) John isn't **here** yet.

5. a) On **Mon**day!

   b) On **Mon**day!

   c) On **Mon**day!

6. a) It's very **fast**.

   b) It's very **fast**.

7. a) He doesn't speak to **any**body.

   b) He doesn't speak to **any**body.

8. a) Look at the **time**.

   b) Look at the **time**.

9. a) I beg your **par**don.

   b) I beg your **par**don.

解答・解説

ここでは、4つの音調をマスターし、同時に、どのような意味の違いが生じるかを学びます。

        *   *   *   *

1. a) O`K 「いいですよ」。感情の入らない普通の陳述。

   b) O‚K 「いいですよ（心配しないで）」。控えめな表現。あるいは、相手を安心させるような表現。

   c) O˅K 「いいですよ（でも……）」。That's O˅K, but . . .と続くような場合。

   d) O‚K 「いいですよ（いいって言ったでしょう）」。強い表現。「もういいよ、いいんだよ」というような場合。

2. a) `dreadful 「ひどい芝居だ」。特に強い感情を込めずに、芝居がひどいものだったことを述べている。

   b) ‚dreadful 「ひどい芝居だ（まさか子どもを連れて見に行くわけではないでしょうね）」。非常に強い表現。

3. a) `I 「（ほかの人はどうか知らないけれど）私は好き」というような場合。

   b) ˅I 「私は好きだけれど（でも……）」。I like it, but . . .と続くような場合。

4. a) `here 「ジョンはまだ来ていないんだね」

   b) ‚here 「ジョンはまだ来ていないってこと？（あなた、そう言ったの？）」

5. a) `Monday 「へえ、月曜日！（ああ、そうなの）」

   b) ‚Monday 「月曜日？（あなた、そう言ったの？）」

   c) ‚Monday 「（え!?）月曜日!?（本当!?）」まさか月曜日とは、というような場合。

6. a) `fast 「とっても速い」

   b) ˅fast 「とっても速いことは速いけれど……（あまり快適ではない）」

7. a) `anybody 「だれとも話をしない」

   b) ˅anybody 「だれとも話をしないというわけではない」

8. a) `time 「時間を見なさい」

   b) ‚time 「あれ、もうこんな時間だ！（驚いた！　しまった！）」

9. a) `pardon 「すみません」。わびる場合。

   b) ‚pardon 「もう一度言っていただけませんか」。聞き返す場合。

2

調子の変わり目が話の焦点

EXAMPLES

DL 2_05

1. a) This is what I ˋmeant.
   b) ˋThis is what I meant.
2. a) She didn't feel herˇself.
   b) She didn't ˋfeel herself.
3. a) All the boys sing ˋwell.
   b) All the boys ˋsing well.
   c) All the ˋboys sing well.
   d) ˋAll the boys sing well.
4. a) The lesson was very ˋboring.
   b) The lesson ˋvery boring.
   c) The lesson ˋwas very boring.
   d) The ˋlesson was very boring.
5. a) Is there a ˎbigger one?
   b) ˎIs there a bigger one?
6. a) Put it on the ˋdesk.
   b) Put it ˋon the desk.

▶ 訳 ◀

1. a) それです、そのことを私は言いたかったんです。
   b) これから言うこと、それが私の言いたかったことなんです。
2. a) 彼女はいつもの気分にならなかった。
   b) 彼女は(体に触れてみたが)感じなかった。
3. 男の子たちはみんな歌が上手だ。
   a)「上手」を強調。
   b)「歌が」を強調。
   c)「男の子たち」を強調。
   d)「みんな」を強調。

4. 授業はとても退屈だった。
   a)「退屈」を強調。
   b)「とても」を強調。
   c)「だった」を強調(相手の言葉に反論する場合など)。
   d)「授業」を強調。
5. a) もっと大きいのある?〔普通の問い〕
   b) もっと大きいのあるかなあ、ないと思うな(相手の言葉に反応して)。
6. それを机の上に置きなさい。
   a)「机」を強調。　　b)「上に」を強調。

072

ピッチ変化の位置によって、発話の意味が変わります。ピッチ変化は、話者が重要だと考える単語のところに生じます。すなわち、情報の焦点が、ピッチ変化の位置によって示されるのです。

解説

　単語がひとつの場合は必ずその単語に、ふたつの場合は少なくとも、どちらかひとつの単語に、そして単語が多くなっても、必ずどれかひとつの単語には音調の変化が現れます。すなわち、話者は、自分が作っていく発話（文章）の中で、重要な単語を選び、そこで音調を変化させることによって、自分の伝えようとする情報にメリハリを与えるわけです。その重要な個所を、ここでは、**情報の焦点**という言葉で表しておきます。

　話者は、自分の持っている情報をさまざまな単語や構文を使って表します。その際、情報のどの部分が相手にとってすでにわかっていることであるか（既知）、わかっていないことであるか（未知）を、無意識のうちに考え、イントネーションによって示すのです。話者が既知と見なして扱う情報を**既知情報**（given information）、未知として扱う情報を**新情報**（new information）と呼びます。この新情報の中心部分、すなわち情報の焦点を示す単語の部分で、すでに学んだ４つの音調のうちのどれかひとつが現れるのです。たとえば次のようになります。

⑴　a）I work in a `bank.「銀行で働いている」
　　　　　既知情報　　新情報
　　　　（どこで働いているの？）→（銀行で）という状況での発話。働いていることは既知の情報であって、働いているところ、すなわち「銀行」が新情報として扱われている。

　　b）I `work here.「ここで働いている」
　　　　　新情報　既知情報
　　　　（ここで何をしているの）→（働いている＝ここは自分の職場である）という状況での発話。here は状況から明らかであって、「働いている」という事実が、新情報として扱われている。

⑵　a）I came because she `told me.「彼女に言われたので来た」
　　　　　既知情報　　　　　新情報
　　　　（なぜ来たの？）→（その理由は、彼女にそう言われたから）という状況での発話。来たことはすでに了解されているので既知情報として扱われ、来た理由を新情報として扱っている。`told が、新情報における情報の焦点を示している。

　　b）I `came, because she `told me.「彼女に言われたので、だから来た」
　　　　　新情報　　　　　　　新情報
　　　　（いったいどうしたの？　来たの、来なかったの？）→（それが、来たんだ。というのは、彼女に言われたんでね）という状況での発話。来た事実と、その理由とが、相手に対して新情報として提示されている。

　なお、上の分け方は大まかな分け方であって、新情報の中身を状況に応じてさらに細かく分けることが可能です。いずれにせよ、最も大切なのは、音調によって情報の焦点が示されるということです。

EXERCISES

 音声を聞いて、次の発話は、それぞれどこの部分でピッチ変化が生じているかを確認し、同じように言ってみましょう。また、それぞれの発話は、どういう意味になるでしょうか。

1. a) I'm coming.

b) I am coming.

c) I'm coming.

2. a) I have plans to leave.

b) I have plans to leave.

3. a) The play was extremely dull.

b) The play was extremely dull.

c) The play was extremely dull.

d) The play was extremely dull.

4. a) You must go.

b) You must go.

c) You must go.

5. a) Doesn't John live here?

b) Doesn't John live here?

c) Doesn't John live here?

d) Doesn't John live here?

6. a) All cats don't like dogs.

b) All cats don't like dogs.

7. a) Can you put it on the hot plate?

b) Can you put it on the hot plate?

発話（文章）のどの部分（単語）に音調の変化が現れるかによって発話の意味が違ってきます。音調と情報の焦点の関係をつかみましょう。

　　　　　　＊　　　　　　＊　　　　　　＊　　　　　　＊

1. a) `coming　「行きます」。呼ばれて、「いま行きます」というような場合。

　　b) `am　「私は、行・き・ま・す！」。「行かないんでしょう」とか、「行ってはいけない」と言われて反発しているような状況での発話。

　　c) `I'm　「私が行きます」「私も行きます」

2. a) `leave　「出かけるつもりだ」

　　b) `plans　「後に残しておく図面（など）がある」

3. a) `dull　「芝居はとても退屈だった」

　　b) extrèmely　「芝居はものすごく退屈だった」

　　c) `was　「芝居は、間違いなく、とても退屈だった」。相手の言ったことに反論して、芝居がつまらなかったということを強調するような場合。

　　d) `play　「芝居がとても退屈だった」。退屈だったのは芝居です（劇場はきれいだったけれど、食事はよかったけれど）、というような場合。

4. a) `go　「行かなくちゃ駄目だよ」。普通の陳述。

　　b) `must　「（どうしても）行かなくちゃ駄目だよ」。行かなければならないことを強調したり、行きなさい、と命令しているような場合。

　　c) `You　「（ほかの人ではなくて）あなたが行かなくちゃ駄目だよ」と、ほかの人と対比させて言うような場合。

5. a) ˌhere　「ジョンはここに住んでない？」

　　b) ˌlive　「ジョンはここに住んでない？」

　　c) ˌJohn　「ジョンはここに住んでない？」

　　d) ˌDoesn't　「ジョンはここに住んでないの？　本当？」　だれかに「ジョンはここに住んでいないよ」と言われ、「ここに住んでいると思ったんだけど違うの？」というような場合。

6. a) `dogs　「猫はみんな犬が嫌いだ」

　　b) `All　「すべての猫が、犬を嫌いなわけではない」

7. a) ˌplate　「それ、その熱いお皿の上に置いてくれない？」

　　b) ˌhot　「それ、そのホットプレートの上に置いてくれない？」
　　　hót pláte（熱いお皿）／hót plàte（ホットプレート）

調子の変化は文の意味を変える

EXAMPLES

DL
2_07

1. a) I didn't come because she `told me.

   b) I didn't `come because she told me.

   c) I didn't come because she ˇtold me.

   d) I didn't `come because she ˇtold me.

2. a) My sister who is in ˇLondon is getting ˇmarried.

   b) My ˇsister, who is in ˇLondon, is getting ˇmarried.

3. a) `Peter's been here, ‚hasn't he?

   b) `Peter's been here, `hasn't he?

   c) `Peter's been here, ‚has he?

   d) `Peter's been here, has he?

4. a) He died a rich `man.

   b) He `died, a rich `man.

5. a) Would you like ‚beer or `sake?

   b) Would you like ‚beer or ‚sake?

6. a) I'll leave tòmorrow, after the `conference.

   b) I'll leave tomorrow after the `conference.

訳

1. a) 彼女に言われたので来なかった。〔理由〕
   b) 彼女に言われたので、それで来なかった。〔事実〕
   c) 彼女に言われたから来たというわけではないんだ。(来たのはほかに理由がある)
   d) 来なかったんだ。彼女に言われたのでね。
2. a) ロンドンにいる姉が結婚する。
   b) 姉が、ロンドンにいるんだが、結婚する。
3. a) ピーター、来てるよね、違う？〔質問〕

   b) ピーター、来てるよね。〔確認〕
   c) ピーター、来てるの？(知らなかった)
   d) ピーター、来てるのか。(何てやつだ)
4. a) 彼はお金を残して死んだ。
   b) 彼は死んだ、あの金持ちが。
5. a) ビールとお酒とどちらがいいですか。
   b) ビールかお酒でも飲みますか。
6. a) (今日の)会議を終えて、明日出かけます。
   b) 明日、会議の後出かけます。

POINT

ある発話において、どのようなピッチ変化（音調）がどのような場所に現れるかによって、文字にすればまったく同一の英文も違った意味になります。ここでは、ピッチ変化の種類と場所の組み合わせによって生じる意味の違いを総合的に理解し、身につけます。

解説

イントネーションは感情を表すだけでなく、重要な情報処理を行います。

舞台に立って演技をする人たち、ラジオやテレビのナレーター、あるいは、大勢の人の前で演説をする政治家、こういう人たちは、特に豊かな表現力が必要とされるため、普通は訓練をして、イントネーションの使い方に熟達します。しかし、このように感情や気持ちを表すイントネーションは、日常会話のレベルでは無意識のうちに使っているものです。

このほかに、すでに見たように、イントネーションにはもうひとつの働きがあります。すなわち、話し手はイントネーションによって、自分の心的態度を表すだけではなく、相手とのコミュニケーションにおいて、非常に重要な**情報処理**を行っているのです。外国人として英語を学ぶ私たちにとって、この情報処理の仕方が何よりも大切であることは、言うまでもないでしょう。適切な情報処理を行うことができないと、コミュニケーションに大きな障害をもたらすことになるからです。イントネーション習得の中心課題は、感情を豊かに表すための訓練ではなく、むしろ、情報の処理とイントネーションとの関係を押さえることにある、と前に述べたのはこのためです。例文に見られるように、同じ英文が、イントネーションによって、肯定と否定のまったく逆の意味にもなってしまうからです。

1. a）来なかった理由を述べている。
   b）来なかったという事実を述べている。
   c）この文は、It wasn't because she told me that I came. という意味で、私が来たのは彼女に言われたからではない、と来た理由がほかにあることを述べている。toldにおける下降上昇調によって、言われたから来たのではない、と否定の意味が変わってくる。
   d）来なかったという事実と、その理由とを述べている。
2. a）ロンドンにいる姉以外にも、姉妹がいると考えられる。
   b）ただひとりの姉と考えられる。
3. a）「来ていると思うんだけど違うの？」来ていることが不確かで相手に質問している。
   b）「来ていると思うんだけど、そうだよね」と相手に確認している。
   c）「ああそうなの、来てるの？」と相手の言ったことに反応している。
   d）ピーターが来ているということが、何かでわかって、そのことに対して反応している。「そうか」「しょうがないなあ」など。
4. a）a rich man は、S＋V＋CのC（補語）となっている。
   b）a rich man と He とは、同格の関係にある。
5. a）どちらがいいかを尋ねている。Which . . . ?の問いかけ。
   b）あるいはほかに何か飲みますか。Yes or no?の問いかけ。
6. a）会議が今日あると考えられる。
   b）会議が明日あると考えられる。

EXERCISES

DL
2_08
音声を聞いて、次のそれぞれの文の、どの部分にどのようなピッチ変化が生じているかを確認しましょう。さらに意味の違いを理解した上で、同じように繰り返してみましょう。

1. a) There's another one in the cupboard.

   b) There's another one in the cupboard.

   c) There's another one in the cupboard.

   d) There's another one in the cupboard.

2. a) I'll call my brother the psychiatrist.

   b) I'll call my brother, the psychiatrist.

3. a) You did it, didn't you?

   b) You did it, didn't you?

   c) You did it, did you?

4. a) She died a happy woman.

   b) She died, a happy woman.

5. a) Did you go by car or by train?

   b) Did you go by car or by train?

6. a) I burned old magazines and newspapers.

   b) I burned old magazines and newspapers.

7. a) She washed and brushed her hair.

   b) She washed and brushed her hair.

8. a) It's me, John.

   b) It's me John.

9. a) He can read and write, too.

   b) He can read and write, too.

解答・解説

発話（文章）のどの部分（単語）にどのような音調の変化が現れるかによって発話の意味が違ってきます。話者による情報の処理方法を学びましょう。

* * * *

1. a) ˋ<u>cup</u>board 「もうひとつ<u>戸棚</u>に入っている」。cupboard が新情報。

   b) anˋother 「もうひとつ戸棚に入っている」。cupboard は既知情報。

   c) anˋother, ˏ<u>cup</u>board 「もうひとつ戸棚に入っているよ」。another は新情報。cupboard は半既知情報あるいは、準既知情報（semi-given information：既知情報であっても、話者が新情報的に扱った場合）という。

   d) anˋother, ˋ<u>cup</u>board 「もうひとつあるよ、（どこかと言えば）<u>戸棚</u>にね」。両方とも新情報。

2. a) psyˋ<u>chia</u>trist 「精神科医の兄に電話をします」。ほかに兄（弟）がいると思われる。

   b) ˋ<u>broth</u>er, psyˋ<u>chia</u>trist 「兄に電話をします、精神科医なんです」。ひとりだけの兄と思われる。

3. a) ˋ<u>You</u>, ˏ<u>did</u>n't 「あなたがやったんでしょう、そうじゃないの？」質問的。

   b) ˋ<u>You</u>, ˋ<u>did</u>n't 「あなたがやったんでしょう、そうでしょう」。確認を求めている。

   c) ˋ<u>You</u>, ˏ<u>did</u> 「あなたがやったの（本当？　知らなかった）？」相手の発言に反応し、同時に確認をしている。

4. a) ˋ<u>wo</u>man 「彼女は幸福のうちに死んだ」。a happy woman は S ＋ V ＋ C の文型の C（補語）に当たる。

   b) ˋ<u>died</u>, ˋ<u>wo</u>man 「彼女は死んだ、あの幸せな人が」。She と a happy woman は同格。

5. a) ˏ<u>car</u>, ˋ<u>train</u> 「車で行ったの、汽車で行ったの、どっち？」

   b) ˏ<u>car</u>, ˏ<u>train</u> 「車で行ったの、汽車で行ったの、それとも ……」

6. a) ˋ<u>news</u>papers 「古い雑誌と古い新聞を燃やした」。両方とも古い。

   b) magaˋ<u>zines</u>, ˋ<u>news</u>papers 「古い雑誌と、新聞を燃やした」。新聞は、古いか新しいか不明。

7. a) ˋ<u>hair</u> 「頭を洗って、髪にブラシをかけた」。washed her hair . . .

   b) ˋ<u>washed</u>, ˋ<u>hair</u> 「（体などを）洗い、髪にブラシをかけた」。washed (herself) . . .

8. a) ˋ<u>me</u> 「ジョン、ぼくだよ」。John は呼びかけ。

   b) ˋ<u>me</u> ˋ<u>John</u> 「ぼくだよ、ジョンだよ」。「自分がジョンである」ということ。

9. a) ˋ<u>too</u> 「（話せるだけでなく）読み書きもできる」

   b) ˋ<u>read</u>, ˋ<u>too</u> 「読めるだけでなく、書くこともできる」

Q&A 2 「知らない分野の英語を聞き取るには？」

Q 自分が関心があってよく知っているテーマの話だと、リスニングもそれほど難しいと思いませんが、知らない話題だと突然聞き取れなくなってしまうことがよくあります。ということは、あらゆるトピックについて知識がないと、リスニングも大丈夫という段階まではいかないということになりますが……。そこでアドバイスが欲しいのですが、どのような分野にも通用するリスニング力をつけるにはどうすればいいのでしょうか。

A この問題は、**根本的には、語彙力の問題と言ってよいでしょう**。ただし、語彙が豊富であっても、ネイティブスピーカーの英語が理解できるとは限りません。それは、語彙力には、質的・量的な面で、いろいろなレベルがあるからです。

⑴　どのくらいの数の単語を知っているか。

⑵　知っている単語の内容はどの程度か、辞書に出ているその単語の意味内容とその使い方を、ネイティブスピーカーに近いほど、ほとんど全部知っているか。

⑶　聞き取れる単語の数はどのくらいか。単語として一応知ってはいても、文（発話）の中で、いろいろな単語と結びついて使われる場合に、その単語が確実に聞き取れるか。

　リスニングに関しては、⑶のレベルの語彙力が問題となるのは言うまでもありません。単語は、母音と子音とがさまざまに結びついてできているので、その個々の音が確実に識別できなければならないばかりでなく、強勢の位置、さらには、連結その他の音声現象にも慣れていなければなりません。すなわち、本書で扱った、私たちにとって難しいさまざまな音声現象を、母語の壁を乗り越えて身につけていなければならないということです。

　それでは、相当幅広い分野にわたって、リスニングの面であまり不自由しないというレベルの語彙力とは、どの程度のものでしょうか。結論を先に述べますと、その数は、**約2000の重要単語を中心として、2000～3000語の範囲にあると**言えます。この数は何かと言うと、英語のネイティブスピーカーが、日常のいろいろな場面で、書いたり話したりして使う、きわめて頻度の高い種類の単語数であるということです。

　最近ではこれらの単語は、辞書学の進展に伴って、膨大な資料から導き出されてきています。そして、これらの使用頻度の高い単語が、**外国人の英語学習者のために作られた英英辞典の定義に使われています**。同時にその使い方が、実際の例文や説明を通じて、詳しくそれぞれの辞書で扱われているのです。以上、要するに、ネイティブスピーカーは、相当幅広い話題を、これらの2000語（から3000語）でカバーしているのですから、私たちの目標は、まずこれらの単語を身につけて、最初に述べた⑶のレベルの語彙力に持っていくことであると言ってよいでしょう。

Part 3
連結

単語と単語の切れ目が
わからなくなる

文字で見るのと音で聞くのでは、単語
と単語の切れ目が違うのです。

ダイアローグを聞いてみましょう

Jim: The boss is on vacation, and the sheep are playing in the fields.

Mike: What are you talking about?

Jim: Come on. Do you think anybody's done any work since he's been gone?

Mike: When you put it that way . . .

Jim: You see? I'm absolutely right.

Mike: Maybe you've got me there.

Jim: I think I'll take a break.

Mike: Another one?

Jim: It's not like I haven't done any work today.

Mike: No, but let's put it this way—your work breaks have been a lot shorter than your rest breaks.

単語が滑らかにつながって、その切れ目がわかりにくくなる現象をマスターします。ここでは ■■■■ の中の単語の間で、つながる現象が起きています。下の例のほか、いろいろなつながり方があります。

boss_is_on → bo-ssi-son   sheep_are → shee-pare

> 訳

ジム：　ボスが休暇中で、羊は喜び野を駆け回る。

マイク：何の話だい？

ジム：　だってほら、ボスがいなくなってから、仕事をしてるやつなんていないじゃないか。

マイク：そういえば、まあそうだね……。

ジム：　だろ？　ぼくの言うとおりさ。

マイク：ま、反論の余地なしだね。

ジム：　さてと、ひと休みするか。

マイク：またかい？

ジム：　ぼくだって、今日は全然仕事してないってわけじゃないんだぜ。

マイク：そうさ、だけどこうも言えるよ。休んじゃちょっと仕事をし、休んじゃまたちょっと仕事をしてるってね。

Part3　単語がつながる　音の連結

音は流れて動くもの

　英文を読んでみると、簡単な単語が並んでいるだけなのに、聞いたときにはわからなかったということがよくあるものです。また、そういう英文を声を出して読む場合、どうしてもネイティブスピーカーの発音のように滑らかに読めない、という経験のある方も多いことでしょう。これは、目で見れば切れている単語と単語が、実際話されるときには、そのようには切れないという場合によく起こることです。

　単語がいくつか連続してひとつの発話が行われるとき、ひとつひとつの単語は、決して独立して発音されるのではありません。ところが私たちは、**単語と単語のつながり方を知らないために、ひとつひとつの単語が単独で存在するかのように、孤立させて発音してしまう傾向が非常に強い**のです。あるいは、次のように言うこともできるでしょう。川の水が流れているように、発話においても、単語が流れているのです。ひとつひとつの単語がそれ自体動いて、自由にほかの単語と結びついていると考えるとよいでしょう。目にとっては、単語は文字として静止していますが、耳にとっては動いているのです。その動きについていくことが必要となります。

　たとえば、Will you top it up?（[車などのガソリンを] 満タンにしてちょうだい；[グラスなどをいっぱいに] つぎ足してちょうだい）を見てみると、top it up は、文字の上では確かに切れています。しかし実際の発話では、to-pi-tup のようになります。日本語的に発音すれば、「トップゥーイットゥーアップゥ」のようになるでしょうが、実際は、「トォーピィータァプ」のようになり、まったく違って響きます。

音のつながり方、切れ方

　このように、実際の発話では、ふたつの単語がつながるために単語の切れ目がわかりにくくなる、という問題が起きます。その結果、目で見た場合には認識できた単語の形がわからなくなり、リスニングの大障害となってしまいます。また、話をするときも、滑らかな連結ができないために、ネイティブスピーカーにとっては聞きにくい日本語的英語になってしまうのです。特に日本語の影響で、子音の後に母音を挿入し

084

てしまう傾向もあります。たとえばtop^u it^u up^uのように、それぞれの単語の後に[u]という母音を付けてしまうと、ネイティブスピーカーには、何のことかさっぱりわからなくなってしまいます。

単語と単語とが、滑らかにつながっていく場合の規則を身につけましょう。

1. 単語の最後の音が、[p] [t] [k] などの子音であって、次に続く単語の最初の音が [i] [e] [ɑ] などの母音である場合

子音は母音と一緒になって、あたかも次の単語に移行してしまったようになる。

2. 母音+母音の場合

単語の終わりの母音と次の単語の最初の母音との間に、[w]や[j]の弱いわたり音（p.103参照）が現れる。

以下、具体的にさらに6つのSECTIONに分けて詳しく見ていきます。

破裂音と母音がつながる

EXAMPLES

1. Will you top it up?
2. Let me top up your drink.
3. There's a crack in this glass.
4. Will you read it again?
5. I'm booked up until September.
6. I think I'll take a bath.
7. I've put on weight.
8. I like all sorts of books.
9. She had a sad expression.
10. There was a change in the program.
11. It's in the garden. Fetch it for me.
12. She felt a tap on her shoulder.
13. Don't count on me for that.
14. That's a lot of nonsense.
15. Let's keep in touch.
16. We can work it out.

訳

1. 満タンでお願いします。
2. おつぎしましょう。
3. このグラスにはひびが入っている。
4. もう一度読んでいただけますか。
5. ぼくは9月まで予定がびっしりなんだ。
6. 風呂に入ろうかな。
7. 体重が増えちゃった。
8. 本なら何でも好きです。
9. 彼女の表情は悲しげだった。
10. プログラムに変更があった。
11. (それは)庭にあるから、取ってきてくれ。
12. 彼女は肩をたたかれたのに気づいた。
13. その件では私を当てにしないでくれ。
14. 何てくだらない。
15. 連絡を取り合おう。
16. (きっと)うまくいくよ。

POINT top it up は to-pi-tup のようにつながります。目で見た単語の切れ目と、実際の音の切れ目とは違います。ここでは「破裂音＋母音」と「破擦音＋母音」を中心に見ていきます。

解説

英語には、[p] [t] [k] [b] [d] [g] の6つの破裂音があります。これらの破裂音は日本語にもありますが、両者の間には次のような違いと問題点が存在しているので、注意が必要です。

⑴　英語では、これらの音は、単語の始めにくる場合、終わりにくる場合の両方がある。特に、終わりにくるケースが大変多い。

⑵　日本語では、これらの音は、単語の始めにくることはあっても終わりにくることはない。ということは、英語で、終わりにくる破裂音が次に続く母音と結びついた場合、その音は、単語の終わりの音ではなく、始めの音として聞こえる。すなわち、単語の識別ができなくなってしまうということである。

⑶　たとえば英語の put it on は、音としては put it on、すなわち pu-ti-ton のように響き、あたかも pu･ti･ton という3つの単語が連続しているように（あるいは、puti と ton というふたつの単語の連続のように）聞いてしまいがちである。

⑷　なお、英語には、破裂と摩擦を伴う、破擦音というタイプの音がある。[tr] [dr] [tʃ] [dʒ] [ts] [dz] がこれに当たる。その中で、語末にくることのある [tʃ] [dʒ] [ts] [dz] が、上に記した**連結現象**を示す。特に、所有格の -'s や、複数形の -(e)s と同じ発音になる場合に注意が必要である。

George is [dʒɔ́ːrdʒiz] ⟷ George's [dʒɔ́ːrdʒiz]
church is [tʃə́ːrtʃiz] ⟷ church's, churches [tʃə́ːrtʃiz]

Part 3　連結

1. **top it up** [tápitʌ́p | tɔ́p-] は「タピタプ」。
2. **top up your** [tápʌ́pjər | tɔ́p-] は「タパピョ」。up your については p.106参照。
3. **crack in** [krǽkin] は「ク(ゥ)ラキン」。
4. **read it again** [ríːditəgén] は rea-di-ta-gain「リーディタゲン」。
5. **booked up until** [búktʌ́pəntil] は「ブクタパンティル」。
6. **think I'll** [θíŋkail] は「スインカイル」、**take a** [téikə] は「テエイカ」。
7. **put on** [pútən | -ɔn] は「プタン」。
8. **like all** [láikɔ́ːl] は「ライコール」、**sorts of** [sɔ́ːrtsəv] は「ソーツァヴ」。
9. **had a** [hǽdə] は「ハダ」、**sad expresion** [sǽdikspréʃ(ə)n] は「サディクスプレシャン」。
10. **change in** [tʃéindʒin] は「チェインヂン」。
11. **It's in** [itsín] は「イツイン」、**Fetch it** [fétʃit] は「フェチト(ゥ)」。
12. **felt a** [féltə] は「フェルタ」、**tap on** [tǽpən | -ɔn] は「タパン」。
13. **count on** [káuntən | -ɔn] は「カウンナン」。[tən] は [nɑn] に近い。
14. **That's a** [ðǽtsə] は「ズアッァ」、**lot of** [látəv | lɔ́t-] は「ラタヴ」。
15. **keep in** [kíːpin] は「キーピン」。
16. **work it out** [wə́ːrkitáut] は「ワーキタウト(ゥ)」。

EXERCISES

DL
3_04

音声を聞いて空欄を埋め、スムーズな連結ができるように言ってみましょう。

1. She dropped the _____ _____ _____ _____.

2. He _____ _____ a _____ _____.

3. _____ _____ _____ _____ pieces, please.

4. _____ _____ _____! Turn the _____ _____!

5. I won't _____ _____ _____ _____ your time.

6. I hope he _____ _____ _____ _____.

7. He _____ _____ _____ _____ work to _____ _____ _____ after his illness.

8. I _____ _____ _____ few hours every day for reading.

9. I _____ _____ _____ _____ fine.

10. They _____ _____ _____ well.

11. We have to _____ _____ _____ _____ detail.

12. Let's get things _____ _____ the right track.

13. No one _____ _____ _____ place.

14. I'm not very _____ _____ classical music.

15. I don't want to be _____ _____ _____ _____ the wheel.

16. Did you _____ _____ the report?

17. Japanese rarely _____ _____ _____ _____ controversial issues.

18. The traffic will _____ _____ _____ _____ few minutes.

19. He's _____ _____ his _____ _____.

20. Do try to _____ _____ _____ trouble.

解答・解説

単語の終わりの音が破裂音で次の単語の最初の音が母音であるとき、破裂音と母音がつながって単語の境目がわかりにくくなります。

＊　　　　　＊　　　　　＊　　　　　＊

1. cup and broke it [kʌ́pənbróukit] 「カパンブロウキト(ゥ)」

2. put on [pútɑn | -ɔn] 「プタン」、French accent [fréntʃǽks(ə)nt] 「フレンチァクサント(ゥ)」

3. Cut it up into [kʌ́titʌ́pintə] 「カティタピント(ゥ)」

4. Put it off [pútitɔ́(:)f] 「プティトフ」、light off [láitɔ́(:)f] 「ライトフ」

5. take up much of [téikʌ́pmʌ́tʃəv] 「テイカプマチャヴ」

6. won't eat it up [wóuntí:titʌ́p] 「ウオウンティーティタプ」

7. had a lot of [hǽdəlátəv | -lɔ́t-] 「ハダラタヴ」、
   catch up on [kǽtʃʌ́pɑn | -ɔ́n] 「キャチャパン」

8. set aside a [sétəsáidə] 「セタサイダ」

9. hope it'll work out [hóupitlwɔ́:rkáut] 「ホウピト(ゥ)ルワーカウト(ゥ)」

10. hit it off [hítitɔ́(:)f] 「ヒティトフ」。「すぐに仲良くなった」。

11. map it out in [mǽpitáutin] 「マピタウティン」

12. back on [bǽkɑn | -ɔn] 「バカン」

13. seemed out of [sí:mdáutəv] 「スィームダウタヴ」

14. up on [ʌ́pɑn | -ɔn] 「アパン」

15. just a cog in [dʒʌ́stəkágin | -kɔ́g-] 「ジャスタコギン」。ここでは、cog は「カーグ」より「コーグ」に近くなっている。

16. hand in [hǽndin] 「ハンディン」

17. take a stand on [téikəstǽndɑn | -ɔn] 「テイカスタンダン」

18. let up in a [letʌ́pənə] 「レタパナ」。「タ」は「ダ」に近い。「(車の流れが)すぐによくなるよ」。in a の連結については p.94参照。

19. back on [bǽkɑn | -ɔn] 「バカン」、feet again [fí:təgen] 「フィータゲン」。on (h) is [ɑniz | ɔniz] の連結にも注意。

20. keep out of [kí:páutəv] 「キーパウタヴ」

Part 3
連結

089

EXAMPLES

DL
3_05

1. The boss is out.
2. The brush is in the cup board.
3. That class is easy.
4. He is on vacation.
5. She gave a smile.
6. I have a toothache.
7. I must give up smoking.
8. He has Saturdays off.
9. I saw a flash of lightning.
10. Who was elected?
11. It's as cold as ice.
12. The baby's asleep.
13. Enough is enough.
14. He's as strong as ever.
15. He drove off suddenly.
16. They eat fish on Fridays.

訳

1. ボス(上司)は外出中です。
2. ブラシは戸棚の中よ。
3. あの授業は楽だ。
4. 彼は休暇を取っている。
5. 彼女はにっこりした。
6. 歯が痛い。
7. たばこをやめなきゃならない。
8. 彼は土曜日が休みだ。
9. 稲光が見えた。
10. だれが当選したの?

11. それは氷のように冷たい。
12. 赤ん坊は眠っている。
13. もうたくさんだ。
14. 彼は、相変わらず強い。
15. 彼は、突然車で走り去った。
16. 彼らは金曜日に魚を食べる。

POINT

boss is outは [bɔ́(:)s iz áut] が bo-ssi-sout [bɔ́(:) si záut] のようにつながっていきます。ここでは、「摩擦音＋母音」の連結を見ていきます。

解説

英語には、摩擦音と呼ばれる次の9つの音があります。[f] [v] [θ] [ð] [s] [z] [ʃ] [ʒ] [h]。このうち [h] は語頭にしか現れません。また、英語では [ʒ] の音が現れる単語がきわめて少なく、語尾に現れる場合としては beige [beiʒ]、camouflage [kǽməflɑ̀:ʒ]、garage [gərɑ́:ʒ, gǽrɑ:ʒ]、rouge [ru:ʒ] などがあります。

残る7つの摩擦音はそれぞれ語頭にも語尾にも現れることがあります。語尾にあって、次の単語の母音に続いていく場合は、破裂音の場合と同様に、単語の切れ目がわかりにくくなるため、注意が必要です。問題点は次のとおりです。

⑴ [f] [v] [θ] [ð] は、日本語にはない音であるだけに、音そのものが難しい（リスニング・スピーキングの両面において）。

⑵ 語尾の摩擦音が次にくる単語の先頭の母音と連結した場合、単語の切れ目がわかりにくくなる。中でも [s] ＋ is、[ʃ] ＋ is の場合、-'s の付いた所有格の形や複数形と同じ発音になるため、いっそう難しくなる。

Alex is [ǽliksiz]　　　⟷　Alex's [ǽliksiz]
Dennis is [dénisiz]　　⟷　Dennis's [dénisiz]
fish is [fíʃiz]　　　　　⟷　fish's [fíʃiz], fishes [fíʃiz]
dish is [díʃiz]　　　　　⟷　dishes [díʃiz]
prince is [prínsiz]　　　⟷　prince's [prínsiz], princes [prínsiz]

たとえば、[ðəbɔ́(:)siz] は、(a)The boss is　(b)The boss's　(c)The bosses と3つの可能性があり、発音と文法の面で、困難度が高い。

1. boss is out [bɔ́(:)sizáut] は「ボスィ**ザ**ウト(ゥ)」。
2. brush is in [brʌ́ʃizin] は「ブラシズ**イ**ン」。
3. class is easy [klǽsizí:zi | klɑ́:s-] は「クラスィ**ズィ**ーズィ」。
4. is on [izan | -ɔn] は「**イ**ザン」。
5. gave a [géivə] は「**ゲ**イ**ヴァ**」。
6. have a [hævə] は「ハ**ヴァ**」。
7. give up [gívʌp] は「**ギ**ヴァプ」。
8. Saturdays off [sǽtərdeizɔ́(:)f] は「サタデェイ**ゾ**フ」。
9. flash of [flǽʃəv] は「フラ**シャ**ヴ」。
10. was elected [wəziléktid] は「ワズィ**レ**クティド(ゥ)」。
11. It's as [itsəz] は「**イ**ツァズ」、as ice [əzáis] は「ア**ザ**イス」。
12. baby's asleep [béibizəslí:p] は「**ベ**イビザス**リ**ープ」。
13. Enough is enough [inʌ́fizinʌ́f] は「イ**ナ**フィズィ**ナ**フ」。
14. He's as [hi(:)zəz] は「**ヒ**ザズ」、as ever [əzévər] は「ア**ゼ**ヴァ」。
15. drove off [dróuvɔ́(:)f] は「ド(ゥ)**ロ**ウ**ヴ**オフ」。
16. fish on [fíʃan | -ɔn] は「**フ**イシアン」。

091

EXERCISES

DL 3_06

音声を聞いて空欄を埋め、スムーズな連結ができるように言ってみましょう。

1. Can I _____ _____ _____ _____ beer?

2. You must _____ _____ _____ _____.

3. Tell the _____ _____ _____.

4. Cut it _____ _____ _____, _____ you can.

5. She _____ _____ the sea every day.

6. Your money will be _____ _____.

7. I must _____ _____ _____ American literature.

8. The _____ _____ _____ your bag.

9. I'll _____ _____ hot _____ _____ go to bed.

10. That _____ _____ _____, isn't it?

11. The _____ _____ _____ _____ this street.

12. I think _____ _____ 40.

13. _____ _____ _____ to me.

14. It _____ _____ _____ _____ going to rain.

15. He's not _____ _____ _____ _____ am.

16. I _____ _____ _____ _____ little cleverer.

17. His face was red _____ _____.

18. _____ _____ _____ _____ safe.

19. _____ _____ _____ _____ _____ _____ feast.

20. The _____ _____ _____ _____ color.

21. Only _____ _____ _____ came to the meeting.

22. _____ _____ true that _____ _____?

解答・解説

摩擦音で終わる単語が母音で始まる単語と結びついて単語の切れ目がわかりにくくなる現象を押さえましょう。

　　　　　　＊　　　　　　＊　　　　　　＊　　　　　　＊

1. have a glass of [həvəglǽsəv | -glɑ́ːsəv]「ハヴァ グ ラー サヴ」。Can I については p.94参照。

2. arrive at six exactly [əráivətsíksigzǽktli]「アライヴァト(ゥ)スイクスィグ ザク ト(ゥ)リ」。must arrive の連結にも注意。

3. truth about it [trúːθəbautit]「ト(ゥ)ルーサバウティト(ゥ)」

4. with a knife, if [wiðənáifif]「ウィザナイフィフ」。Cut it の連結にも注意。

5. swims in [swímzin]「スウイムズィン」

6. safe enough [séifinʌf]「セイフィナフ」

7. brush up on [brʌ́ʃʌpɑn | -ɔn]「ブラシャパン」

8. box is in [bɑ́ksizin | bɔ́ks-]「バクスィズィン」。in your [inʲjər]「イニャ」については p.106参照。

9. have a [həvə]「ハヴァ」、bath and [bǽθən | bɑ́ː-]「バーサン」

10. dress is old [drésizóuld]「ドゥレスィ ゾウルドゥ」

11. post office is along [póustɔ(ː)fisizəlɔ́(ː)ŋ]「ポウストフィスィザ ロング」

12. he's around [(h)i(ː)zəráund]「(ヒ)イザ ラ ウンドゥ」。think (h)e's と h が落ちて、[θínkiːz]のようになっている。

13. He's always impolite [hi(ː)zɔ́ːlweizimpəláit]「ヒィ ゾ ールウェイズィムパ ライ ト(ゥ)」

14. looks as if it's [lúksəzifits]「ルクサズィフィッツ」

15. as experienced as I [əzikspí(ː)(ə)riənstəzái]「アズィクス ピ リアンスタズ アイ」。not as の連結にも注意。

16. wish I was a [wíʃaiwəzə]「ウイ シャイワザ」

17. with anger [wiðǽŋgər]「ウイ ザ ンガ」

18. Both of us are [bóuθəvəsər]「ボウサヴァサ」

19. Enough is as good as a [inʌ́fizəzgúdəzə]「イナフィザズ グ ダザ」

20. dress is beige in [drésizbéiʒin]「ドゥ レ スィズベイジン」

21. half of us [hǽfəvəs | hɑ́ːf-]「ハーファヴァス」

22. Is it [izit]「イ ズ ィト(ゥ)」、he's ill [(h)i(ː)zíl]「(ヒ)イ ズ ィル」

Part 3

連結

[m] [n] [l] が母音とつながる

EXAMPLES

DL
3_07

1. Bring an iron, please.
2. I'll come in a minute.
3. Did you win anything?
4. I won an airline ticket.
5. The food has run out.
6. It's warm in here.
7. That's more than I can arrange.
8. Sing a song, Ian.
9. He'll call on us tomorrow.
10. Can I open an account?
11. No cutting in on our conversation.
12. Can you fill in the form, please?
13. (It) seems that Bill is ill again.
14. Is the boss still in?
15. Tell us all about yourself, please.
16. Can we book in advance?

訳

1. アイロンを持ってきてください。
2. すぐ行きます。
3. 何か賞品もらった？
4. 飛行機のチケットを(賞品に)もらったよ。
5. 食べ物が底をついた。
6. ここは暖かい。
7. (依頼してきた相手に)私には無理です。
8. 歌ってよ、イアン。
9. 彼は明日やってくるだろう。
10. (銀行で)口座を開くことができますか。
11. 話の邪魔をしないで。
12. この用紙にご記入いただけますか。
13. ビルはまた病気らしい。
14. ボス(上司)、まだいる？
15. ご自分のことを全部話してください。
16. あらかじめ予約できますか。

POINT an apple が a-napple、an orange が a-norange のようにつながるのはおなじみでしょう。では、Bring an iron. はどう発音されるでしょう。ここでは「鼻音＋母音」、[l]「(エル音) ＋母音」を中心に、単語の滑らかなつながりを見ていきます。

解説

　ここでは、鼻音[m] [n] [ŋ]と、[l] (エル音) が単語の終わりにあって、次に続く単語が母音で始まる場合の連結を練習します。問題点は次のとおりです。単語の切れ目がわかりにくくなるのはすべてに共通です。

　　英語では、語尾にくる [m] [n] [ŋ] によって、単語の意味が変わってしまう。sum [sʌm]、sun [sʌn]、sung [sʌŋ]など。そのため、語尾の[m] [n] [ŋ]は語頭の場合と同様に、明確に区別されなければならない。
　　日本語では、語頭における[m]と[n]とは明確に区別される。[mo] (藻)、[no] (野)。ところが語尾では、[m] [n] [ŋ]ともに区別されない。たとえば、数字の3は、[san] [saŋ] [sã] (鼻音化した母音)、さらには、[sam]になることさえある。
　　たとえば、have the sun in my eyesのsun inは、英語では[sʌnin]となる。これに対し日本語的な発音では、[sã ĩ] (山陰) のようになってしまい、しっかりとした[n]と[i]の連結が行われないことが多い。このため、リスニング・スピーキングの点では、英語の[sʌ(n)nin] (「さんにん」) のような響きと[sã ĩ] (「さんいん」) のような響きとの違いとなり、区別が難しくなる。
　　日本語の「ンガ」は[ŋa]の場合も[ŋga]の場合もあり、人により両方ともあり得る。そのため、たとえば、sing a song [síŋəsɔ(:)ŋ]の場合、日本語的な発音では[siŋgəsɔ(:)ŋg]のように[g]が入ってしまうことがあり、響きが違ってしまう。
　　[l]の響きは私たちにとって大変難しく、連結によっていっそう難しくなる。

1. Bring an iron [bríŋənáiərn]は「ブリンガナイアン」。
2. come in a [kʌmínə]は「カミナ」。
3. win anything [wínéniθiŋ]は「ウイネニスィン (グ)」。
4. won an airline [wʌnənéərlain]は「ワナネアライン」。
5. run out [rʌnáut]は「ラナウト (ゥ)」。
6. warm in [wɔ́:rmin]は「ウオーミン」。
7. than I [ðənai]は「ザナイ」、can arange [kənəréindʒ]は「カナレインヂ」。
8. Sing a [síŋə]は「スィ (ン) ガ」、song Ian [sɔ́(:)ŋí:ən]は「ソ (ン) ギーアン」。
9. call on us [kɔ́:lɑnəs | -ɔn-]は「コーラナス」。
10. Can I [kænai]は「キャナイ」、open an acount [óupənəkáunt]は「オウプナ ナカウント」。
11. cuting in on our [kʌ́tiŋinɑnauər]は「カティ (ン) ギン (ン) ノ (ン) ナァ」。
12. fill in [fílin]は「フィリン」。
13. Bill is ill again [bílizíləgén]は「ビリズィラゲン」。
14. still in [stílin]は「スティリン」。
15. Tell us all about [téləsɔ́:ləbáut]は「テラソーラバウト (ゥ)」。
16. book in advance [búkinədvǽns | -vɑ:ns]は「ブキ (ン) ナドゥヴァンス」。

EXERCISES

DL 3_08

音声を聞いて空欄を埋め、スムーズな連結ができるように言ってみましょう。

1. There's a _____ _____ the air.

2. _____ _____ _____ the secret.

3. _____ _____ _____, _____ he?

4. _____ _____ _____ business trip.

5. _____ _____ _____ part of his make-up.

6. Why don't you _____ _____ your life?

7. _____ _____ _____ _____ _____ home.

8. _____ _____ _____ _____ see you tomorrow?

9. They are _____ _____ _____ _____ bag.

10. I saw _____ _____ _____ way home.

11. We have to _____ _____ _____.

12. We've _____ _____ _____ money.

13. My Spanish _____ _____ _____ _____ vacation.

14. Her eye _____ _____ _____ _____ desk.

15. _____ _____ the gas tank, please.

16. Something has _____ _____.

17. She's been _____ _____ _____.

18. She hit him _____ _____ the face.

19. We reserved the hotel _____ _____ _____.

20. I don't think I _____ _____ two cars.

21. We checked _____ _____ _____ _____ we arrived.

22. She suddenly _____ _____ the room.

単語が鼻音やエル音 [l] で終わり、次に来る単語が母音で始まる場合、単語の境目がとてもわかりにくくなります。実際に発音してしっかりと身につけましょう。

   *   *   *   *

1. chill in [tʃílin]「チリン」。There's a の連結もある。

2. I'm in on [aimínan | -ɔn-]「アイミナン」

3. Michael isn't well is [máik(ə)líznt wélíz]「マイクリズント(ゥ)ウェリズ」

4. I'm on a [áimənə | -ɔn-]「アイマナ」

5. Being outspoken is [bí:iŋautspóuk(ə)niz]「ビーインガウト(ゥ)スポウクニズ」。part of の連結もある。

6. straighten out [stréit(ə)náut]「スト(ゥ)レイト(ゥ)ナウト(ゥ)」

7. I'm afraid Sam isn't at [aiməfréidsǽmíz(ə)ntət]「アイマフレイド(ゥ)サミズンタト(ゥ)」

8. Can I come and [kǽnaikʌ́mən]「キャナイカマン」

9. putting everything in a [pútiŋévriθiŋinə]「プティンゲヴリスィンギナ」

10. him on (h)is [(h)imɑniz | -ɔn-]「(ヒ)イマニズ」

11. cancel all engagements [kǽns(ə)lɔ́:lingéidʒmənts]「キャンスルオーリインゲイヂマンツ(ゥ)」。cancel と all の間には少しポーズがあり、連結が生じない。

12. run out of [rʌ́náutəv]「ラナウタヴ」。out of にも連結がある。

13. came in useful on [kéiminjú:sf(ə)lɑn | -ɔn-]「ケイミンニュースフラン」

14. fell on an old [félənənóuld | -ɔn-]「フェラナノゥルド(ゥ)」。連結が3つも続く場合は、単語の切れ目がたいへんわかりにくくなる。

15. Fill up [fílʌp]「フィラプ」

16. come up [kʌ́mʌ́p]「カマプ」

17. ironing all afternoon [áiərniŋɔ́:læftənú:n | -ɑ:f-]「アイアニンゴーラフタヌーン」

18. full in [fúl(ə)n]「フラン」。in は [(ə)n] になることも多く、弱い「アン」の響きになる。

19. well in advance [wélənədvǽns]「ウエラナド(ゥ)ヴァーンス」

20. can afford [kənəfɔ́:rd]「カナフォード」。think I にも注意。

21. in as soon as [inəzsú:nəz]「インナズスーナズ」。checked in にも注意。as soon as の最初の as は厳密には次の soon の影響で [əs](弱い「アス」)になる。

22. ran into [rǽnintə]「ラニンタ」

097

[r] と母音がつながる

EXAMPLES

1. He went far away.
2. Here it is.
3. I'm not sure about it.
4. There were four of us.
5. Where is it?
6. It'll clear up soon.
7. There are some dogs outside.
8. The door is open.
9. Where on earth is she?
10. Cheer up and smile, Jane.
11. He's studying for an exam.
12. I wonder if it's true.
13. We walked for hours.
14. Thanks for everything.
15. Trevor is poor at swimming.
16. You're always kind.

訳

1. 彼は遠くまで行った。
2. さあ、ここにあるよ。
3. それについては確信がない。
4. 私たちのうちの4人がいた。
5. それ、どこにあるの？
6. すぐ晴れるよ。
7. 外に犬が何匹かいる。
8. ドアが開いている。
9. 彼女はいったいどこにいるんだ？
10. ジェーン、元気を出して、笑ってごらん。

11. 彼は試験勉強中だ。
12. それは本当だろうか。
13. 私たちは何時間も歩いた。
14. いろいろとありがとうございます。
15. トレバーは水泳が苦手だ。
16. あなたはいつも親切ね。

POINT far awayは、fa-ra-wayのようになります。母音と母音との間に[r]が入って、ふたつの単語が滑らかにつながっていきます。単語の終わりにrやreの文字がある場合、そのrが次にくる単語の最初の母音とつながる例です。

解 説

here [hiər]、there [ðɛər]、pour [pɔːr]、tower [táuər]などの単語には、スペリングの上で、reやrの文字が見られます。これは発音記号では、斜字体のr、すなわち[r]で表されています。この[r]の意味、およびその問題点は、次のとおりです。

⑴ アメリカ英語では、スペリングにre, rがあると[r]がいつでも発音される。すなわち、here [hiər]、there [ðɛər]、pour [pɔːr]、tower [táuər]となる。

⑵ イギリス英語では、スペリングにreやrがあっても、次に母音が続かない限り[r]は発音されない。すなわち、here [hiə]、there [ðɛə]、pour [pɔː]、tower [táuə]となる。母音が続いた場合は、たとえばhere and there [híərənðɛə]、pour away [pɔ́ːrəwéi]、the Tower of London [ðətáuərəvlʌ́ndən]のようになる。すなわち、[r]が挿入され、その[r]が次の母音と連結することを意味する。

⑶ r連結というのは、通常、上の⑵の場合に見られる、イギリス英語に特徴的な[r]＋母音の連結を言う。この場合の[r]は、**連結の[r]**（linking [r]）と呼ばれ、次の単語に移行して語頭の音となったかのように、非常に明確に発音される。たとえば、pour awayは、pou-ra-wayのように、[pɔː]と[rə]と[wei]とが続いたような響きになる。

⑷ アメリカ英語でも、語尾の[r]と次の単語の母音とが連結するが、響きはイギリス英語のそれとは少し異なる。[r]はその前の母音の一部のようになっており、母音が軟らかく連続していく、という響きになる。※収録音声はアメリカ英語です。

1. far away [fáːrəwéi] は「ファーラ**ウェ**イ」。
2. Here it is [híəritíz] は「**ヒ**アリ**ティ**ズ」。
3. sure about it [ʃúərəbáutit] は「**シュ**アラ**バ**ウティト(ゥ)」。
4. four of us [fɔ́ːrəvəs] は「**フォ**ーラヴァス」。
5. Where is it [(h)wɛ́ərízit] は「(フ)**ウェ**アリ**ズ**ィト(ゥ)」。
6. clear up [klíərʌ́p] は「ク(ゥ)**リ**アラプ」。
7. There are [ðərər] は「**ザ**ラ」。
8. door is open [dɔ́ːrizóup(ə)n] は「**ド**ーリ**ゾ**オウプン」。
9. Where on earth is [(h)wɛ́ərəné:rθíz | -on-] は「(フ)**ウェ**アランナー**ス**ィズ」。
10. Cheer up and [tʃíərʌ́pən(d)] は「**チ**ァラパン」。
11. for an exam [fərənigzǽm] は「ファラニグ**ザ**ム」。
12. wonder if it's [wʌ́ndərifits] は「**ワ**ンダリフィツ」。
13. for hours [fəráuərz] は「ファ**ラ**ウアズ」。
14. for everything [fərévriθiŋ] は「ファ**レ**ヴリスィング」。
15. Trevor is [trévəriz]、poor at [púərət] は「ト(ゥ)**レ**ヴァリズ」、「**プ**ァラト(ゥ)」。
16. You're always [jərɔ́ːlweiz] は「ヤ**ロ**ールウェイズ」。

Part 3　連結

EXERCISES

DL
3_10

音声を聞いて空欄を埋め、スムーズな連結ができるように言ってみましょう。

1. _____ _____ at least ten of them.

2. We walked as _____ _____ the hotel.

3. The _____ _____ big enough _____ _____.

4. It's over _____ _____ the table.

5. I can't see them from _____ _____ am.

6. I looked _____ _____ _____ for my glasses.

7. She'd be _____ _____ without him.

8. I'll love you _____ _____ ever.

9. It's still _____ _____ was.

10. He's _____ _____ a scholar than an educator.

11. I'll _____ _____ speak to him again.

12. It's a _____ _____ life and death.

13. _____ _____ the world are they?

14. He believes _____ _____ less in U.F.O.'s.

15. She's _____ _____ _____ half years old.

16. I read it _____ _____ _____ _____.

17. Aren't _____ _____ _____ _____ books?

18. Could I ask a _____ _____ you?

19. They received a _____-_____ bonus.

20. Put the _____ _____ _____, _____ the refrigerator, Tom.

21. He was innocent _____ _____.

[r]は、弱い[ə]に近い響きを持ち、しかも、私たちにとって[l]と同様に識別の難しい音です。この音が母音と母音とをつなぐ場合の、単語の切れ目をしっかりと押さえましょう。

* 　　　 * 　　　 * 　　　 *

1. There are [ðərə]は「ザラ」。ten of の連結にも注意。
2. far as [fáːrəz]。walked as の連結にも注意。
3. car isn't [káːrízn(t)]、for us [fɔ́ːrəs]。big enough の連結にも注意。
4. there on [ðéərɑn | -ɔn]は「ゼアラン」。It's over の連結にも注意。
5. where I [(h)wéərai]
6. here and there [híərəndðéər]
7. better off [bétərɔ́(ː)f]
8. forever and [fərévərənd]。and ever の連結にも注意。
9. where it [(h)wéərit]
10. more of [mɔ́ːrəv]。than an educator の連結にも注意。
11. never ever [névərévər]。him again の連結にも注意。
12. matter of [mǽtərəv]。It's a、life and の連結にも注意。
13. Where in [(h)wéərin]。world are の連結にも注意。
14. more or [mɔ́ːrər]。U.F.O.（または、UFO）の複数形は U.F.O.s（UFOs）または U.F.O.'s（UFO's）のように記す。発音はふたとおりあって、[jùːefóuz]または[júːfouz]。
15. four and a [fɔ́ːrəndə]。years old の連結にも注意。
16. over and over again [óuvərəndóuvərəgen]。read it、and over の連結にも注意。
17. there any more interesting [ðərénimɔ́ːrínt(ə)ristiŋ]
18. favor of [féivərəv]。Could I ask a の連結にも注意。
19. year-end [jíərén(d)]。received a の連結もある。
20. beer in here, in [bíərinhíərin]
21. after all [ǽftərɔ́ːl | áːf-]。was innocent after の連結にも注意。

母音と母音がつながる

EXAMPLES

1. Go and see it yourself, John.
2. Would you like whiskey or brandy?
3. May I ask you a question?
4. Yes, go ahead.
5. We all knew that.
6. Do I have to eat it?
7. It'll take you about two hours.
8. Are you all right?
9. Who else saw it?
10. You ought to try and do it.
11. He and she are married!
12. The sky is blue and cloudless.
13. I'll be with you in a minute.
14. Two oranges and three apples, please.
15. I'll find out how it works.
16. Go on with your work.

訳

1. ジョン、自分で行って見ておいで。
2. ウイスキーかブランデーはいかがですか。
3. 質問してもいいですか。
4. ええ、どうぞ。
5. 私たちは、皆そのことを知っていた。
6. それ、食べないといけないの？
7. 君がそれをやるのに2時間はかかるだろう。
8. 大丈夫？
9. ほかにだれがそれを見たの？
10. それはやってみるべきだよ。

11. あいつと彼女、結婚したんだってさ！
12. 空は青く、雲ひとつない。
13. ほんのちょっとだから（待ってて）。
14. オレンジを2個と、リンゴを3個ください。
15. それがどう動くのか、調べてみよう。
16. 仕事を続けなさい。

> **POINT** go and see itは、go^wand see^jitのように、goとandの間に短く弱い[w]音が入ります。同様に、seeとitとの間には、短く弱い[j]音が入って、単語がスムーズにつながっていきます。「母音＋母音」で、わたり音が入る場合を見ていきましょう。

解説

　これまでは、単語の終わりの子音が次の単語の母音とつながって、目で見た単語の切れ目と、音の切れ目とが違う、いわば切れ目が移動する場合を扱ってきました。

　これに対してここで扱うのは、単語の切れ目が移動するというよりは、むしろ、切れ目がなくなってしまう、とでも言うべき現象です。母音で終わる単語と、母音で始まる単語とが続いた場合、ふたつの母音の間、すなわちふたつの単語の間に、移行を滑らかにするための音がわずかながら入ることによって、発音しやすくなります。そしてその結果は、ふたつの単語が挿入された弱い音によって結びつけられ、融合され、単語の切れ目が消えてしまったようになるのです。この際に挿入される弱い音をわたり音と言います。ポイントは次のとおりです。

⑴　最初の単語が[u:]や[u]や[ɔ:]で終わる場合、次の単語の母音との間に、短く弱い[w]のような音が入る。
How are you? [háu^wá:rju]は、[hau]と[ɑːr]とがそれぞれ独立的に発音されるのではなく、弱い[w]によって滑らかにつながっていく。
I saw it. [aisɔ́ː^wit]

⑵　最初の単語が[i:]や[i]で終わる場合、次の単語の母音との間に、短く弱い[j]のような音が入る。
Did you see it? [didʒəsí:^jit]

⑶　[^w]も[^j]も、わずかな移行音であるので、way [wei]や、you [ju:]のように、はっきりとした[w]や[j]にしないこと。

1. Go^wand see^jit [góu^wənsí:^jit]
2. whiskey^jor [(h)wíski^jər]
3. May^jI^jask you^wa [méi^jai^jæskju^wə | -á:sk-]
4. go^wahead [góu^wəhéd]
5. We^jall [wi(:)^jɔ́:l]
6. Do^wI [du^wai]、to^weat [tu^wí:t]。at itの連結にも注意。
7. you^wabout [ju^wəbáut]、two^whours [tú:^wáuərz]
8. you^wall [jú:^wɔ:l]
9. Who^welse saw^wit? [hú:^wélsɔ́:^wit]
10. You^wought [ju^wɔ́:t]、try^jand do^wit [trái^jəndú:^wit]
11. He^jand she^jare [hí:^jənʃí:^jər]
12. sky^jis blue^wand [skái^jizblú:^wən]
13. you^win [ju^win]。in a [inə]の連結もある。
14. Two^woranges [tú:^wɔ́(:)rindʒiz]、three^japples [θrí:^jæplz]
15. how^wit [hau^wit]。find outの連結にも注意。
16. Go^won [góu^wɑn | -ɔn]

EXERCISES

音声を聞いて空欄を埋め、スムーズな連結ができるように言ってみましょう。

DL 3_12

1. He'll _____ _____, _____, _____ sure.

2. _____ _____ drinks _____ _____ the morning.

3. I have no _____ _____ the decision.

4. I'm as _____ _____ _____ _____.

5. I can't _____ _____ with _____ _____ that.

6. You must also take the weather _____ _____.

7. I'm telling _____ _____ _____ _____ .

8. _____ _____ I _____ _____.

9. What are _____ _____?

10. _____ _____ you _____ _____ about that.

11. Let's drink a toast _____ _____ friends.

12. If _____ _____ had more time!

13. They have a _____ _____ of his work.

14. You have four days to _____ _____.

15. _____ _____ the world told you that?

16. The _____ _____ _____ _____, _____ _____ in the wrong.

17. Do _____ _____!

18. I was _____ _____ with his work.

19. _____ _____ it for?

20. _____ _____ you smelling the fish?

21. _____ _____ earth did you manage to repair it?

母音と母音とが滑らかにつながっていくことによって、単語の切れ目がわかりにくくなる現象を、しっかり押さえましょう。

＊　　　　　＊　　　　　＊　　　　　＊

1. do͜ʷit, too,͜ʷI'm [dúːʷittúːʷaim]

2. He͜ʲalways [hi(ː)jɔ́ːlweiz]、coffee͜ʲin [kɔ́(ː)fiʲin]

3. say͜ʲin [séiʲin]

4. ready͜ʲas you͜ʷare [rédiʲəɡú:ʷɑːr]。I'm as の連結にも注意。

5. go͜ʷalong [góuʷəlɔ́(ː)ŋ]、you͜ʷon [juːʷɑn | -ɔn]

6. into͜ʷaccount [intuʷəkáunt]。weather into に [r] 連結がある。

7. you͜ʷabout the͜ʲaccident [juʷəbautðiʲæksidənt]。telling you にも、[teliŋʲju] のような「ンギュ」の響きになる連結がある。

8. She͜ʲand I usually͜ʲagree [ʃíːʲəndáijúːʒuəliʲəgríː]。and I にも連結がある。

9. you͜ʷafter [júʷæftər | -ɑːf-]。What are の連結にも注意。

10. I͜ʲexpect [aiʲikspékt]、know͜ʷall [nóuʷɔ́ːl]。all about の連結にも注意。

11. to͜ʷabsent [tuʷæbs(ə)nt]。drink a の連結にも注意。

12. only͜ʲI [óunliʲai]。If only の連結にも注意。

13. high͜ʲopinion [háiʲəpínjən]。have a、opinion of (h) is の連結にも注意。

14. pay͜ʲup [péiʲʌp]

15. Who͜ʷin [húːʷin]

16. way͜ʲI see͜ʲit [wéiʲaisíːʲit], he͜ʲis [híːʲiz]。is in の連結にも注意。

17. hurry͜ʲup [hə́ːriʲʌp | hʌ́riʲʌp]

18. very͜ʲimpressed [vériʲimprést]

19. Who͜ʷis [húːʷiz]。is it の連結にも注意。

20. Why͜ʲare [(h)wáiʲər]

21. How͜ʷon [háuʷɑn | -ɔn]。on earth, repair it の連結にも注意。とくに、on earth は、「オナース」のように響く。

子音と [j] がつながる

EXAMPLES

1. Help yourself! [pʲj]
2. Take your time. [kʲj]
3. He's a keen yachtsman. [nʲj]
4. She was in a school uniform. [lʲj]
5. It's still been in use. [nʲj]
6. I can't help you. [pʲj]
7. Graham used to be a singer. [mʲj]
8. Make yourself at home. [kʲj]
9. They arrived later than usual. [nʲj]
10. What a big yolk! [gʲj]
11. He's still young. [lʲj]
12. He made a quick U-turn. [kʲj]
13. I can't stop loving you. [ŋʲj]
14. They are all from U.S. universities. [mʲj]
15. I took you for your sister. [kʲj]
16. Can you stand on your head? [nʲj]

訳

1. ご自由にお取りください。
2. ゆっくりやっていいよ。
3. 彼はヨットにたいへんな情熱を持っている。
4. 彼女は学校の制服を着ていた。
5. それはいまもまだ使われている。
6. 君の手伝いをすることはできない。
7. グレアムは昔、歌手だった。
8. どうぞ楽になさってください。
9. 彼らはいつもより遅く着いた。
10. 何て大きな卵の黄身だろう！

11. 彼はまだ若い。
12. 彼は素早くUターンした。
13. 君を愛さずにはいられない。
14. 彼らは皆、アメリカの大学の出身だ。
15. あなたを妹さんと間違えてしまった。
16. 逆立ちはできますか。

Help yourself. は、[hélp jərsélf] から [hélpʲ jərsélf] のようにつながります。ヘルプヨセルフではなく、ヘルピョセルフの響きになります。これは、いろいろな子音の後に [j] がきたとき、前の子音が [j] の音色を帯びて、次の [j] とつながっていくためです。

解説

連結現象の最後は、子音で終わる単語に、you [juː] や unit [júːnit] などのような、[j] で始まる単語が続いた場合です。この場合、[j] の前の子音は、[j] の影響を受けて、きわめて強く [j] の音色を帯びます。その結果、子音の種類にもよりますが、日本語に同じ種類の子音がある場合は、日本語の拗音に似た音となって、ふたつの単語がつながっていきます。拗音というのは、キャ、キュ、キョ、ニャ、ニュ、ニョ、などのように文字の上では、小さなャ、ュ、ョ（ゃ、ゅ、ょ）を使って表される音です。この現象には、次のような問題点があります。

⑴　単語が子音で終わる場合、その子音の種類が豊富なため、拗音的な響きを持った音が実に多様な形で現れる。

⑵　日本語にある子音の場合
Thank you. [θǽnkʲ ju]「キュ」の響きであって「ク(ゥ)ユ(ゥ)」ではない。
three million yen [θríːmíljənʲ jén] は「ニェン」の響きであって「ミリヤン(ユ)エン」ではない。

⑶　日本語にはない子音の場合
Have you? [hǽvʲ ju]「ハブユ」ではなく「ハヴュ」の響きになる。if you like [ifʲ jəláik]「イフユ」ではなく「イフュライク」のような響きとなる。

⑷　単語の終わりの子音が、次の単語の半母音 [j] に移行して融合したようになり、単語の切れ目が変わって、わかりにくくなる。

⑸　この現象は、同化現象に近い現象である。しかし、同化のときのように ([s]→[ʃ], [t＋j]→[tʃ])、まったく違う音に変わるわけではない（同化については Part 4 参照）。

1. **Help yourself** [hélpʲ jərsélf]。「ピャ」。
2. **Take your** [téikʲ jər]。「キャ」。
3. **keen yachtsman** [kíːnʲ játsmən | -jóts-]。「ニャ」。
4. **school uniform** [skúːlʲ júːnifɔːrm]。「リュ」。
5. **in use** [inʲ júːs]。「ニュ」。**been in** の連結にも注意。
6. **help you** [hélpʲ ju]。「ピュ」。
7. **Graham used** [gréiəmʲ júːst]。「ミュ」。
8. **Make yourself** [méikʲ j(u)ərsélf]。「キャ」。
9. **than usual** [ðənʲ júːʒuəl]。「ニュ」。
10. **big yolk** [bígʲ jóuk]。「ギョ」。
11. **still young** [stílʲ jʌ́ŋ]。「リャ」。
12. **quick U-turn** [kwíkʲ júːtə́ːrn]。「キュ」。
13. **loving you** [lʌ́viŋʲ ju]。「ンギュ」。
14. **from U.S.** [frəmʲ júːés]。「ミュ」。
15. **took you** [túkʲ ju]。「キュ」。
16. **Can you** [kǽnʲ ju] は「ニュ」、**on your** [ɑnʲ jər | ɔnʲ-] は「ニャ」。

EXERCISES

音声を聞いて空欄を埋め、つながる音に注意して同じように言ってみましょう。

DL 3_14

1. I met him in the _____ _____.

2. He has his _____ _____ style.

3. This is the _____ _____ in our seminar.

4. I'll be in touch _____ _____.

5. Let me top _____ _____ glass.

6. The house is divided into several _____ _____.

7. It's a group of students from _____ _____.

8. You should _____ _____ of your training.

9. It's not right for them to _____ _____ for granted.

10. We should live _____ _____ with nature.

11. _____ _____ to some more rice.

12. He looked very handsome _____ _____.

13. I'll _____ _____ some tea.

14. He always has _____ _____ in his car.

15. Those expressions are out _____ _____ now.

16. Is this the _____ _____ looking for?

17. They import auto parts _____ _____ makers.

18. I couldn't _____ _____ when he was talking.

19. What was the most moving _____ _____ ever delivered?

20. It's time you learned to _____ _____ _____ _____ feet.

21. I am looking forward to _____ _____.

22. Bottling _____ _____ feelings leads to trouble.

解答・解説

子音で終わる単語と |j| で始まる単語とが結びついて単語の境目がわかりにくくなります。自分でも同じように言ってみると境目がわかるようになります。

       *   *   *   *

1. pub yesterday [pʌbʲ jéstərdi]。「ビェ」。met (h)im in にも注意。

2. own unique [óunʲ juːníːk]。「ニュ」。his own の連結にも注意。

3. book used [búkʲ júːzd]。「キュ」。This is, used in our の連結にも注意。

4. with you [wiðʲ juː]。「ズュ」

5. up your [ʌpʲ jər]。「ピャ」。top up の連結にも注意。

6. living units [lívɪŋʲ júːnit]。「ギュ」。house is divided into の連結にも注意。

7. Canadian universities [kənéidiənʲ juːnivə́ːrsitiz]。「ˌニュ」。It's a group of の連結にも注意。

8. make use [méikʲ júːs]。「メイキユース」。use of your にも注意。

9. take you [téikʲ juː]。「キュ」

10. in union [inʲ júːnjən]。「ニュ」。live in にも注意。

11. Help yourself [hélpʲ jərsélf]。「ピャ」

12. in uniform [inʲ júːnifɔːrm]。「ニュ」。handsome in にも注意。

13. make you [méikʲ juː]。「キュ」

14. cooking utensils [kúkiŋʲ juːténs(ə)lz]。「ˌギュ」。utensils in (h)is の連結にも注意。

15. of use [əvʲ júːs]。「ヴュ」。Those expressions are out の連結にも注意。連結の多い英文の例。

16. bag you're [bǽgʲ jər]。「ギュ」

17. from U.S. [frəmʲ júːés]。「ミュ」

18. help yawning [hélpʲ jɔ́ːniŋ]。「ピョ」

19. line you [láinʲ juː]。「ニュ」

20. stand on your own [stǽndɑnʲ jəróun | -ɔnʲ-]。「ˌニャ」。stand on、your own の連結にも注意。

21. seeing you [síːiŋʲ juː]。「ˌギュ」

22. up your [ʌpʲ jər]。「アピャ」

こうすれば絶対に英語が身につく

　単語はかなり聞き取れるようになったけれど、話の全体の内容が頭に入っていかない、しゃべろうとして文章を作ろうとするが、「アー」とか「ええと」などと言うだけで、実際に文が出てこない、という人は多いようです。このような場合は、何とかして、**日本語を仲立ちとせずに英語を理解する努力をしなければなりません**。難しいことですが、頑張れば必ず身につきます。

　たとえば、英文を後ろから前に戻って日本語に訳すのではなく、頭から読み下していくように心がけてみましょう。日本語と英語とでは、語順がまったく逆と言ってよいほど違っています。そのために、どうしても後ろから戻って日本語にしないと理解したような気がしない人が多いのですが、これではとても会話はできません。戻っている暇などないからです。それにこれでは、英語をいったん日本語にして、日本語で英語を理解した（と思う）わけで、英語そのものを理解したわけではないのです。

英語で考える力をつける

　私たちは、英語は英語で理解するようにしなければなりません。言い換えれば、英語で考える力をつけるということです。そのためにはもちろん、ある程度の語彙力と文法力が必要になります。語彙は、中学校で習う単語をベースとして、2000語ぐらい自由に使えるストックがあれば理想的です。文法力も、日常会話の範囲なら、中学校で習った基本文法をしっかりと押さえておけば大丈夫です。

　以下、会話力アップのための具体的方法について触れておきましょう。

⑴　**読んでもわからない英語は、聞いてもわかりません**。そこで基本的には、上の重要単語約2000語を使った英文であれば、その意味が問題なくわかるということが必要になります。これを確認しつつ、さらに、これらの単語の使い方に習熟するために、**英英辞典を常用する**ことが賢明な方法となります。これによって、英語で考える力が自然と身についてきて、聞いた瞬間、日本語を介さずに、英語で理解できるようになります。さらに慣れてくると、日本語を介さずに英語で言うことができるようになってきます。
⑵　英語の音を、いつまでも日本語の音に影響されて聞くことのないように、本書に示したような方法と練習を通じて、日本語の壁を乗り越えるようにする。
⑶　幅広い話題の音声を聞く。聞き取れなかった個所は必ずトランスクリプション（transcription）でチェックし、その後さらに聞き、**自分でも何回も発音してみるようにする**。

　以上の3点を実行し続ければ、相当幅広い分野にわたっての会話力が確実に身についてくるでしょう。

Part 4
同化

DL
4_01

隣の音に
影響される

音がつながると、隣の音の影響で、
スペルとは違う音になることがあります。

ダイアローグを聞いてみましょう

Mary: David, darling . . .

David: Yes, sweetheart?

Mary: I talked to Janice yesterday. Janice_Shaw.

David: Did_you, my dearest dove? How is_she?

Mary: Fine. She only wants the best for us,_you know.

David: Why do you say that, dear? What did Janice tell you?

Mary: Actually, she asked me something.

David: What, darling? What did she say?

Mary: Quote: "Was your friend David downtown at Tommy's Saturday night?" End quote. She said she thought she saw you at Tommy's café . . . drinking French champagne with a pretty young girl.

David: But, sweetheart, that's not true!

Mary: Then it wasn't you?

David: Well, yes, it was. But that woman wasn't young!

ふたつの単語の間で、隣の音に影響されて、単独で発音された場合とは音が変わってしまう現象
をマスターします。ここでは、太字になっている文字の発音が、影響し合って変化します。

did_you [did ju] → [didʒu]　　　　　is_she [iz ʃi] → [iʒ ʃi]

訳

メアリー：　ねえ、デイビッド……。

デイビッド：　何だい？　スイートハート。

メアリー：　昨日ジャニスと話したの。ジャニス・ショウとよ。

デイビッド：　そう。ぼくのかわい子ちゃん、彼女はどうしてる？

メアリー：　元気よ。彼女はただ、私たちのためを思ってくれてるだけなのよね。

デイビッド：　どういう意味？　ジャニスが君に何を言ったんだい？

メアリー：　実は、ちょっと聞かれたの。

デイビッド：　え？　何を？

メアリー：　あのね、「あなたのお友達のデイビッドは、土曜の夜にダウンタウン
　　　　　　のトミーの店にいたかしら？」って。それから、彼女、トミーのバー
　　　　　　で、あなたが若いきれいな子と本場もののシャンパン飲んでるのを見
　　　　　　たような気がするって言ってたわ。

デイビッド：　でも、スイートハート、それは違うよ！

メアリー：　じゃあ、それあなたじゃなかったのね。

デイビッド：　うーん、いや、ぼくなんだけどね。でも、あの女性は若くなんかなか
　　　　　　ったよ！

発音が変わる 音の同化

音と文字とのギャップを越える

　世界中に、文字のない言語はあっても、音声のない言語はありません。文字は記録の必要上、後から作られたものです。見えないもの（音）を見えるもの（記号）にしたのが文字です。音声を文字化するというのは、まさしく音声学の仕事であり、言語音声およびその体系を分析・解明することによって、各言語にふさわしい文字体系を作り出してきたわけです。

　ところが問題があります。それは、この文字が完全ではないということです。音を写すものとして文字が作られたのですが、出来上がった**文字は音を完全には写していません。すなわち、音と文字との間にはギャップがあるのです。**ということは、話された音は、書かれた文字のとおりではないということでもあります。話し言葉には、文字には表されていないさまざまな音声現象があるということです。

　私たちの多くは、外国語を学ぶときは、まず目で見ることのできる文字から入っていくという方法を取るのが普通です。いろいろな事情からこの方法が取られてきているわけであって、一概に、文字から入るのがいけないとは言えません。しかし、目で見た文字が示すものと、実際の音との間にはギャップがあるのは事実です。

　何とかこのギャップを越えなければなりませんが、これは、それほど難しいことではありません。というのは、音声現象には規則性が見られるので、この規則を身につけてしまえばよいわけです。意識して規則的な音色を耳に覚えさせ、口で繰り返してみることによって、比較的たやすく、このギャップを乗り越えることができます。

隣の音に影響される現象

　ここでは、隣り合った音同士が、お互いに影響し合うことによって、もとの文字の表す音とは違った音に変化してしまう場合を扱います。このような変化を、**同化**と言います。

1. [s]→[ʃ]

[z]→[ʒ]→([ʃ])

[ʃ]音や[j]音の前の[s]や[z]が、それぞれ[ʃ]や[ʒ]に変化する場合。

> It was a nice show. [s]→[ʃ]
> Is she? [z]→[ʒ]→([ʃ])

2. [t] + [j]→[tʃ]

[d] + [j]→[dʒ]

[t]音と[j]音が隣り合うと[tʃ]音になる。また[d]音と[j]音とが一緒になって[dʒ]音となる。

> Nice to meet you. [míːtʃu]
> Did you? [dídʒu]

3. その他

have to [hǽftə], of course [əfkɔ́ːrs], She's a good cook. [gúkkúk]

have [hæv]の[v]が次のto [tə]の無声音[t]の影響によって[f]となったり、good [gud]の[d]が次のcook [kuk]の[k]音の影響によって[k]音となったりする。

このうち、この章では1.と2.を中心に見ていきます。

SECTION 1

後ろの音に影響される

EXAMPLES

1. We'll miss you. [s] → [ʃ]
2. Does she know that? [z] → [ʒ] → ([ʃʃ])
3. I was shocked by his death. [z] → [ʒ]
4. This shop is quite cheap. [s] → [ʃ]
5. Is she your sister? [z] → [ʒ] → ([ʃʃ])
6. She's yet a child. [z] → [ʒ]
7. He's wise for his years. [z] → [ʒ]
8. He's short and fat. [z] → [ʒ]
9. She hasn't come yet, has she? [z] → [ʒ] → ([ʃʃ])
10. It was a nice show. [s] → [ʃ]
11. Where's your book? [z] → [ʒ]
12. He loves yachting. [z] → [ʒ]
13. I'll do as you advise. [z] → [ʒ]
14. Yes, you can go. [s] → [ʃ]
15. She practices yoga. [z] → [ʒ]
16. Is your brother a doctor? [z] → [ʒ]

訳

1. 君がいないとさびしくなる。
2. 彼女はそのことを知っているの？
3. 私は彼の死に衝撃を受けた。
4. この店は実に安い。
5. 彼女、君の妹さん？
6. 彼女はまだ子どもだ。
7. 彼は年の割には賢い。
8. 彼は背が低くて太っている。
9. 彼女はまだ来ていないんでしょう？
10. すてきなショーだったわ。

11. あなたの本はどこにあるの？
12. 彼はヨット遊びが大好きだ。
13. 君の忠告どおりにするよ。
14. よろしい、行ってもいいぞ。
15. 彼女はヨガをやっている。
16. あなたのお兄さんはお医者さんですか。

miss you は [mis ju] から [mi ʃju]のように変化します。「ミスユ」ではなく、「ミシュ」の響きになります。ここでは、[ʃ]音や[j]音の前で、[s]音が[ʃ]音に、[z]音が[ʒ]音に変わる場合を取り上げます。

解説

　同化は、隣り合った音がお互いにあるいは片方に影響を与えて、もとの音とは違った音になる現象です。この現象は、一種の調音のエネルギーの節約現象であり、そう言ったほうが自然で、言いやすいということなのです。発話のスピードが速いほうが変化は大きいのですが、普通の速さでも、私たちには問題となる変化が見られます。ここでは、[ʃ]音の前で変化する [s] と [z] の音について説明しておきます。

⑴ **It was a nice show.**
　a）ゆっくりな場合　　nice show [náisʃóu]
　b）普通の場合　　　　nice show [náiʃʃóu]
　c）速い場合　　　　　nice show [náiʃóu]
　　a）は「ナイスショウ」のような響きで、[s]音がはっきり出ている。b）、そして特に c）は、日本語の「ないしょ」（内緒）のように[s]が完全に[ʃ]に変化し、文字のイメージとは違ったものになっている。
⑵ **Is she?**
　a）ゆっくりな場合　　[ízʃi(ː)]　　　　b）普通の場合　　[íʒʃi(ː)]
　c）速い場合　　　　　[íʃʃi(ː)]（→[íʃi(ː)]）
　　a）は「いず」（伊豆）のように [z] が出ている。b）は「あじしお」[a(d)ʒ(i)ʃio] を速めに言ったような響きが出る。c）は「いし」（石）のように、完全に変わってしまう。以下に発音の変化を示します。

1. **miss you** [mísju]→[míʃju]「ス」→「シュ」
2. **Does she** [dʌ́zʃi]→[dʌ́ʒʃi]→[dʌ́ʃʃi]「ダシ」
3. **was shocked** [wəzʃákt]→[wəʒʃákt]「ズ」→「ジュ」
4. **This shop** [ðísʃáp]→[ðíʃʃáp]「ス」→「シァ」
5. **Is she** [ízʃi]→[íʒʃi]→[íʃʃi]「イ シ」
6. **She's yet** [ʃi(ː)zjét]→[ʃi(ː)ʒjét]「ズ」→「ジェ」
7. **his years** [hizjíərz]→[hiʒíərz]「ズ」→「ジィ」
8. **He's short** [hi(ː)zʃɔ́ːrt]→[hi(ː)ʒʃɔ́ːrt]「ズ」→「ジュ」
9. **has she** [hǽzʃi]→[hǽʒʃi]→[hǽʃʃi]「ハシ」
10. **nice show** [náisʃóu]→[nái(ʃ)ʃóu]「ス」→「ショ」
11. **Where's your** [(h)wέərzjər]→[(h)wέərʒjər]「ズ」→「ジャ」
12. **loves yachting** [lʌ́vzjátiŋ]→[lʌ́vʒjátiŋ]「ズ」→「ジャ」
13. **as you** [əzju]→[əʒju]「ズ」→「ジュ」
14. **Yes, you** [jésjúː]→[jéʃjúː]「ス」→「シュ」
15. **practices yoga** [prǽktisizjóugə]→[prǽktisiʒjóugə]「ズ」→「ジュ」
16. **Is your** [izjər]→[iʒjər]「ズ」→「ジャ」

EXERCISES

DL
4_04

音声を聞いて空欄を埋め、変化する音に注意して言ってみましょう。

1. He spent _____ _____ in Wales.

2. Smoking is not allowed in _____ _____.

3. The seat of his jeans _____ _____.

4. Is _____ _____ car?

5. _____ _____ are all too big for Peter.

6. The sun _____ _____ in the windows.

7. He _____ _____ on Saturdays.

8. She's getting married _____ _____.

9. Let me know, in _____ _____ can't make it.

10. That film _____ _____ in France.

11. He hasn't completed the work _____ _____.

12. This question _____ _____ more difficult.

13. He _____ _____.

14. That cloud _____ _____ like a car.

15. The newspaper _____ _____ with age.

16. When a car passes, this _____ _____.

17. The _____ _____ and ran off.

18. _____ _____ words hurt me.

19. Those _____ _____ their leaves in autumn.

20. Her _____ _____ _____ _____ told them the story.

21. It _____ _____ own fault.

22. _____ _____ mother arrived yet?

小さい文字で表されている「シ」「ジ」は、軽く添えるような気持ちで発音しましょう。

* * * *

1. his youth [hiʒ(j)úːθ] 「ヒₐジュース」

2. this shop [ðí(ʃ)ʃáp | -ʃɔp] 「ズィₐシアプ」

3. was shiny [wəʒʃáini] 「ワₐシャイニィ」

4. this your [ðíʃjər] 「ズィₐシャ」

5. These shoes [ðíːʒúːz] 「ズィーₐシューズ」

6. was shining [wəʒʃáiniŋ] 「ワₐシャイニング」

7. goes shopping [góuʒʃápiŋ | -ʃɔp-] 「ゴゥₐシャピング」

8. this year [ðíʃjíər] 「ズィₐシィァ」

9. case you [kéiʃju] 「ケイシュ」

10. was shot [wəʒʃát] [wəʃʃát]。「ワₐシャト(ゥン)」。shot (i)nの連結にも注意。[ʃátn]のようになっている。

11. as yet [əʒjét] 「アₐジェト」

12. is yet [iʒjét] 「イₐジェト(ゥ)」。yet＝still「さらに」

13. looks shabby [lúkʃʃǽbi] 「ルクₐシャビィ」

14. is shaped [iʒʃéipt] 「イₐシェイプト(ゥ)」。cloud isの連結もあって、isの識別が難しくなっている。

15. has yellowed [həʒjéloud] 「ハₐジェロウド(ゥ)」

16. house shakes [háuʃʃéiks] 「ハウₐシェイクス」

17. dogs yelped [dɔ́(ː)gʒjélpt] 「ドーグₐジェルプト(ゥ)」

18. His sharp [hiʒʃáːrp] 「ヒₐシャープ」

19. trees shed [tríːʒʃéd] 「ト(ゥ)リーₐシェド(ゥ)」

20. voice shook [vɔ́iʃʃúk] 「ヴォイₐシュク」、as she [əʒʃi] [ə(ʃ)ʃi] 「アₐシィ」

21. was your [wəʒjər] 「ワₐジャ」

22. Has your [hǽʒjər] 「ハₐジャ」

隣り合う音がひとつになる

EXAMPLES

1. Have you finished yet? [t + j] → [tʃ]

2. Do it yourself! [t + j] → [tʃ]

3. They married last year. [t + j] → [tʃ]

4. She hasn't telephoned yet. [d + j] → [dʒ]

5. I've lost your letter. [t + j] → [tʃ]

6. Pass the sugar, would you? [d + j] → [dʒ]

7. Need you go? [d + j] → [dʒ]

8. Not yet. [t + j] → [tʃ]

9. Did you really? [d + j] → [dʒ]

10. I asked you a question. [t + j] → [tʃ]

11. He's got your camera. [t + j] → [tʃ]

12. Hold yourself still! [d + j] → [dʒ]

13. I'll send you some. [d + j] → [dʒ]

14. You're not yourself today. [t + j] → [tʃ]

15. You've just missed your train. [t + j] → [tʃ]

16. Can you bend your knee? [d + j] → [dʒ]

訳

1. もうお済みですか。
2. 自分でやりなさい！
3. 彼らは去年結婚した。
4. 彼女はまだ電話をしていない。
5. あなたの手紙をなくしてしまった。
6. 砂糖を取っていただけますか。
7. 行かなくてはならないんですか。
8. まだです。
9. 本当(に)？
10. 私はあなたに質問したんです。

11. 彼があなたのカメラを持っている。
12. じっとして！
13. 少し送ってあげるよ。
14. 今日はどうかしてるね。
15. 間に合わなかったね(いま列車が出たところ だよ)。
16. ひざを曲げられますか。

finished yet は [fíniʃt jét] から [fíniʃ tʃét] に変わります。フィニィシュト イェトではな
く、フィニィシ(ュ)チェト(ゥ)の響きになります。ここでは、[t＋j]→[tʃ] や [d＋j]→[dʒ]
のように変化する場合を取り上げます。

解説

　Nice to meet you. の meet you を [mí:t ju] とする発音は、ゆっくりとした発話の場合に聞
かれます。しかし、普通のスピード、あるいは、速いスピードになると [mí:tʃu] のようにな
るのが一般的で、「ミート(ゥ)ユ」から「ミーチュ」の響きに変わります。同じように、
Did you? は [díd ju]「ディド(ゥ)ユ」から [dídʒu]「ディヂュ」の響きへ変わります。この
現象も、調音エネルギー節約現象のひとつとして、[s]→[ʃ] や [z]→[ʒ] と同じように、言い
やすい発音に自然に変化していくのです。これも発話のスピードに影響され、よほど丁寧に
ゆっくりと言う場合以外は、このような変化が多々生じます。
　単語が t [t] または d [d] で終わり、その次の単語が y [j]、u [j] などで始まる場合、ふたつの単語
が融合したようになって、[t＋j]→[tʃ] や [d＋j]→[dʒ] のように変化します。代名詞の you、your
などが、t や d で終わる単語に続く場合によく起きる現象ですが、それ以外の単語でも生じます。

⑴　**you, your** などが続く場合
　I'll let you know how he did it.　[létʃu] は「**レ**チュ」
　I('ll) bet you were furious!　[bétʃu] は「**ベ**チュ」
　I received your letter yesterday.　[risí:vdʒər] は「リ**スィー**ヴチャ」
⑵　**you, your** など以外の単語が続く場合
　He said yes.　[sédʒés] は「**セ**ヂェス」
　It's in the front yard.　[frʌ́ntʃà:rd] は「フラン**チャー**ド(ゥ)」
　The pound is the standard unit of British currency.
　[stǽndərdʒú:nit] は「スタン**ダヂュー**ニト(ゥ)」

1.　**finished yet** [fíniʃtʃét] は「フィニィシ(ュ)**チェ**ト(ゥ)」
2.　**it yourself** [itʃərsélf] は「イ**チャ**セルフ」
3.　**last year** [lǽstʃíər | lá:stʃíə] は「ラース**チ**ア」
4.　**telephoned yet** [téləfoundʒét] は「テラフォウン**ヂェ**(ト)」
5.　**lost your** [lɔ́(:)stʃər] は「ロス**チャ**」
6.　**would you** [wúdʒu] は「ウ**ヂュ**」
7.　**Need you** [ní:dʒu] は「ニー**ヂュ**」
8.　**Not yet** [nátʃét | nɔ́tʃét] は「ナ**チェ**(ト)」
9.　**Did you** [dídʒu] は「ディ**ヂュ**」
10.　**asked you** [ǽsktʃu | á:sktʃu] は「アースク**チュ**」。音声は「アース**キュ**」に近い。
11.　**got your** [gátʃər | gɔ́tʃə] は「ガ**チャ**」
12.　**Hold yourself** [hóuldʒərsélf] は「ホウル**ヂャ**セルフ」
13.　**send you** [séndʒu] は「セン**ヂュ**」
14.　**not yourself** [nátʃərsélf | nɔ́tʃə-] は「ナ**チャ**セルフ」
15.　**missed your** [místʃər] は「ミス**チャ**」
16.　**bend your** [béndʒər] は「ベン**ヂャ**」

EXERCISES

音声を聞いて空欄を埋め、変化する音に注意して同じように言ってみ
ましょう。

1. He lost his father _____ _____.

2. She worked very _____, _____ she failed.

3. Look _____ _____ in the mirror, Thelma.

4. Put the flour _____ _____ in the bowl.

5. They _____ _____ arrived.

6. Don't put the speaker _____ _____!

7. _____ _____ _____ _____, Phil?

8. That long-_____ _____ was rude to me.

9. _____ _____ at me like that!

10. It'll _____ _____ about _____ _____.

11. He's stupid, _____ _____ I like him.

12. We'll go to Spain _____ _____.

13. I can _____ _____ thoughts.

14. I _____ _____ not to smoke.

15. I wonder if he's _____ _____.

16. _____ _____ hands above your head!

17. That _____ _____ a good harvest _____ _____.

18. He'll _____ _____ to the expressway.

19. You needn't do it _____ _____.

20. Don't _____ _____ to such a plot.

21. _____ _____ move back a little, please?

22. I can _____ _____ up anytime.

解答・解説

　ふたつの単語の境界で音が融合変化するため、ひとつひとつの単語の形がわかりにくくなります。[tʃ]と[dʒ]のふたつの響きだけですが、相当訓練をして、慣れておく必要があるでしょう。

＊　　　　＊　　　　＊　　　　＊

1. last year [lǽstʃíər | láːstʃíə] 「ラースチィア」
2. hard, yet [háːrdʒét] 「ハーヂェト(ゥ)」
3. at yourself [ətʃərsélf] 「アチャセルフ」
4. and yeast [əndʒíːst] 「アンヂースト(ゥ)」
5. haven't yet [hǽvntʃét] 「ハヴンチェト(ゥ)」
6. behind you [biháindʒu] 「ビハインヂュ」
7. Did you [didʒu] 「ディヂュ」、eat yet [íːtʃét] 「イーチェト(ゥ)」
8. haired youth [héərdʒúːθ] 「ヘアヂュース」
9. Don't yell [dóuntʃél] 「ドゥンチェル」
10. cost you [kɔ́(ː)stʃu] 「コスチュ」、50,000 yen [fíftiθáuz(ə)ndʒén] 「フィフティサウザンヂェン」
11. and yet [ndʒét] 「ンヂェト(ゥ)」。stupid(a)andにも注意。
12. next year [nékstʃíər] 「ネクスチィア」
13. read your [ríːdʒər] 「リーヂャ」
14. told you [tóuldʒu] 「トゥルヂュ」
15. started yet [stáːrtidʒét] 「スターティヂェト(ゥ)」
16. Hold your [hóuldʒər] 「ホウルヂャ」。hands aboveにも注意。
17. field yielded [fíːldʒíːldid] 「フィールヂールディド(ゥ)」、last year [lǽstʃíər | láːstʃíə] 「ラースチィア」
18. lead you [líːdʒu] 「リーヂュ」
19. just yet [dʒʌ́stʃét] 「ヂャスチェト(ゥ)」
20. lend yourself [léndʒərsélf] 「レンヂャセルフ」
21. Could you [kudʒu] 「クヂュ」
22. put you [pútʃu] 「プチュ」

英英辞典を使って英語で考える力を養う

　英語で考える力を養う上で最良の方法は、外国人の英語学習者を対象として作られた本格的な英英辞典を使うことです。1年間使い続ければ、はっきりと効果が現れてくるでしょう。

　こういった英英辞典に共通する特徴は、語句の意味を説明（定義）するにあたって、限られた数の単語しか使っていないということです。定義に使われる基本語彙は辞書によって違いはありますが、およそ2000語から3000語の範囲にあります。これによって、英語を母語とする人向けの英英辞典にチャレンジした多くの人が経験する、定義の英語に知らない単語がいくつも出てきて、結局何のことかわからなかった、ということがまずなくなります。さらに、語句を単にやさしい英語で定義するだけでなく、多くの例文を使ってそれらが使われる実際の場面を示してくれるという点も、私たち外国人の英語学習者にとってはたいへんありがたいことです。イラストなどを使って具体的事物を説明しているものもあります。

　以下に、主な辞典を挙げておきます（最新版の情報については各社にお問い合わせください）。それぞれ、音声表記、語句の定義、例文の種類、語法（usage）、語用論からの知見、等々に独自の特徴が見られます。実際に手に取ってそれぞれの特徴を確認して選ぶとよいでしょう。

1. *Oxford Advanced Learner's Dictionary*
   2020年、第10版、CD-ROM付属版あり。基本語彙約3000語。

2. *Longman Dictionary of Contemporary English*
   2014年、第6版、オンライン環境で使用可能。基本語彙約2000語。。

3. *Collins COBUILD Advanced Learner's Dictionary*
   2023年、第10版、オンライン環境で使用可能。基本語数約2500語。

4. *Cambridge Advanced Learner's Dictionary*
   2013年、第4版、CD-ROM付属版あり。基本語彙約2000語。

5. *Macmillan English Dictionary for Advanced Learners*
   2007年、第2版、CD-ROM付属版あり。基本語彙約2500語。

Part 5
短縮形

DL
5_01

ひとつの単語に
聞こえる短縮形

話し言葉では、省エネによっていろい
ろな種類の短縮形が作られます。その
発音は意外と難しいのです。

LET'S LISTEN

ダイアローグを聞いてみましょう

John: I'll be darned! We've run out of gas!

Sally: And it's dark and it's snowing. No one'll be coming along at this time of night.

John: No, Tom's coming to the party, so he'll be coming this way.

Sally: Tom! What if Tom's not coming to the party? What if he's going a different way?

John: If only I'd gotten gas at that last station . . .

Sally: We'll have to find a phone somewhere, and Mom'll have to come pick us up. Why don't you try starting it again?

John: Yeah, maybe the motor'll start this time . . . We're in luck! It's started. I can't believe it.

Sally: I might've known. You'd just let it stall. I'll never go for another drive with you as long as I live.

意外に面倒な短縮形の発音をマスターします。 ▮▮▮▮▮ の単語が「主語＋助動詞」などの短縮形です。主語が名詞・人名などの場合が難しい発音になります。下の例のほか、いろいろな短縮形があります。

I will→ I'll [ail]　　　might have→might've [máitəv]

訳

ジョン： しまった！　ガス欠だ！

サリー： それにもう暗いし、雪も降ってるのよ。こんな夜中に通りかかる人なんてだれもいやしないわ。

ジョン： いや、トムもパーティーに来るはずだ。どのみちここを通るさ。

サリー： トムですって！　でもトムがパーティーに欠席したらどうするの？　それに違う道を行くかもしれないじゃない。

ジョン： さっき通ったスタンドでガソリンを入れておきさえすれば……。

サリー： どこかで電話を見つけなきゃ。そしてママに車で拾いに来てもらうしかないわね……ねえ、もういっぺんエンジンをかけてみたら？

ジョン： そうだ、今度はかかるかもしれないぞ……ラッキー！　動いた。奇跡だ。

サリー： こんなことだろうと思ったわ。ただのエンストじゃないの。もう金輪際、あなたとは車で出かけませんからね。

短縮形は発音の落とし穴

　英語を学ぶ人のほとんどにとって、短縮形はすでにおなじみの知識でしょう。ただし、それはあくまでも文字の上の知識であって、発音の面になると、自己流で済ませてしまっている人が少なくありません。その結果、ネイティブスピーカーの発音とのギャップによって、聞き分けもできなくなってしまいます。要するに、知識はあっても、**短縮形がさまざまな単語との組み合わせで現れるときの発音に慣れていない**ということです。

短縮形の形

　短縮形は、次のふたつに大きく分けられます。

⑴　am、is、are、will（shall）、has、have、had、would などの be 動詞や助動詞が、名詞、代名詞、あるいは疑問詞と結びついて、あたかもひとつの単語であるかのようになる場合。

⑵　否定語 not が be 動詞や助動詞と結びついて、ひとつの単語のようになる場合。

　以下、短縮形を発音とスペリングの点からまとめてみます。（　）内は短縮されている語です。

1.　-'s [s], [z] の形を取る（is, has, us）
　　[s]: it's, that's, what's, Jack's, let's, etc.
　　[z]: he's, she's, who's, where's, when's, how's, John's, here's, there's, etc.

2.　-'re [ə] の形を取る（are）
　　you're, we're, they're, etc.

3.　-'ll [l] の形を取る（will, shall）

I'll, you'll, he'll, she'll, it'll, we'll, they'll, others'll, Colin'll, play'll, what'll, who'll, etc.

4. -'d [d]（had, would）

I'd, you'd, he'd, she'd, it'd, we'd, they'd, who'd, etc.

5. -'ve [v]（have）

I've, you've, we've, they've, would've, could've, should've, might've, must've, etc.

6. -n't [nt]（not）

isn't, aren't, won't, can't, don't, hasn't, haven't, wasn't, weren't, wouldn't, couldn't, didn't, hadn't, shouldn't, mightn't, mustn't, needn't, etc.

7. d'you [dju, dʒə]（do）

次に、このような短縮形の発音に関して、注意すべき点を挙げておきましょう。

1. 短縮形をあまりはっきりと独立的に発音しないこと。軽く弱めに発音しないと、次に続く単語との間に、音の流れの上で途切れが生じたり、さらに悪い場合は母音の [ə] や [u] が入ってしまいがちである。

2. -'ll の [l] の音色に注意。[u] ウに似た響きや、[i] イに似た響きを持つ場合がある。

3. -'re は [ər] と弱く短めに発音する。

4. [z] も [s] も両方とも [s] のように聞こえることがある。John's の's は [z]、Jack's の's は [s] であるが、実際には [z] が無声化し、弱い [s] のようになることがある。少なくとも日本語の「ズ」のようにはならない。

5. 使い慣れない短縮形に注意。たとえば、when's、others'll、what'll、Colin'll、should've、might've、must've、could've、mightn't、needn't など。

-'s の形の発音
—he's など—

EXAMPLES

DL
5_03

1. <u>Who's</u> calling, please? (is)
2. <u>It's</u> changed a lot. (has)
3. No, <u>nobody's</u> come yet. (has)
4. <u>Meg's</u> out, but <u>Ruth's</u> in. (is)
5. I think <u>Jane's</u> upset about something. (is)
6. <u>How's</u> it going? (is)
7. <u>What's</u> the new teacher like? (is)
8. Either <u>way's</u> fine with me. (is)
9. <u>Where's</u> he gone? (has)
10. This <u>one's</u> the fastest. (is)
11. <u>Let's</u> take <u>Keith's</u> car. (us)
12. My <u>father's</u> got two brothers. (has)
13. My <u>mother's</u> very happy. (is)
14. Which <u>method's</u> the best? (is)
15. <u>When's</u> she expected back? (is)
16. <u>Patrick's</u> been here. (has)

訳

1. (電話の相手に)どちら様ですか。
2. ひどく変わってしまった。
3. いや、まだだれも来ていない。
4. メグは出かけていますが、ルースはいます。
5. ジェーンは何かでいらいらしているんだと思う(何か問題があるんだと思う)。
6. 調子はどう?
7. 新しい先生はどんな人?
8. 私はどちらでも構わない。
9. 彼はどこへ行ったんだい?
10. これが一番速い。
11. キースの車で行こう。
12. 父には兄弟がふたりいる。
13. 母はとても幸福だ。
14. どの方法が一番いいだろうか。
15. 彼女はいつ帰ってくる予定ですか。
16. パトリックは来ているよ。

POINT Who's calling, please? の Who's は、Who is が短縮されたものです。発音が [huː iz] から [huːz] に変化します。ここでは、-'s で表される短縮形の発音を学びます。is や has が(代)名詞・疑問詞と結びつく場合や、let us が let's になる場合を見ます。

解 説

短縮形の多くは、実はすでに学んだ「弱形を取る語」(p.56参照)の中の「助動詞」および「be動詞」が、名詞、代名詞、疑問詞などと一緒になるものです。これ以外の場合としては don't、isn't や would've、should've などがあります。ここで扱うのは、スペリングの上で -'s となる短縮形です。弱形との関係から下にポイントをまとめておきましょう。

⑴ 代名詞など＋is (-'s) の発音

is の強形は [iz]、弱形は [z] [s]

[z] になる場合：he's [hiːz] [hiz] [iz]、she's [ʃiːz] [ʃiz]、Bill's [bilz]、Ann's [ænz]、who's [huːz]、how's [hauz] など。

[s] になる場合：that's [ðæts]、it's [its]、Dick's [diks]、Edith's [íːdiθs]、Juliet's [dʒúːliəts] など。

なお、[s] [z] [dʒ] で終わる場合は短縮形が使われず、発音も [iz] となる。

Angus is [ǽŋgəsiz]、Liz is [líziz]、George is [dʒɔ́ːrdʒiz] など。

⑵ 代名詞など＋has (-'s) の発音

has の強形は [hæz]、弱形は [z] [s] [əz] [həz]

[z] になる場合：he's [hiːz] [hiz] [iz]、she's [ʃiːz] [ʃiz]、Paul's [pɔːlz]、who's [huːz] など。

[s] になる場合：it's [its]、that's [ðæts]、Janet's [dʒǽnits]、Ruth's [ruːθs]、Patrick's [pǽtriks]、Philip's [fílips] など。

1. Who's [huːz] 「フーズ」←Who is
2. It's [its] 「イッ」←It has
3. nobody's [nóubàdiz | nóubədiz] 「ノウバディズ」←nobody has
4. Meg's [megz] 「メグズ」←Meg is、Ruth's [ruːθs] 「ルー(ッ)ス」←Ruth is
5. Jane's [dʒeinz] 「ヂェインズ」←Jane is
6. How's [hauz] 「ハウズ」←How is
7. What's [(h)wɑts | wɔts] 「(フ)ワッ」←What is
8. way's [weiz] 「ウェイズ」←way is
9. Where's [(h)wɛərz] 「(フ)ウェアズ」←Where has
10. one's [wʌnz] 「ワンズ」←one is
11. Let's [lets] 「レッ」←Let us
12. father's [fɑ́ːðərz] 「ファーザズ」←father has
13. mother's [mʌ́ðərz] 「マザズ」←mother is
14. method's [méθədz] 「メサ(ド)ヅ」←method is
15. When's [(h)wenz]←When is。[(h)wenᵈz] の響きに近くなる。
16. Patrick's [pǽtriks] 「パト(ゥ)リクス」←Patrick has

EXERCISES

DL
5_04

音声を聞いて空欄を埋め、短縮形の発音に注意して正しく言ってみましょう。

1. _____ had her baby — _____ a girl.

2. My _____ getting too old to travel.

3. I think the _____ recovering from her fever.

4. Actually, his _____ Adrian.

5. Is it true that _____ in?

6. The _____ closed on Sundays.

7. _____ your book.

8. The _____ very noisy.

9. _____ my camera?

10. Some _____ let the dog out.

11. The _____ been nice these days.

12. My _____ upset.

13. _____ been in the hospital.

14. _____ a man at the door.

15. Tell me _____ going to do it.

16. My _____ got a house in New York.

17. _____ that man shouting?

18. The _____ been giving us trouble again.

19. I hear _____ looking for a job.

20. That _____ been sleeping on a bench all day.

21. My _____ living with my parents.

22. My _____ aching.

isとhasの短縮形-'sには、次のような問題点があります。

(1) 発音が[s]と[z]の2種類ある。
(2) 上の2種類の発音は、名詞にアポストロフィーが付いたものと同じになり、慣れていないと、意味が取れなくなることがある。
Bill's ⟷ Bill is, Bill has, Bill's (book)
(3) -'sは、代名詞のほかに、名詞と結びつくことも多いので注意。また、-'sに続く語との連結関係も重要。

　　　　　　　＊　　　　　＊　　　　　＊　　　　　＊

1. Rosemary's [róuzmèriz] 　　　　　　← Rosemary has
   it's [its] 　　　　　　　　　　　　　← it is
2. uncle's [ʌ́ŋklz]「アンクルズ」 　　　　←uncle is
3. girl's [gə:rlz]「ガールズ」 　　　　　←girl is
4. name's [néimz]「ネイムズ」 　　　　←name is
5. he's [(h)i(:)z]「(ヒ)イーズ」 　　　　←he is
6. shop's [ʃɑps|ʃɔps]「シャプス」 　　　←shop is
7. Here's [hiərz]「ヒアズ」 　　　　　←Here is。Here's your は
   　　　　　　　　　　　　　　　　　　　[híərʒər]「ヒアジャ」。(同化)
8. engine's [éndʒinz]「エンヂンヅ」 　　←engine is
9. Where's [(h)wɛərz]「(フ)ウェアズ」 ←Where is
10. fool's [fu:lz]「フールズ」 　　　　　←fool has
11. weather's [wéðərz]「ウェザズ」 　　←weather has
12. stomach's [stʌ́məks]「スタマクス」 ←stomach is
13. She's [ʃiz]「シズ」 　　　　　　　←She has
14. There's [ð(e)ərz]「ザァズ」 　　　←There is
15. who's [hu:z]「フーズ」 　　　　　←who is
16. brother's [brʌ́ðərz]「ブラザズ」 　　←brother has
17. Why's [(h)waiz]「(フ)ワイズ」 　　←Why is
18. car's [kɑ:rz]「カーズ」 　　　　　←car has
19. Jack's [dʒæks]「ヂャクス」 　　　←Jack is
20. man's [mænz]「マンズ」 　　　　←man has
21. sister's [sístərz]「スィスタズ」 　　←sister is
22. leg's [legz]「レグズ」 　　　　　←leg is

SECTION 2

-'ll、-'reの形の発音
—I'llなど—

EXAMPLES

1. The play'll begin soon.
2. D'you think the car'll start?
3. It'll clear up soon.
4. I wonder when he'll be back.
5. Tell me what'll happen!
6. Nobody'll notice.
7. They'll find everything satisfactory.
8. Kevin'll be coming, too.
9. Who'll be leading the group?
10. There'll be enough for everybody.
11. The others'll be here shortly.
12. That'll be Peter.
13. I'll start when I'm ready.
14. We're old friends.
15. I hear you're getting married.
16. I'm glad they're safe.

訳

1. 劇はもうじき始まるだろう。
2. 車は動くと思う？
3. すぐに晴れるよ。
4. 彼はいつ戻ってくるのかなあ。
5. どうなるのか教えて！
6. だれも気づかないだろう。
7. 彼らは、万事申し分ないとわかるだろう。
8. ケビンも来るよ。
9. だれがグループの指揮を執るのですか。
10. めいめいにたっぷりとあるだろう。
11. すぐにほかの人たちも来るよ。
12. あれはピーターだろう。
13. 用意ができたら始めます。
14. われわれは旧友同士だ。
15. ご結婚されるそうですね。
16. 彼らが無事でよかった。

The play'll begin soon. の play'll は play と will が一緒になったもので、発音も [plei wil] から [pleil] と大きく変化します。ここでは、助動詞 will（shall）が代名詞や名詞、疑問詞などと結びつく場合を中心に、I'm、you're、d'you などの発音も学びます。

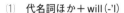

解説

ここでは、will、shall、do と、are、am の短縮形を扱います。

⑴ 代名詞ほか＋ will (-'l)

現代英語では、will またはその短縮形の -'ll が主として使われ、shall は Shall I . . . ? Shall we . . . ?以外ではあまり使われなくなっている。
will の強形は [wil]、弱形は [l]
I'll [ail] / you'll [ju:l] [jul] [jəl] / he'll [hi:l] [hil] [il] / she'll [ʃi:l] [ʃil] / it'll [itl] / we'll [wi:l] [wil] / they'll [ðeil] [ðel] / that'll [ðǽtl] / what'll [(h)wɑ́tl | wɔ́tl] / who'll [hu:l] / Kevin'll [kévinl] / others'll [ʌ́ðərzl] / there'll [ðərl]

⑵ 代名詞ほか＋ are (-'re)

are の強形は [ɑ:r]、弱形は [ər]
you're [juər] [jɔ:r] [jər] / we're [wi:ər] [wiər] / they're [ðeiər] [ðeər] [ðər]
なお、次のような例は、短縮形を用いないで表すのが普通。
who are [hu:ər]、boys are [bɔ́izər] など。

⑶ I ＋ am (I'm)

am の強形は [æm]、弱形は [əm] [m]。I'm [aim] では、am は I のみと結びつく。

⑷ do ＋ you (d'you)

do の強形は [du:]、弱形は [du] [də]。d'you [dju]、[dʒə] は d'you という短縮形が使われず、do you と書かれていても、d'you と同じように発音されることが多い。

1. play'll [pleil] 「プレイル」← play will
2. D'you [dju] 「デュ」←Do you、car'll [kɑ:rl] 「カール」←car will
3. It'll [itl]←It will。[tl] の発音に注意（p.164参照）。
4. he'll [(h)i(:)l]←he will。when (h)e'll は「（フ）ウェニイル」
5. what'll [(h)wɑ́tl | wɔ́tl]←what will。[tl] の発音に注意（p.164参照）。
6. Nobody'll [nóubàdil | nóubədil] 「ノウバディル」←Nobody will
7. They'll [ðe(i)l] 「ゼ（イ）ル」←They will
8. Kevin'll [kévinl] 「ケヴィヌル」←Kevin will
9. Who'll [hu:l] 「フール」←Who will。「フ」には摩擦がない。
10. There'll [ðərl] 「ザル」←There will
11. others'll [ʌ́ðərzl] 「アザズル」←others will
12. That'll [ðǽtl]←That will。[tl] の発音に注意（p.164参照）。
13. I'll [ail] 「アイル」←I will、I'm [aim] 「アイム」←I am
14. We're [wi(:)ər] 「ウイア」←We are
15. you're[j(u)ər]←you are。「ユ」と「ヤ」の間のような響き。
16. I'm [aim]←I am、they're [ðe(i)ər] 「ゼ（イ）ア」←they are

EXERCISES

音声を聞いて空欄を埋め、短縮形の発音に注意して全文を言ってみましょう。

1. _____ so beautiful to look at!

2. _____ think _____ snow, Mary?

3. _____ be the last bottle.

4. If you do that again, _____ get a smack.

5. _____ tell you what.

6. Perhaps _____ sell the car.

7. _____ be nice, I think.

8. There are some sandwiches left, if _____ hungry.

9. I don't think _____ last.

10. _____ be a lot of wine served at the party.

11. If _____ kindly sign here, please.

12. I suppose _____ buy a house.

13. _____ sure _____ come back.

14. What on earth _____ think _____ doing?

15. _____ be here at eight.

16. _____ be the winner?

17. _____ the show be like?

18. I know what _____ doing.

19. _____ be bringing his wife with him.

20. What _____ think of the news?

21. _____ not going out, are we?

ここで扱う短縮形 -'ll、-'re、d'you、I'm の中で、最も種類の多いのが -'ll です。同時に、リスニング・スピーキングの面で一番難しいのも -'ll であると言えます。これは、エル音[l]の音色が私たちには難しいということ、さらに、-'ll が代名詞ばかりでなく、多くの名詞とも結びつき、さまざまな独特の響きを生み出すからでもあります。また、it'll [itl̩]、that'll [ðǽtl̩]、what'll [(h)wátl̩ | wɔ́tl̩] などに現れる[tl̩]の連続にも十分慣れておく必要があります。

*　　　　　*　　　　　*　　　　　*

1. **They're** [ðe(i)ər]「ゼ(イ)ア」　←They are
2. **D'you** [dju]「デュ」　←Do you
   it'll [itl]「イト(ゥ)ル」　←it will
3. **This'll** [ðísl]「ズィスル」　←This will。[sl]に注意。
4. **you'll** [jul]　←you will。[ul]は「ウー」のように響く。
5. **I'll** [ail]「アイル」　←I will
6. **we'll** [wi(:)l]「ウィル」　←we will
7. **That'll** [ðǽtl]「ザト(ゥ)ル」　←That will。難しい。
8. **you're** [j(u)ər]　←you are。you're は、弱い「ヤ」ぐらいに響く。

9. **it'll** [itl]「イト(ゥ)ル」　←it will
10. **There'll** [ð(e)ərl]「ザァル」　←There will
11. **you'll** [ju(:)l]「ユル」　←you will
12. **they'll** [ðe(i)l]「ザル」　←they will
13. **I'm** [aim]「アイム」　←I am
    she'll [ʃi(:)l]「シィル」　←she will
14. **d'you** [dju]「デュ」　←do you
    you're [j(u)ər]「ヤ」　←you are
15. **He'll** [hi(:)l]「ヒル」　←He will
16. **Who'll** [hu:l]「フール」　←Who will。「フ」には摩擦がない。
17. **What'll** [(h)wátl | wɔ́tl]「(フ)ワト(ゥ)ル」　←What will
18. **I'm** [aim]「アイム」　←I am
19. **Colin'll** [kálinl | kɔ́linl]「カリヌル」　←Colin will
20. **d'you** [dju]「デュ」　←do you
21. **We're** [wi(:)ər]　←We are。弱い「ウイア」の響き。

-'d、-'veの形の発音
—you'dなど—

EXAMPLES

DL
5_07

1. I knew you'd come. (would / had)
2. I'd rather you went home now. (would)
3. We thought she'd be good at that. (would)
4. I'd better hit the road. (had)
5. He said he'd have to change the plans. (would)
6. If I got rich, I'd buy a new house. (would)
7. Who'd like to play tennis? (would)
8. If only I'd met her earlier! (had)
9. It'd gone when I got back home. (had)
10. It'd be nice if you could make it. (would)
11. I wish you'd seen her. (had)
12. If you'd fill in this form. (would)
13. We've met each other before. (have)
14. I've forgotten her address. (have)
15. You should've told him. (have)
16. You might've known she'd refuse. (have, would)

訳

1. 君が来ること（来たこと）は知っていたよ。
2. もう家に帰ったほうがいいよ。
3. 私たちは、彼女はそれが得意だろう、と思った。
4. もう帰ろう（もう出かけよう）。
5. 計画を変更しなければ、と彼は言った。
6. 金持ちになったら、新しい家を買うんだが。
7. テニスしたい人はだれ？
8. もっと早く彼女に会っていればなあ！
9. 家に帰ると、それはなくなっていた。
10. うまくいけばいいねえ。
11. （あなたが）彼女に会ったことがあればなあ。
12. この書式にご記入いただけますか。
13. 私たちは以前会ったことがある。
14. 彼女の住所を忘れてしまった。
15. 彼に言うべきだったのに。
16. 彼女が断るのはわかっていただろうに。

I knew you'd come. のyou'dは、you had あるいはyou would の短縮形です。ここ
では、had やwould の短縮形-'d を中心に、have の短縮形-'ve についても学びます。

解 説

　ここでは助動詞のwould、had、have の短縮形を扱います。would と had は、短縮形が同じ
であるので注意が必要です(-'d)。have は I've や you've などのほかに、could've、should've
などのように、ほかの助動詞とも結びついて短縮形を作るので、やはり注意が必要です。

(1) **代名詞ほか＋would (-'d)**

　would の強形は[wud]、弱形は[wəd] [əd] [d]。I'd [aid]、you'd [ju:d] [jud]
[jəd]、he'd [hi:d] [hid] [id]、she'd [ʃi:d] [ʃid]、it'd [ítəd]、we'd [wi:d] [wid]、
they'd [ðeid]など。

　なお、たとえばyou would、she would のように書かれていても、発音で
は弱形が使われ、短縮形の発音やそれに近いものになることが多い。

(2) **代名詞ほか＋had (-'d)**

　had の強形は[hæd]、弱形は[həd] [əd] [d]。短縮形とその発音は、上の(1)と同
じ。また、he had、you had のように書かれていても、弱形が使われ、短縮形
の発音に近くなることが多い。

(3) **代名詞・助動詞ほか＋have (-'ve)**

　have の強形は[hæv]、弱形は[həv] [əv] [v]。短縮形は I've [aiv]、you've
[ju:v] [juv] [jəv]、we've [wi:v] [wiv]、they've [ðeiv]など。

　助動詞と結びつくと、would've [wúdəv]、should've [ʃúdəv]、could've
[kúdəv]、must've [mʌ́stəv]、might've [máitəv]などとなる。

1. you'd [ju(:)d]「ユウド(ゥ)」　←you would / you had
2. I'd [aid]「アイド(ゥ)」　←I would
3. she'd [ʃi(:)d]　←she would。she'd be は「シイド(ゥ)ビィ」。
4. I'd [aid]「アイド(ゥ)」　←I had
5. he'd [hi(:)d]「ヒイド(ゥ)」　←he would
6. I'd [aid]　←I would。I'd buy は「アイド(ゥ)バイ」。
7. Who'd [hu:d]「フード(ゥ)」　←Who would。摩擦のない「フ」の響き。
8. I'd [aid]「アイド(ゥ)」　←I had
9. It'd [ítəd]「イトゥド(ゥ)」　←It had
10. It'd [ítəd]「イトゥド(ゥ)」　←It would
11. you'd [ju(:)d]「ユウド(ゥ)」　←you had
12. you'd [ju(:)d]「ユウド(ゥ)」　←you would
13. We've [wi(:)v]「ウイヴ」　←We have
14. I've [aiv]「アイヴ」　←I have
15. should've [ʃúdəv]「シュドゥヴ」←should have
16. might've [máitəv]「マイトゥヴ」←might have、she'd [ʃi:d]←she would

EXERCISES

音声を聞いて空欄を埋め、短縮形に注意して言いましょう。

1. He said that _____ rather Dick went.

2. I wished _____ had something before that.

3. _____ like a hamburger, if _____ like to know.

4. It isn't an ideal place —_____ say it was.

5. I wondered whether _____ seen Kate.

6. I thought _____ be the first to appreciate my ideas.

7. _____ prefer to have you on your own.

8. _____ always expected _____ turn out differently.

9. He was surprised to learn how much _____ drunk.

10. If _____ been any alternative transport!

11. _____ be a great help.

12. If only _____ told me before.

13. It was the sort of thing _____ _____ enjoyed.

14. _____ better go home now.

15. If _____ asked me, I _____ told you the truth.

16. This is the first time _____ been here.

17. _____ you got to say about the climate?

18. If _____ been his first time, it _____ been different.

19. I _____ finished this by last night.

20. We _____ gone, but we didn't.

21. It _____ stopped raining by now.

22. I _____ been killed!

短縮形 -'d は、音そのものの難しさ以外に、**would** と **had** との区別が入ってくる点で注意が必要です。また、it'd [ítəd]、that'd [ðǽtəd] の[təd]の響きを耳に覚えさせておくことも大切です。-'ve は、I've、you've など以外に、would've [wúdəv]、should've [ʃúdəv]、could've [kúdəv]、might've [máitəv]、must've [mʌ́stəv] などの[dəv]や[təv]の響きにとくに注意しましょう。速い発話では、[ə] が落ちることもあります。

　　　　　＊　　　　　＊　　　　　＊　　　　　＊

1. he'd [hi(:)d]「ヒイド(ゥ)」　　←he would

2. I'd [aid]「アイド(ゥ)」　　←I had

3. He'd [hi(:)d]　　←He would
　　 you'd [ju(:)d]　　← you would

4. nobody'd [nóubàdid | nóubədid]　　←nobody would

5. she'd [ʃi(:)d]「シイド(ゥ)」　　←she had

6. you'd [ju(:)d]「ユウド(ゥ)」　　←you would

7. They'd [ðeid]「ゼィド(ゥ)」　　←They would

8. I'd [aid]「アイド(ゥ)」　　←I had
　　 it'd [itəd]「イトゥド(ゥ)」　　←it would

9. he'd [(h)i(:)d]　　←he had
　　　　　　　　　　　　he'd drunk は「ヒ(ド)ド(ゥ)ランク」。

10. there'd [ð(e)ərd]「ザアド(ゥ)」←there had

11. That'd [ðǽtəd]「ザトゥド(ゥ)」←That would

12. you'd [ju(:)d]「ユド(ゥ)」　　←you had

13. they'd have [ðeidəv]「ゼ(ィ)ダヴ」　　←they would have

14. We'd [wi(:)d]「ウイド(ゥ)」　　←We had

15. you'd [ju(:)d]　　←you had
　　 might've [máitəv]　　←might have

16. I've [aiv]「アイヴ」　　←I have

17. What've [(h)wátəv | wɔ́təv]「(フ)ワトゥヴ」　　←What have

18. it'd [itəd]　　←it had
　　 could've [kúdəv]　　←could have

19. should've [ʃúdəv]「シュドゥヴ」　　← should have

20. could've [kúdəv]「クドゥヴ」　　←could have

21. must've [mʌ́stəv]「マストゥヴ」　　←must have

22. might've [máitəv]「マイトゥヴ」　　←might have

-n'tの形の発音
—shouldn'tなど—

EXAMPLES

DL
5_09

1. I won't go.

2. I don't agree.

3. He hasn't been well since last Christmas.

4. She doesn't care, does she?

5. Nice day, isn't it?

6. We haven't got much time.

7. I mustn't keep you.

8. I can't stand it.

9. You needn't tell Joan.

10. She oughtn't to have said that.

11. I didn't know what to do.

12. I was certain I hadn't met her before.

13. I told him he wouldn't be able to do that.

14. You shouldn't be so optimistic.

15. He mightn't know you're here.

16. I knew it couldn't be Bill.

訳

1. 私は行かない。

2. 私は同意できない。

3. 彼は去年のクリスマス以来、調子が悪い。

4. 彼女、気にしないよね？

5. いいお天気ねえ。

6. 時間があまりない。

7. お引きとめしてはいけませんね。

8. それには我慢できない。

9. ジョーンに言う必要はない。

10. 彼女はあんなことを言うべきじゃなかった。

11. どうしていいかわからなかった。

12. 確かに、彼女に会ったことはなかった。

13. 彼には無理だろう、と言ってやった。

14. あまり楽天的になってもいけないよ。

15. 彼はあなたがここにいるのを知らないかもしれない。

16. それはビルであるはずがないと私にはわかっていた。

POINT I won't go. の won't [wount] は will not の短縮形です。発音が大きく変化します。ここでは -n't で表される否定の短縮形を学びます。かなり多くの種類があるので、注意が必要です。

解 説

　否定詞 not は、多くの助動詞や be 動詞と結びついて、否定の短縮形 -n't を形成します。発音で特に注意が必要なのは、wouldn't、couldn't、didn't、hadn't など、-dn't [dnt] の形になるものです。[d] は破裂がなく、滑らかに [n] に移っていくのが普通だからです。

　また、she'll nót と she wón't、he was nót と he wásn't のように、not が独立して使われる場合と、短縮形の場合とがあります。どちらの型が多く使われるかは、地域、人物、場面によって違いますが、どちらも使えるので両方に慣れておきましょう。

　-n't の形の短縮形をまとめておきましょう。これは、強形の not [nɑt | nɔt] が、助動詞や be 動詞と結びついて弱形の -n't [(ə)nt] に変化したものです。以下の語で、(ə) は発音されないのが普通です。なお、(19)〜(23)は、主としてイギリス英語の用法。

(1) isn't [íz(ə)nt]　　　　(2) aren't [ɑːrnt]　　　　(3) wasn't [wɑ́z(ə)nt | wɔ́z(ə)nt]

(4) weren't [wəːrnt]　　　(5) hasn't [hǽz(ə)nt]　　　(6) haven't [hǽv(ə)nt]

(7) hadn't [hǽd(ə)nt]　　(8) don't [dount]　　　　　(9) doesn't [dʌ́z(ə)nt]

(10) didn't [díd(ə)nt]　　(11) can't [kænt | kɑːnt]　(12) couldn't [kúd(ə)nt]

(13) won't [wount]　　　(14) shan't [ʃænt | ʃɑːnt]　(15) wouldn't [wúd(ə)nt]

(16) shouldn't [ʃúd(ə)nt]　(17) mustn't [mʌ́s(ə)nt]　(18) oughtn't [ɔ́ːt(ə)nt]

(19) needn't [níːd(ə)nt]　(20) mayn't [méi(ə)nt]　　(21) mightn't [máit(ə)nt]

(22) daren't [déər(ə)nt]　(23) usedn't または usen't [júːs(ə)nt]　（まれ）

1. **won't** [wount]「ウォウント(ゥ)」←will not。want とは違う発音。
2. **don't** [dount]「ドウント(ゥ)」　←do not
3. **hasn't** [hǽznt]「ハズント(ゥ)」←has not
4. **doesn't** [dʌ́znt]「ダズント(ゥ)」←does not
5. **isn't** [íznt]「イズント(ゥ)」　←is not
6. **haven't** [hǽvnt]「ハヴント(ゥ)」←have not
7. **mustn't** [mʌ́snt]「マスント(ゥ)」←must not
8. **can't** [kænt | kɑːnt]「キャーント(ゥ)、カーント(ゥ)」←can not
9. **needn't** [níːdnt]　←need not。[dnt] の発音に注意(p.158参照)。
10. **oughtn't** [ɔ́ːtnt]　←ought not。[tnt] の発音に注意(p.158参照)。
11. **didn't** [dídnt]　←did not。[dnt] の発音に注意。
12. **hadn't** [hǽdnt]　←had not。[dnt] の発音に注意。
13. **wouldn't** [wúdnt]←would not。[dnt] の発音に注意。
14. **shouldn't** [ʃúdnt]　←should not。[dnt] の発音に注意。
15. **mightn't** [máitnt]←might not。[tnt] の発音に注意。
16. **couldn't** [kúdnt]　←could not。[dnt] の発音に注意。

Part 5

短縮形

音声を聞いて空欄を埋め、短縮形に注意して全文を正しく発音してみましょう。

1. I'm afraid I _____ help you.

2. There are plenty of men who _____ bossy.

3. You _____ tell Michael.

4. I _____ do that if I _____ have to.

5. There _____ enough wine.

6. I swear I _____ get drunk again.

7. He _____ at all surprised.

8. You _____ _____ let him go.

9. You _____ look at me like that.

10. I _____ got enough time.

11. He _____ come tomorrow.

12. _____ you come in?

13. He _____ _____ done it by himself.

14. I wish I _____ bought it.

15. I told you I _____ care.

16. You _____ to drink so much.

17. She's lost weight, _____ she?

18. I _____ think she got your letter.

19. I'd rather you _____ done that.

20. They _____ _____ arrived yet.

21. You _____ late for the meeting, were you?

短縮形-n't は種類が多く、次のような問題点があります。

(1) 最後のt [t] は、破裂が起きないことが多い。とくに、-n't に続く単語が子音で始まる場合、t [t] は発音されずに落ちてしまうのが普通である（この[t]の脱落については*p.*188参照）。

hasn't been [hǽznbin]、doesn't care [dʌ́znkéər] など。

hasn't been、doesn't care は、それぞれ [hǽzmbin]、[dʌ́ŋkéər]のように[n]→[m] [ŋ]への変化が起きるのが普通（同化現象）。

(2) needn't [níːdnt]、couldn't [kúdnt]、didn't [dídnt]、hadn't [hǽdnt]、wouldn't [wúdnt]、shouldn't [ʃúdnt]、mightn't [máitnt]、oughtn't [ɔ́ːtnt]の[d]と[t]にも破裂がないのが普通である。

         ＊   ＊   ＊   ＊

1. can't [kænt | kɑːnt]　←can not。can [kæn, kən]との違いに注意。

2. aren't [ɑːrnt]　　←are not。[t]の破裂は聞こえない。

3. mustn't [mʌ́snt]　←must not。[t]の破裂は聞こえない。

4. wouldn't [wúdnt]　←would not
　　didn't [dídnt]　　←did not

5. isn't [íznt]　　←is not。次に母音が続くときは[t]が残るのが普通。

6. won't [wount]　←will not。[t]の破裂は聞こえない。

7. wasn't [wáznt | wɔ́znt]　←was not。　[t]は次の母音と続くのが普通。

8. shouldn't have [ʃúdntəv] 「シュド(ゥ)ントゥヴ」←should not have

9. needn't [níːdnt]　　←need not。[t]の破裂は聞こえない。

10. haven't [hǽvnt]　←have not。[t]の破裂は聞こえない。

11. mayn't [méi(ə)nt] 「メイ(ァ)ント(ゥ)」　←may not

12. Won't [wount]　←Will not
　　　　Won't you [wóuntʃu]は「ウオゥンチュ」。

13. couldn't have [kúdntəv] 「クド(ゥ)ントゥヴ」　←could not have

14. hadn't [hǽdnt]　←had not。[t]の破裂は聞こえない。

15. didn't [dídnt]　←did not。[t]の破裂は聞こえない。

16. oughtn't [ɔ́ːtnt]　←ought not。[t]の破裂は聞こえない。

17. hasn't [hǽznt]　←has not。短縮形でないときは、has she not。

18. don't [dount] 「ドゥント(ゥ)」←do not

19. hadn't [hǽdnt]　←had not。[t]の破裂は聞こえない。

20. mightn't have [máitntəv] 「マイト(ゥ)ントゥヴ」←might not have

21. weren't [wəːrnt]　←were not。[t]の破裂は聞こえない。

Part 5

短縮形

外国語を身につけるということ

言語の働き

　外国語を身につけるとは、どういうことを言うのでしょうか。英文法を学び、多くの単語を覚え、英語は読めばわかるのに、なぜ聞き取れないのでしょう。なぜ、英語は知っているのに話せないのでしょう。これを解く鍵は、下に概略的に示した、言語の働きの中に見いだせます。

言語によるコミュニケーションの成り立ち
1. 伝えたいこと、言い表したいことを系統立てる —— 思考
2. 言いたいことを表すために、多くの語の中から、適切なものを選ぶ —— 語彙
3. それを意味の通じる文にする —— 文法
4. a. それを記号で表す（文字）
　 b. それを音で表す（音声） ┃—— 伝達

文字と音声

　私たちは、言語によって意味の伝達、すなわちコミュニケーションを行っています。ある場合には文字を通じて（4. a.）、ある場合には音声（4. b.）を通じてコミュニケーションが行われます。読みにくい文字で書かれていた場合、もとの文がどんなに意味の通る立派な文であったとしても、文字によるコミュニケーションは成り立ちません。文字は、その言語の定めた、特定の形態（shapes）に従ってこれを再現しない限り、相手に理解されません。また、文字の形態を正しく身につけていない限り、相手が書いたものを理解できません。

　音声に関しても同様のことが言えます。音声は、その言語を成り立たせているいろいろな種類の音と、その組み合わせの型（patterns）に従って再現されない限り、相手に理解されません。また、これを正しく身につけていない限り、相手の話したことがわかりません。私たちは、文字を覚え、文字が続いてできる単語を覚えなければ、本が読めず、文が書けません。同様に、音と、音が続いてできる単語、さらにはその連続を耳と口とで覚えない限り、人の話はわからず、自分で話すこともできないわけです。また、音は文字とは違って、時間の流れの中で切れ目なく続いて現れ、しかも、瞬間的に消えてしまうものです。文字の場合のように立ち止まって確認できないだけに、いっそう正確さが要求されることになります。

音声学の役割

　私たちは、文字を習得し、文を書いたり読んだりできるまでには相当の年月を要します。同じように、音声は音声として時間をかけて、特別に学ばなければなりません。この**音声の姿を詳しく教えてくれるのが、実は「音声学」なのです。私たちは文法を学んだように、確実に英語の音声を身につけようとするなら、「英語音声学」を学べばよい**ということになります。

　さらに私たちは、本書で述べたように、日本語を母語とする者の立場から、英語の音声を効率的に学ぶ必要がありますが、それを示すのが「実践英語音声学」あるいは「日英対照音声学」とでも言うべきものです。本書はその立場に立って書かれました。同時に本書は、言語の音声に興味を持つ多くの人たちに対する、「音声学」という「音の理論と実践の学」への招待の書でもあるのです。

Part 6
破裂

DL
6_01

聞こえなくなる
破裂音

破裂音（p, b, t, d, k, g）は、省エネに
よって最後まで発音されないことが多
く、発音してしまうと通じなくなるこ
とがあります。

LET'S LISTEN

ダイアローグを聞いてみましょう

Sylvester: Have you seen Jill lately?

Alex: Why bring up the subject of that rotten apple all of a sudden? You know we broke up.

Sylvester: I beg your pardon. I just thought that maybe you were trying to get back together again.

Alex: It was a dark night the night she left, but I'm not a beaten man. In fact, I submit that now's my big chance.

Sylvester: Big chance? Big chance to do what, big man?

Alex: I'm going to the Big Apple. I'm going to get a good job and a topnotch babe, and settle down.

Sylvester: I didn't know you felt like that.

Alex: Hey, I'm a big lad. I can handle bad luck. A burden's been lifted off my shoulders, and now I can get down to the important things.

訳

シルベスター：　最近ジルに会ったかい？

アレックス：　何だっていまさら急にそんな気分悪いことを持ち出すんだ？　ぼくたちが別れたことは知ってるだろう。

シルベスター：　失敬、失敬。ただ、またよりを戻したがってるんじゃないかと思ってね。

アレックス：　そりゃ彼女が行ってしまったときはもう真っ暗やみだったさ。しかし、ぼくは打ちのめされてなんかいない。それどころか、いまこそ、ぼくのビッグチャンスだと言わせてもらいたいね。

シルベスター：　ビッグチャンスだって？　何のビッグチャンスなんだい、ビッグマン？

アレックス：　ニューヨークに行くんだ。いい職と最高の女の子を見つけて、そこで身を固めるのさ。

シルベスター：　君がそんなことを考えてるとは知らなかったよ。

アレックス：　おい、おれはただの男じゃないぜ。不運なんか吹き飛ばしてやる。肩の重荷がなくなったから、やっと大きなことに取り組めるのさ。

文字はあれども耳には聞こえず

　英語の文字と音との間にはギャップがある、ということの具体的な例のひとつが、ここで取り上げる「破裂のない破裂音」です。

　英語には、[p] [t] [k] [b] [d] [g]の6つの破裂音があります。pay [pei]、tea [ti:]、cow [kau]、be [bi:]、day [dei]、guy [gai]などの単語の例を見るとわかるように、母音の前では、どの音でも破裂が生じています。しかし、これらの音が常に破裂を伴って発音されるとは限りません。

　たとえば、以下に挙げる単語の下線部は、破裂を伴わないで発音されます。

kept [kept], football [fútbɔ̀:l], act [ækt], robbed [rɑbd], goodby(e) [gùdbái]

　下線部の音はそれぞれ、飲み込まれるようにして次の音に移っていきます。音そのものがなくなってしまったわけではありません。音はその場所にあるが、破裂は生じないということです。

　破裂音というのは、まず、(1)唇、歯茎などにおいて空気の流れが止められる（閉鎖の段階）、次いで、(2)しばらくそのまま流れを止めておく（持続の段階）、そして最後に、(3)閉鎖を解いて空気を通過させる（解放の段階）、という3つの段階を経て作られる音なのです。3番目の解放の段階がなく、2番目の段階で終わってしまうのが、破裂のない破裂音ということになります。

破裂音が姿を消すとき

　自己流に、破裂のないところで破裂を作っていると、ネイティブスピーカーにとっては大変聞きにくくなります。また同時に、そのような発音をしているとリスニングの障害にもなります。どういう場合に破裂がなくなるかということには、いくつかの

規則があります。以下に、その規則をまとめておきましょう。

1．破裂音＋破裂音／破擦音／摩擦音

破裂音と破裂音とが続いた場合、最初の破裂音には破裂がありません。これはひとつの単語の中だけではなく、単語と単語との境でも生じます。破裂音の次に破擦音と言われる音 [tʃ, dʒ, tr, dr]、あるいは摩擦音 [f, v, θ, ð, s, z, ʃ] がきた場合も同様です。

doctor,　blackboard,　big tray,　that church,
good judge,　told them,　important thing

2．破裂音＋鼻音

後に鼻音 [m, n] が続く場合、前の破裂音には破裂がありません。

submit,　bad name,　button,　sudden

3．破裂音＋ [l] 音

エル音 [l] が破裂音に続く場合、破裂音は [l] まで破裂を延ばすような感じになります。言い換えると、破裂をしてから [l] に移るのではなく、破裂音と [l] とが、ちょうどひとつになったように発音されます。いったん止められた空気は、口の真ん中ではなく、横を通って出ていきます。

bottle,　middle,　play,　clay

4．文末（発話の終わり）の破裂音

ひと区切りの発話の終わりにある破裂音は、しばしば破裂を伴いません。

I did it.
I didn't know that.

破裂音が続くとき

I 破裂音がふたつ続く場合

1. act [ǽkt]
2. select [silékt]
3. apt [ǽpt]
4. September [septémbər]
5. bribed [braibd]
6. begged [begd]
7. deadpan [dédpæn]
8. football [fútbɔ̀:l]
9. goodbye [gùdbái]
10. blood pressure [blʌ́dprèʃər]
11. sit tight [síttáit]
12. hold back [hóuldbǽk]
13. rubdown [rʌ́bdàun]
14. take care [téikkέər]
15. snack bar [snǽkbɑ̀:r]
16. pop group [pɑ́pgrù:p | pɔ́p-]
17. black tie [blǽktái]
18. hot plate [hátplèit | hɔ́t-]
19. that car [ðǽtkɑ́:r]
20. I'm a bit tired. [bíttáiərd]
21. She had her rib broken. [ríbbròuk(ə)n]
22. He had a quick temper. [kwíktémpər]
23. Have a good time! [gúdtáim]

POINT 破裂音の次に、さらに [p] [t] [k] [b] [d] [g]のような破裂音が続く場合、最初の破裂音は聞こえません。破裂音が3つ続く場合は、最初のふたつは聞こえず、最後の破裂音だけが聞こえます。発話の際には、破裂のなくなるところに注意しましょう。

Ⅱ 破裂音が3つ続く場合

DL
6_04

1. perfect tense [pə́:rfiktténs]
2. baked beans [béiktbí:nz]
3. act two [ǽkttú:]
4. whipped cream [(h)wíptkrí:m]
5. locked door [láktdɔ́:r | lɔ́kt-]
6. He's got a slipped disc. [slíptdísk]
7. They all kept quiet. [képtkwáiət]

Part 6 破裂

訳

Ⅰ
1. 行為
2. 選ぶ
3. …しがちである
4. 9月
5. bribe(わいろを贈る)の過去・過去分詞形
6. beg(請う)の過去・過去分詞形
7. 無表情な(顔の人)
8. フットボール
9. さよなら
10. 血圧
11. 一歩も動かない
12. 控える
13. こすること、汗を拭くこと
14. 気をつける
15. 軽食堂
16. ポップグループ

17. 黒のちょうネクタイ
18. (料理用)ホットプレート
19. あの車
20. ちょっと疲れた。
21. 彼女は肋骨を折ってしまった。
22. 彼は短気だった。
23. 楽しんできて！

Ⅱ
1. 完了時制
2. ベークトビーンズ
3. 第二幕
4. ホイップクリーム
5. 鍵のかかったドア
6. 彼はぎっくり腰になってしまった。
7. 彼らはみんな静かにしていた。

解 説

　英語の発話では、破裂音があるのに、実際には破裂が起こらないという場合が多く見られます。破裂が聞こえないために、慣れない人は、そこに音があるのかどうかさえわかりません。ましてや、それがどういう音なのかは、非常にわかりにくいものとなります。目で文字を追っている限り、この現象にはなかなか気づきません。そのため、自分で発音するときにも、破裂がないところで破裂させているという場合が大変多いものです（破裂のない破裂音を破裂させると母音が入りやすいので注意が必要）。次のような問題点があります。

破裂音の問題点

⑴　日本語では子音の後に母音が続くので、英語の「破裂音＋母音」は比較的聞き取りやすいと言えます。しかし、次に母音が続かない場合は、破裂音として認識しにくいという母語の壁が存在しています。

⑵　ただし、日本語でも、促音、すなわち詰まる音の場合には、破裂音がふたつ続くことがあります。その場合、最初の破裂音には破裂がありません。

　いっぱい[ippai]、いったい[ittai]、いっかい[ikkai]、
　ヘッド[heddo]、エッグ[eggu]、バッグ[baggu]など。

　このことから、最初の破裂音を破裂させないでふたつ続けることがまったくできないわけではありません。しかし、日本語の場合は、連続するふたつの破裂音は同じ音です。これに対して、英語の場合は、同じであることもありますが、違った破裂音が続く場合が多いという点が問題です。その場合、最初の破裂音が何であるのかがわかりにくくなります。

　at [æt]、apt [æpt]、act [ækt]の3語は、注意していないと、どれも日本語の「アット」のように聞こえてしまいがちです。日本語では[atto]のように、[t]の連続になるからです。

破裂音が3つ続く場合

さらに、EXAMPLES IIのように破裂音が3つ続く場合、2番目の破裂音は、速い発話では発音されずに（舌などがその音の発音の位置に行かないで）落ちてしまうのが普通です。当然、破裂の音は聞こえません。落ちない場合はその1音分だけ余計に時間がかかるということはありますが、やはり破裂は聞こえません。以上のことから、次のような場合にはその区別が難しくなりますが、普通は、前後の関係で、意味の上から区別することができます。ですから、音声的な区別に特に神経質になる必要はありません。

stop talking [stáptɔ́:kiŋ] / stopped talking [stáp(t)tɔ́:kiŋ]

bake bread [béikbréd] / baked bread [béik(t)bréd]

look tired [lúktáiərd] / looked tired [lúk(t)táiərd]

hope to go [hóuptəgóu] / hoped to go [hóup(t)təgóu] etc.

また、破裂が聞こえないために、次のような区別も難しくなりますが、実際には、上と同様、意味の上から区別されるのが普通です。

seem to be [síːmtəbi] / seemed to be [síːm(d)təbi]

EXERCISES

音声を聞いて空欄を埋め、聞こえない破裂音に注意して繰り返し言っ
てみましょう。

1. She _____ _____ drawer.

2. She brought me a _____ _____.

3. The pain was too _____ _____ bear.

4. That's a _____ _____ of you.

5. Can I have a _____ _____, please?

6. Look at _____ _____ _____ up there!

7. Please _____ _____ _____ of _____ _____.

8. I can't _____ _____ my parents.

9. She _____ up the present in _____ _____.

10. In _____ _____, London is the _____ _____ _____.

11. She _____ _____ in the door.

12. You should wear _____ _____ in winter.

13. We _____ _____ give the matter _____ _____.

14. He walks so fast, I _____ _____ _____ with him.

15. It's time the government _____ _____ lower taxes.

16. The dancer _____ _____ _____ and control.

17. He's been _____ _____ succeed the Prime Minister.

18. _____ _____ _____ _____.

19. They _____ _____ of happiness.

20. The dog _____ _____ bowl of _____ _____ _____.

21. The _____ _____ _____ away from the scene of the crime.

解答・解説

聞き取りができたら、破裂音と破裂音との間に決して母音を入れないように注意して、同じように発音してみましょう。破裂のない破裂音を飲み込むようなつもりで言うとよいでしょう。

*　　　*　　　*　　　*

1. locked the [lákṯðə | lɔ́kṯðə] は [k] の破裂がなく、同時に [t] も、次の [ð] との関係ではっきりとした [t] らしい破裂がない。(p.170参照)

2. wet towel [wéṯtáuəl]。[t] の破裂がない。

3. great to [gréiṯtə]。[t] の破裂がない。

4. good picture [gúdpíktʃər]。[d] の破裂がない。

5. white cup [(h)wáiṯkʌ́p]。[t] の破裂がない。

6. that big balloon [ðǽṯbígbəlú:n]。[t] と [g] の破裂がない。

7. take great care [téikgréiṯkéər]、that book [ðǽṯbúk]。[k] [t] [t] の破裂がない。

8. let down [léṯdáun]。[t] の破裂がない。

9. wrapped [rǽpṯ]、red paper [rédpéipər]、[p] [d] に注意。

10. that case [ðǽṯkéis]、next best place [néks(t)bés(t)pléis]。[t] の破裂がない。[neks(t)] と [bes(t)] の [t] は落ちるのが普通。

11. got caught [gɑṯkɔ́:t | gɔṯkɔ́:t]。[t] の破裂がない。

12. thick clothes [θíkkklóu(ð)z]。[k] の破裂がない。

13. agreed to [əgrí:ḏtə]、top priority [táppraió(:)rəti]。[d] [p] の破裂がない。

14. can't keep pace [kǽnṯki:ppéis]。[t] と [p] の破裂がない。

15. acted to [ǽktiḏtə]。[d] の破裂がない。

16. displayed perfect timing [displéidpə́:rfikṯtáimiŋ]。[d] [k] [t] に注意。

17. named to [néimḏtə]。[d] の破裂がない。

18. He'd been [hiḏbin]、robbed twice [rábḏtwáis]。

19. wept tears [wépttíərz]。[p] に少し息のもれる音がある。

20. licked the [líkṯðə]、milk quite clean [mílkkwáitklí:n]。[k] [t] に注意。

21. crowd backed quickly [kráudḇǽktkwíkli]。[d] [k] [t] に注意。

Part 6

破裂

[m] [n] が破裂音に続くとき

EXAMPLES

DL
6_06

[t(ə)n]	1.	button [bʌ́t(ə)n]
	2.	cotton [kát(ə)n | kɔ́t-]
	3.	carton [káːrt(ə)n]
	4.	written [rít(ə)n]
	5.	eaten [íːt(ə)n]
	6.	kitten [kít(ə)n]
	7.	tighten [táit(ə)n]
	8.	threaten [θrét(ə)n]
	9.	frighten [fráit(ə)n]
	10.	bitten [bít(ə)n]
[d(ə)n]	11.	sudden [sʌ́d(ə)n]
	12.	hidden [híd(ə)n]
	13.	wooden [wúd(ə)n]
	14.	garden [gáːrd(ə)n]
	15.	forbidden [fərbíd(ə)n]
	16.	didn't [díd(ə)nt]
	17.	burden [bə́ːrd(ə)n]
	18.	pardon [páːrd(ə)n]
[pn]	19.	topnotch [tápnátʃ | tɔ́pnɔ́tʃ]
	20.	keep none [kíːpnʌ́n]
[bn]	21.	subnormal [sʌbnɔ́ːrm(ə)l]
	22.	rub now [rʌ́bnáu]
[kn]	23.	dark night [dáːrknáit]
	24.	bank note [bǽŋknòut]

POINT 破裂音の次に[m] [n]のような鼻音が続く場合、破裂音は破裂を伴わずに、次の鼻音に続いていくのが普通です。破裂音は鼻音に飲み込まれるように、ひとつになって通過していきます。発話の際は、破裂音のところで舌を離さないように注意します。

[p̪m]	**25.**	shipmate	[ʃípmèit]
	26.	topmost	[tápmòust | tɔ́p-]
[b̪m]	**27.**	disturb me	[distə́ːrbmi]
	28.	submit	[səbmít]
[t̪m]	**29.**	hot milk	[hátmílk | hɔ́t-]
	30.	nutmeg	[nʌ́tmeg]
[d̪m]	**31.**	bad man	[bǽdmæ̀n]
	32.	admit	[ədmít]
[k̪m]	**33.**	milkman	[mílkmæ̀n | -mən]
	34.	blackmail	[blǽkmèil]
[g̪m/n]	**35.**	dogma	[dɔ́(ː)gmə]
	36.	big nose	[bígnóuz]

Part 6

破裂

訳

1. ボタン	13. 木製の	25. 船員仲間
2. 綿	14. 庭	26. 一番上の
3. カートン(ボール箱)	15. 禁じられた	27. (私の)邪魔をする
4. write(書く)の過去分詞形	16. did not の短縮形	28. 提出する
5. eat(食べる)の過去分詞形	17. (重)荷	29. ホットミルク
6. 子猫	18. 許し、許す	30. ナツメグ
7. 締める	19. 一流の	31. 悪人
8. 脅す	20. 何も取っておかない	32. 認める
9. ぎょっとさせる	21. 普通以下の	33. 牛乳配達人
10. bite(かむ)の過去分詞形	22. 今すぐ(さっさと)こすって	34. 恐喝
11. 突然の	23. 闇夜	35. 教義、独断
12. hide(隠す)の過去分詞形	24. 銀行券、紙幣	36. 大きい鼻

解 説

　buttonは、[bʌ́tən]と発音しても間違いではありません。しかし、英語のネイティブスピーカーの多くは、[bʌ́tn̩]と発音します。この場合、強勢を受けない音節の弱い母音[ə]が発音されず、[t]と[n]とが一緒になったように発音されます。[t]の破裂は聞こえず、[n]に飲み込まれるような感じになります。この音は大変独特な響きを持っているので、音色は音声を聞いて確実に耳に覚えさせておくことが必要です。発音ができるようになると、もちろん聞き取りは楽になります。ネイティブスピーカーのように発音するのは、最初はかなり難しいと感ずる人が多いでしょうが、下に記した発音の仕方を参考にして、練習するとよいでしょう。

発音の仕方

　発音に際して大切なことは、[t]と[n]とが同じところで発音されるため、エネルギーの節約が起こり、[t]で舌をいったん離して再び[n]に戻る、というプロセスを経ずに、**最初から最後まで舌が[t]の位置に付いたままである**という点です。要領をまとめると次のようになります。

⑴　舌を後ろに引き、舌の先の部分を、しっかり歯茎に付ける。

⑵　舌を付けたまま、「クッ」という感じで鼻に空気を抜く。この「クッ」というのは、日常生活で、鼻の中に何かが詰まった感じがあるときに、それを取り除こうとする行為と思えばよい。何気なく習慣的に行っている人もいる。

⑶　鼻に空気を通す瞬間に、「ン」と言う。

⑷　⑴⑵⑶の結果、軟らかい「ク(ゥ)ン」のような「ト(ゥ)ン」のような（ウ）の抜けた音が出る。[t]の破裂がないため、最初はとても[tn̩]という感じはしないが、実はこれが[tn̩]なのである。

⑸　なお、⑵の「クッ」の感じがうまくできないと、単なる「ン」、すなわち[n]になってしまうので注意。また、最後まで舌を離さないこと。これは、のどの奥にある鼻への通路が、閉じている状態から開くだけのことであって、舌は動かないからである。

(6)　sudden [sʌ́dn]の場合の[dn]は、前述の[tn]の[t]が有声化したもので、発音の仕方は[tn]とまったく同じである。ただ、(2)の「クッ」の代わりに「グッ」の感じで空気を鼻に抜くようにすることである。これで「グ(ゥ)ン」のような「ド(ゥ)ン」のような音になる。

●EXAMPLES 1〜10

すべて[t(ə)n]で、実際には[tn]となる。落ちる[ə]は、辞書では普通əのイタリック体で示されているので確認するとよい。時には、kitten [kítn]のように、əを入れていない場合もある。

●EXAMPLES11〜18

すべて[d(ə)n]で、[dn]となるのが普通。

●EXAMPLES19〜36

ここに挙げた例は、上の1〜18までの例とは少し異なる。破裂音と鼻音との間に、決して母音、すなわち[ə]を入れてはいけない。[ə]を入れずに、滑らかに鼻音に移っていくようにする。たとえば、submit [səbmít]は、[səbəmít]にしない。

EXERCISES

音声を聞いて空欄を埋め、聞こえない破裂音に注意して言ってみましょう。

1. She's _____ to forget.

2. Don't _____ _____!

3. He _____ stood up.

4. She _____ _____ than that.

5. He lost a _____ to his coat.

6. His fingers were _____.

7. She _____ _____ and _____.

8. The sun was _____ by the clouds.

9. They've _____ _____ their marriage publicly.

10. You can come, _____ _____ _____.

11. He's a _____ _____ in banking.

12. There's a _____ _____ of that cake left.

13. She put it in the _____ _____.

14. The reporter had a _____ _____ for a news story.

15. They sent him a _____ of grain.

16. You _____ have come _____ _____ .

17. _____ _____ can you expect?

18. You really _____ _____ _____ than two.

19. _____ you possibly do it by tomorrow?

20. They watched the _____ gradually _____.

21. I _____ have done it if he _____ _____ _____ to.

pardon の発音は [pάːrdn̩] が普通ですが、[pάːrdən] も許容範囲内です。しかし、goodness は [gúdn̩is] であって、[gudənis] とか、まして、[gudunes] のようになることはありません。結果的には同じ発音となる [dn] であっても、一方には [ə] が入ってもよく、一方には入ってはいけない、ということです。発音の際には十分注意しましょう。もっとも、[tn] [dn] その他が、一貫して発音できれば問題はないわけです。以下、(ə) のところでも、破裂音と鼻音との間に [ə] を入れないようにして言ってみましょう（もちろん、(ə) の記されていないところには決して入れないようにする）。

　　　　　　＊　　　　　＊　　　　　＊　　　　　＊

1. certain [sə́ːrt(ə)n̩]　　　　　　　　　　　　　　　[tn̩]

2. stop me [stάpm̩i | stɔ́pm̩i]　　　　　　　　　　[pm̩]

3. suddenly [sʌ́d(ə)nli]　　　　　　　　　　　　　[dn̩]

4. paid more [péidm̩ɔ́ːr]　　　　　　　　　　　　[dm̩]

5. button [bʌ́t(ə)n̩]　　　　　　　　　　　　　　　[tn̩]

6. frostbitten [frɔ́(ː)s(t)bìt(ə)n̩]　　　　　　　　　[tn̩]

7. looked tired [lúk(t)táiərd] (*p.152参照*)、beaten [bíːt(ə)n̩]　[tn̩]

8. hidden [híd(ə)n̩]　　　　　　　　　　　　　　　[dn̩]

9. made known [méidn̩óun]　　　　　　　　　　　[dn̩]

10. but not now [bətn̩άtn̩áu | bətn̩ɔ́tn̩áu]　　　　　[tn̩]

11. big man [bígm̩æn]　　　　　　　　　　　　　[gm̩]

12. bit more [bítm̩ɔ́ːr]　　　　　　　　　　　　　[tm̩]

13. wooden carton [wúd(ə)n̩kάːrt(ə)n̩]　　　　　[dn̩] [tn̩]

14. good nose [gúdn̩óuz]　　　　　　　　　　　　[dn̩]

15. shipment [ʃípm̩ənt]　　　　　　　　　　　　　[pm̩]

16. needn't [níːd(ə)nt]、last night [læs(t)n̩áit | lάːst-]。[t] は落ちやすい。

　　　　　　　　　　　　　　　　　　　　　　　[dn̩] [tn̩]

17. What more [(h)wátm̩ɔ́ːr | wɔ́tm̩ɔ́ː]　　　　　　[tm̩]

18. shouldn't drink more [ʃúd(ə)n̩(t)dríŋkm̩ɔ́ːr]　[dn̩] [km̩]

19. Couldn't [kud(ə)nt]　　　　　　　　　　　　　[dn̩]

20. submarine [sʌ́bm̩ərìːn]、submerging [səbm̩ə́ːrdʒiŋ]　[bm̩]

21. wouldn't [wúd(ə)nt]、hadn't asked me [hæd(ə)ntæsktm̩i]

　　　　　　　　　　　　　　　　　　　　　　　[dn̩] [tm̩]

Part 6
破裂

[l]が破裂音に続くとき

EXAMPLES

DL
6_08

[tl]
1. gentle [dʒént(ə)l]
2. title [táit(ə)l]
3. little [lít(ə)l]
4. bottle [bát(ə)l | bɔ́t(ə)l]
5. metal [mét(ə)l]
6. settle [sét(ə)l]
7. cattle [kǽt(ə)l]
8. battle [bǽt(ə)l]
9. subtle [sʌ́t(ə)l]
10. startle [stáːrt(ə)l]
11. kettle [két(ə)l]
12. turtle [tə́ːrt(ə)l]
13. beetle [bíːt(ə)l]
14. hostel [hást(ə)l | hɔ́s-]
15. hospital [háspit(ə)l | hɔ́s-]
16. capital [kǽpit(ə)l]
17. Capitol [kǽpit(ə)l]
18. at length [ətléŋ(k)θ]

[dl]
19. candle [kǽnd(ə)l]
20. medal [méd(ə)l]
21. handle [hǽnd(ə)l]
22. idle [áid(ə)l]
23. needless [níːdlis]
24. tidal [táid(ə)l]
25. padlock [pǽdlàk | -lɔ̀k]
26. sadly [sǽdli]
27. madly [mǽdli]
28. deadly [dédli]
29. endless [éndlis]
30. deadline [dédlàin]
31. model [mád(ə)l | mɔ́d(ə)l]
32. bad luck [bǽdlʌ́k]

[pl]
33. couple [kʌ́p(ə)l]
34. apple [ǽp(ə)l]
35. hopeless [hóuplis]
36. triple [tríp(ə)l]
37. splay [splei]
38. top level [táplév(ə)l | tɔ́p-]

POINT 破裂音の次に [l] 音が続く場合、破裂音は [l] 音と結びついて、独特の響きを持つひと塊の音になります。破裂音としての音は聞こえません。発話の際には、破裂音のところで舌を離さず、しっかり付けたまま [l] に移行します。最後まで舌は離れません。

[b̬l] **39.** bubble [bʌ́b(ə)l]　　　　**40.** blow [blou]
　　　41. rub lightly [rʌ́bláitli]

[k̬l] **42.** tackle [tǽk(ə)l]　　　　**43.** clean [kliːn]

[g̬l] **44.** single [síŋg(ə)l]　　　　**45.** big lad [bíglǽd]

訳

1. 優しい	16. 首都	31. 模型、モデル
2. タイトル	17. (米国の)国会議事堂	32. 不運
3. 小さい	18. ついに、ようやく	33. 一対、カップル
4. ボトル	19. ろうそく	34. リンゴ
5. メタル(金属)	20. メダル、勲章	35. 絶望して
6. 置く、据える	21. ハンドル、柄	36. 3倍(の)
7. 畜牛、牛	22. 怠惰な	37. 斜角をつける、隅切り
8. 戦争、戦闘	23. 必要でない	38. 最高の水準
9. 微妙な	24. 潮の	39. 泡
10. びっくりさせる	25. 南京錠(をかける)	40. 吹く、強打
11. やかん	26. 悲しげに	41. 軽くこする
12. カメ	27. 狂ったかのように	42. 用具、滑車装置
13. 甲虫(クワガタムシなど)	28. 命にかかわる	43. きれいな
14. ホステル、宿泊所	29. 終わりのない	44. たったひとつの
15. 病院	30. 締め切り(時間)	45. 大きい若者、大人

SECTION 3

解 説

　gentle は [dʒéntəl] と発音しても間違いではありません。しかし、button [bʌtn] などと同様に、弱い母音 [ə] が発音されずに、[dʒéntl] となるのが普通です。この場合、[t] の破裂は聞こえず、[t] と [l] とが一緒になって、何かが押しつぶされて空気がもれるような響きを伴った音になります。この発音も、私たちにはかなり難しいものです。[t] で舌を離さないでいることが難しいのです。また、[tn] の場合と同様に、慣れていないと聞き取りの障害になります。音声を聞いて確実に、音色を耳に覚えさせることが大切です。発音の要領を、下にまとめておきましょう。

発音の仕方

⑴　[t] と [l] とは同じところで発音されるので、[t] と [l] の間で舌を離さず、最後まで同じところに付けておく。

⑵　まず、舌を後ろに引き、**舌の先の部分をしっかりと歯茎に付ける**。

⑶　[t] で舌を離してしまうと、空気が舌の上を通って前に抜けてしまう。[l] は、空気が舌の前ではなく横を通って作られる音なので、[tl] の場合、**舌を離さず、空気を勢いよく舌の横から抜くようにする**。このとき、空気は舌の右側と左側の両方から抜けてもよいし、片側からだけ抜けてもよい。

⑷　**空気が舌の横から抜ける瞬間に、やや遅れ気味に、弱く「ウ」と言う**。[l] 音には「ウ」[u] に近い音色があるからである。

⑸　以上の結果、日本語にはない、英語独特の押しつぶされてもれるような [tl] の音が出る。

⑹　⑶の段階で、空気が舌の横からプシューッというような感じでひと息に抜けないと、[təl] になったり、単なる [l] になったりしてしまう。

⑺　[tn] と [tl] との違いは、空気が口の中でいったん止められた後、鼻からパッと抜けるか（[tn]）、舌の横から同じくパッと抜けるか（[tl]）の違いである。要するに、舌を付けたままいかにして空気の流れをコントロールするかが発音のコ

ツである。

⑻　candle [kǽndl̩] などの [dl̩] は、[tl̩] の [t] が有声化しただけのもので、発音の要領は上と同じである。[tl̩] のときは、遅れ気味に「ウ」[u] と言うところを、[dl̩] の場合は、空気が舌の横に抜けるのに先立って「ウ」[u] と言うようにすればよい。

●EXAMPLES 1〜18
18の at length [ətlén(k)θ] には決して [ə] が入らないが、ほかは [t(ə)l] の [ə] が落ちるケースである。辞書では、たとえば metal は、[mét(ə)l]（[(ə)] は斜字体の [ə] で表されることが多い）と書かれていたり、[métl] と書かれていたりするが、いずれにせよ、[tl] のほうが普通である。

●EXAMPLES 19〜32
[d(ə)l] の [ə] が落ちて [dl] となる場合（[例] medal）と、[ə] が最初からない場合（[例] madly）とがある。

●EXAMPLES 33〜45
[pl̩] [bl̩] [kl̩] [gl̩] の例で、apple [ǽp(ə)l] などは [ə] が許容されるが、許容されないものもある（[例] clean [kli:n] ほか）。

EXERCISES

音声を聞いて空欄を埋め、聞こえない破裂音に注意して繰り返し言ってみましょう。

1. Have you seen her _____?

2. You _____ _____.

3. He drank two _____ of wine.

4. You're _____ _____!

5. _____ _____ at me!

6. I'm feeling a _____ _____.

7. The _____ boy enjoys making _____.

8. It happened in the _____ of the _____.

9. Do you remember the _____ of the book?

10. He always wears _____ in the summer.

11. The _____ _____ over the wall.

12. Isn't the sky _____!

13. The _____ had a _____ cap.

14. The loud noise _____ the _____.

15. She's attending the skin _____.

16. We can't expect him to _____ _____.

17. She's almost _____ _____.

18. I _____ _____ _____ and depressed.

19. He _____ _____ across the _____.

20. The _____ _____ out the _____.

21. The _____ boy pulled the _____ _____ _____.

前のSECTIONの[t̬n] [d̬n] などと同様に、発音の際、破裂音と[l]音との間に母音 [ə] が入ってもよい場合と、いけない場合とに注意しましょう。聞き取りの点では、[ə] の入らない発音に耳を慣らしておく必要があります。たとえば、handle は[hǽnd̬l] が普通ですが、[hǽnd̬əl] も許容されます。しかし、endless は [éndlis] であって、 [éndəlis] にはなりません。以下、[ə] が許容される場合は、(ə) として示しておきます。

　　　　＊　　　　　＊　　　　　＊　　　　　＊

1.　lately [léit̬li]。[léit̬əli] としないこと。　　　　　　　　　　[t̬l]
2.　look lonely [lúklóunli]。[ə] を入れてはいけない。　　　　[kl]
3.　bottles [bát̬(ə)lz | bɔ́t̬(ə)lz]　　　　　　　　　　　　　　[t̬l]
4.　dead lucky [dédlʌ́ki]。[ə] を入れてはいけない。　　　　[dl]
5.　Stop looking [stáplúkiŋ | stɔ́p-]。[ə] を入れてはいけない。[pl]
6.　bit muddled [bitmʌ́d(ə)ld]　　　　　　　　　　　[t̬m] [dl]
7.　little [lít̬(ə)l]、models [mád(ə)lz | mɔ́d(ə)lz]　　　[t̬l] [dl]
8.　middle [míd(ə)l]、battle [bǽt̬(ə)l]　　　　　　　　[dl] [t̬l]
9.　title [táit̬(ə)l]　　　　　　　　　　　　　　　　　　[t̬l]
10.　sandals [sǽnd(ə)lz]　　　　　　　　　　　　　　　[dl]
11.　cat leapt [kǽtlépt]。[lept] の [p] にも破裂がない。　[t̬l]
12.　clear [kliər]。[ə] を入れてはいけない。　　　　　　　[kl]
13.　bottle [bát̬(ə)l | bɔ́t̬(ə)l]、metal [mét̬(ə)l]　　　　　[t̬l]
14.　startled [stáːrt̬(ə)ld]、cattle [kǽt̬(ə)l]　　　　　　[t̬l]
15.　clinic [klínik]。[ə] を入れてはいけない。　　　　　　[kl]
16.　stop lying [stápláiiŋ | stɔ́p-]。[ə] を入れてはいけない。[pl]
17.　completely helpless [kəmplíːt̬li hélplis]　　　　[pl] [t̬l]
18.　felt let down [félt̬létdáun]。[t̬l] も [td] も、[ə] が入らない。[t̬l]
19.　jumped neatly [dʒʌ́mp(t)níːt̬li]、puddles [pʌ́d(ə)lz]　[t̬l] [dl]
20.　wind blew [wín(d)blúː]、candles [kǽnd(ə)lz]　　　[bl] [dl]
21.　little [lít̬(ə)l]、bedclothes up tightly [bédklou(ð)zʌ́ptáit̬li]　[t̬l] [kl]

破擦音・摩擦音が破裂音に続くとき

EXAMPLES

I 破裂音＋破擦音

[tʃ] **1.** picture [ktʃ]

2. deck chair [ktʃ]

3. capture [ptʃ]

4. eat cheese [ttʃ]

5. big chance [gtʃ]

6. old chestnut [dtʃ]

[dʒ] **7.** object [bdʒ]

8. good job [ddʒ]

9. velvet jacket [tdʒ]

10. traffic jam [kdʒ]

[tr] **11.** actress [ktr]

12. public transport [ktr]

13. recent trend [ttr]

14. blood transfusion [dtr]

[dr] **15.** hot drink [tdr]

16. drip-dry [pdr]

17. hand drill [ddr]

18. front drive [tdr]

破裂音は、次に [tʃ] や [dʒ]、[tr] や [dr] のような破擦音が続く場合にも聞こえなくなります。また、破裂音の後に [θ] や [ð]、[f] や [v]、[s] や [ʃ] のような摩擦音が続く場合にも、はっきりとした破裂が聞こえなくなる傾向があります。

II 破裂音＋摩擦音

DL
6_11

1. eigh<u>th</u> [eiᵗθ]
2. hundre<u>dth</u> [hʌ́ndrəᵈθ]
3. sen<u>d th</u>em [sénᵈˣðəm]
4. si<u>t th</u>ere [síᵗðɛ́ər]
5. har<u>dsh</u>ip [háːrᵈʃip]
6. be<u>dsp</u>read [béᵈsprèd]
7. pe<u>t sh</u>op [péᵗʃɑ̀p | -ʃɔ̀p]
8. ou<u>ts</u>ide [àuᵗsáid]
9. to<u>p fl</u>oor [tɑ́ᵖflɔ́ːr | tɔ́ᵖ-]
10. ri<u>pe fr</u>uit [ráiᵖfrúːt]

Part 6　破裂

訳

I
1. 絵
2. デッキチェア
3. 捕える
4. チーズを食べる
5. ビッグチャンス
6. クリの古木
7. 反対する
8. 結構なこと
9. ビロードのジャケット
10. 交通渋滞
11. 女優
12. 公共輸送機関
13. 最近の傾向
14. 輸血
15. 温かい飲み物
16. 洗ってそのまましわにならずに乾く
17. ハンドドリル(穴開け機)
18. 前輪駆動の(車)

II
1. (第)8番目(の)
2. (第)100番目(の)
3. それらを送る
4. そこに座る
5. 苦難
6. ベッドカバー
7. ペットショップ
8. 外側
9. 最上階
10. 熟した果物

解説

破裂音が消えてしまう場合と、破裂音の音色が変わってしまう場合を見ておきます。

破裂音が消える場合

　picture [píktʃər] では、破裂音 [k] と、破裂と摩擦を同時に持つ破擦音と呼ばれる子音 [tʃ] とが連続しています。この場合、破裂音 [k] には、破裂がまったくないか、あってもほんのわずかというのが普通です。これは、[k] から [tʃ] に移るとき、[k] のときの舌が、そっと離れるようにして次の [tʃ] にいくからです。舌が勢いよく離れて、[k] を強く破裂させてから移るということは決してありません。ほんのわずかに破裂が聞こえることがあるのは、舌が [k] のところから離れるとき、少し空気がもれるようにして [tʃ] に移っていく場合です。いずれにせよ、[k] は姿を隠してしまっている感じですから、慣れないと、そこに [k] があるということがわかりにくいものです。ただし、聞こえないと言っても、舌は [k] の位置にあるわけですから、日本語のピッチャー [pitʃtʃaa] とは響きが違います。つまり、**日本語の促音「ッ」で代用してはいけない**ということです。

破裂音の音色が変わる場合

　ripe fruit は、仮に [ráiᵖfrúːt] と書くとわかりやすいのではないかと思われます。[p] に破裂がまったくないわけではないのですが、母音の前にきた場合の [p] とは完全に違っていて、強い破裂は起きません。次の摩擦音 [f] に移るときに、抑えられるようにして破裂に近い音が出て、これが次の音と合体するような感じになります。

　picture [píktʃər] の [k] が、あるかないかわからないほど隠れているのに対して、ripe fruit の [p] は、[p] 独自の音色は変わっても、明らかにそこにあるのがわかります。**音色は、次の [f] とひとつになって破擦音のような音 [ᵖf] になります。**つまり、[pf] と移動していくというよりはむしろ、[p] と [f] とが同時に起きる感じになります。ほかの例も同様で、たとえば outside [àuˈsáid] では、普通の [ts] ほどはっきりした音ではありませんが、それに似た、弱めの破擦音に近い音が出ます。要するに、丁寧に破裂させてから次に移るということをしないで、ふたつの音をひとつにするような感じで発音するとよいのです。

●EXAMPLES I　**破裂音＋破擦音**
　英語に現れる破擦音には、[tʃ]（[例] church [tʃəːrtʃ]）、[dʒ]（[例] judge [dʒʌdʒ]）、[tr]（[例] true [truː]）、[dr]（[例] drive [draiv]）がある。このほか、[ts]、[dz]もあるが、これらは語頭には現れない。

1〜6　　破裂音＋[tʃ]　この場合、破裂音の破裂は聞こえず[tʃ]が強く響く。

7〜10　破裂音＋[dʒ]　同じく[dʒ]だけが強く響く。

11〜14　破裂音＋[tr]　難しい[tr]の発音が強く響く。舌を後ろに引く。

15〜18　破裂音＋[dr]　同じく難しい[dr]が強く響く。舌を後ろに引く。

●EXAMPLES II　**破裂音＋摩擦音**
　すべて、破擦音に近い音となる。実際、eighth [eiˈθ]の[ˈθ]などは、破擦音として扱う人もいるくらいである。[ˈθ]は、弱い[ˈs]の感じ。

Part 6
破裂

EXERCISES

音声を聞いて空欄を埋め、聞こえない破裂音に注意して繰り返し言ってみましょう。

1. Let's _____ _____ to the party.

2. The _____ _____ all her energy.

3. I _____ _____ _____ books.

4. I _____ _____ waiter and _____ _____ restaurant.

5. Her coat was _____ _____ to the lining.

6. What does he use _____ _____ for?

7. My _____ _____ with excitement.

8. The _____ _____ _____ two hours.

9. _____ _____ decide.

10. The _____ _____ _____ _____ me.

11. _____ _____ weather!

12. The _____ _____ ten o'clock.

13. They've just _____ _____ engagement.

14. _____ _____ faster than sound.

15. He is a man of _____ _____.

16. He is not a man I _____ _____.

17. They are in the _____ _____ .

18. Have you _____ _____ _____ yet?

19. He is in the _____ _____.

20. We must _____ _____.

21. Let's _____ _____ _____ a start.

たとえば、public transport [pʌ́blik‿trǽnspɔ̀rt] の場合、[k] から [tr] に移るとき、[k] に破裂のような音が出ることはありますが、これはわずかなものです。むしろ破裂がなく移っていくのが普通です。これに対して、pet shop [péˈʃɑp] では、[t] のはっきりした破裂はありませんが、次の音とひとつになった感じで、弱めの [tʃ] に似た音が出ます。

＊ 　 　 ＊ 　 　 ＊ 　 　 ＊

1. invite them [inváiˈðəm]。[ˈð] に注意。

2. effort drained [éfərtdréind]。[td] に注意。

3. don't need these [dóun(t)níːᵈðíːz]。[ᵈð] に注意。

4. tipped the [típ⁽ᵗ⁾ðə]、left the [léf⁽ᵗ⁾ðə]。[t] は、速い発話では落ちることがある。

5. wet through [wéˈθrúː]。[ˈθ] に注意。

6. that thing [ðǽˈθiŋ]。[ˈθ] に注意。

7. heart throbbed [háːrˈθrábd | -θrɔ́bd]。[ˈθ] に注意。

8. round trip took [ráundtríptúk]。[dt] に注意。

9. Let chance [lettʃǽns | lettʃɑ́ːns]。[ttʃ] に注意。

10. cigarette smoke [sigəréˈsmóuk]、almost choked [ɔ́ːmousttʃóukt]。[ˈs] [ttʃ] に注意。

11. What dreadful [(h)wátdrédf(ə)l | wɔ́t-]。[td] に注意。

12. clock chimed [kláktʃáimd | klɔ́k-]。[ktʃ] に注意。

13. announced their [ənáuns⁽ᵗ⁾ðər]。[t] は落ちることがある。

14. Light travels [láittrǽv(ə)lz]。[ttr] に注意。

15. sound judgment [sáunddʒʌ́dʒmənt]。[ddʒ] に注意。

16. would trust [wudtrʌ́st]。[dtr] に注意。

17. deep freeze [díːᵖfriːz]。[ᵖf] に注意。

18. finished that job [finiʃˈðǽtdʒáb | -dʒɔ́b]。[tdʒ] に注意。

19. book trade [búktreid]。[ktr] に注意。

20. stop violence [stáᵖváiələns | stɔ́p-]。[ᵖv] に注意。

21. take crab for [téikkrǽᵇfər]。[kk] [ᵇf] に注意。

文法は本当に必要？

　「使えない英語」という言葉が、日本の英語教育に対して使われ始めてから、いったいどれくらいの時が経ったでしょうか。それに対する反動からか、音声教育の大切さが叫ばれるなか、教科書にも工夫が凝らされるようになり、また、最近ではオーラルコミュニケーションなどの授業が学校教育に導入されるようになりました。これはこれで決して悪いことではないのですが、問題なのは、話せること、聞き取れることの重要性が主張されるあまり、従来重要性が置かれていた文法教育がおろそかになってきたことです。

　以前は、中学で基礎的文法をきちんと学び、高校を卒業するまでには、厚い参考書1冊分になるくらいの英文法の教科書を学校の授業で終えたものです。最近の授業では、独立した科目として「英文法」を学ぶことがきわめて少なくなってきています。英文法は、せいぜい普通の教科書を読み練習問題を解きながら覚えていくという形態になってきています。

文法における母語の壁

　この、「文法を文法としては詳しく学ぶ必要はない」という考えの論拠に実は問題があるのです。母語の習得と外国語の習得とは同質的に考えることはできません。言語習得能力の時期も習得の環境もまったく異なっているからです。さらに、**本書で音声について述べたのと同様に、文法においても母語の壁があるのです**。いったん習得した母語の文法が外国語の文法習得にあたって壁となり、母語話者は、母語の文法の強い影響の下で外国語の文法を理解しようとするのです。だからこそ、日本語の文法にはない定冠詞・不定冠詞、単数・複数、可算名詞・不可算名詞、現在完了形を含む時制、仮定法、その他多くの文法事項の習得が難しいのです。文法とは意味を作り出す規則のことで、この規則を十分に習得していなくては、きちんとした意味（の文）を作り出すことはもとより、英文を読んでもきちんと意味をつかむことができないのです。

　では、「使えない英語」と「英文法」とはどのような関係にあるのでしょうか。英文法がなくてはならないものであることは当然として、問題は、英文法がしっかり身についていても、必ずしも英語が使えるとは限らないということです。これはどういうことかと言うと、言葉にはふたつの面があって、そのふたつがそろっていないとコミュニケーションが成り立たないからなのです。ひとつは、伝えたい「意味」（内容）であり、もうひとつは、これを伝えるための「手段」（方法）です。「手段」としては、一般に文字や音声（そして点字など）が使われますが、文字に「文字ボケ」があり、音に「音ボケ」があれば、せっかくの意味もそれこそ意味不明となってしまいます。つまり、いわゆる「使えない英語」というのは、多くの場合、言葉を伝える手段として、文字よりはるかに複雑な音声の仕組みを十分に習得していないことから生ずる現象と言えます。文法と音声とは一方が他方より大切であるというものではなく、**意味を作る「文法」**と、その**意味を伝える「音声」**という関係にあるのです。どちらかに不備があれば、当然のことながら理解不能ということになります。ということは、**使える英語という観点から言えば、外国語の学習にあたってはこの両者の習得が必要不可欠である**ということなのです。

Part 7
脱落

DL
7_01

スピードのある発話で
落ちる音

丁寧にゆっくり話す場合には発音される音が、スピードが増すにつれて自然に落ちてなくなることがあります。

ダイアローグを聞いてみましょう

Joseph: Want a piece of chocolate cake? I baked it myself earlier tonight.

Susie: Really? I thought men usually did the eating and women generally did the cooking.

Joseph: I grew up in a family that easily switched roles. A bit odd, perhaps, but we had a terrific time. I wouldn't trade the experience.

Susie: I suppose it's healthier. Anyway, I don't mind if I do. I really mustn't . . .

Joseph: I knew you wouldn't refuse. I saved the best piece for you. My brothers didn't leave much.

Susie: This is the finished product? I'm surprised. Such a generous piece! And doesn't it look good! I do believe you'll make a good wife.

Joseph: A good old man, you mean? I've had several offers. I don't suppose you'd be interested?

消えてしまう母音と子音をマスターします。░░░░の単語の中の、下線で表されている文字の音は、速めの発話では落ちてしまいます。

s<u>u</u>ppose [s(ə)póuz]　　　　don'<u>t</u> mind [dóun(t)máind]

訳

ジョセフ： チョコレートケーキいらない？　夕方早いうちにぼくが自分で焼いたんだ。

スージー： ほんとに？　普通、男は食べるのが専門、女は作るのが仕事だと思ってたわ。

ジョセフ： 男女の役割分担にこだわらない家庭に育ったんでね。ま、いささか常軌を逸してるかもしれないけど、おかげでぼくたち家族はずいぶん楽しい思いをした。この経験は何ものにも替え難いよ。

スージー： むしろ健全なことだと思うわ。さてと、いただこうかしら。ほんとは（ダイエット中で）食べちゃいけないんだけど……。

ジョセフ： 断るはずないと思ったよ。君のために一番いいところを取っといたんだ。兄貴たちはほとんど残してくれなかったからね。

スージー： これがその完成品？　驚きだわ。ずいぶん大きく切ってくれたのね！　見た目もいいし！　あなたいい奥さんになれるわ。

ジョセフ： つまり、いい夫ってこと？　結構プロポーズはきてるんだ。君は興味ないだろうけど、ね。

Part7　消えてしまう音の脱落

発話では「省エネ」が行われる

　発音とつづり字との間には、いろいろなズレがあります。それらのズレは、多くの場合、発話のスピードが全体として速ければ速いほど、大きなものになります。

　これは、言葉には省エネ（economy of effort）という、調音（発音）に必要な努力（エネルギー）を少なくしようとする傾向があるからです。よほど丁寧に、ゆっくりと話す場合は別として、普通の発話にはいろいろな省エネ現象が見られます。そして発話のスピードが速くなればなるほど、当然その傾向は強まります。早口の人の英語がわかりにくいのは、ひとつには、この省エネ現象によって、発音があいまいになったり省略されてしまったりして、私たちの考えている発音とはかなり違ったものになっていることによります。

　また逆に、**私たちの英語の発音は、正確に発音しようとするあまり、ネイティブスピーカーの実際の発音とは相当に隔たったものになりがちです。** ネイティブスピーカーの行っている省エネに慣れることは、スピーキングの点からもリスニングの点からも重要です。

　ここで言う省エネとは、**簡略化**（simplifications）現象を意味します。英語に見られる主要な省エネ（簡略化）は、(1)弱形、(2)同化、(3)短縮形、(4)破裂の省略、そして(5)脱落です。

脱落の起きるとき

　ここでは、(5)の脱落についてまとめておきましょう。これは、丁寧でゆっくりな発話では発音される音が、口語体のくだけた発話ではスピードの増加に伴って落ちてしまう現象です。

1．子音の脱落

[t] [d] の脱落が中心です。

a) [-st, -ft, -ʃt, -nd, -ld, -zd, -ðd, -vd] など＋子音

   next week, last bus, left side, mashed potatoes, kind nurse, child's, etc.

b) [-pt, -kt, -tʃt, -bd, -gd, -dʒd] など＋子音

   kept quiet, looked fine, reached there, grabbed the chance, begged me, changed the bus, etc.

c) 否定語の -n't [nt] ＋子音

   can't do, don't know, doesn't matter, mustn't forget, wasn't there, etc.

d) 弱形の場合の [h]

   have, has, had, he, his, him, her, who

e) [l] の脱落

   always, all right, already, etc.

2．母音の脱落

あいまい母音 [ə] の脱落が中心です。[ə] は、強弱リズムの弱のところに現れる母音で、弱であるために落とされることが多いのです。辞書には [ə] で記されていますが、ここでは (ə) で表します。たとえば、camel（ラクダ）は、「キャムル」[kǽm(ə)l] のようになります。ゆっくりな場合はキャマル [kǽməl] ともなりますが、キャメル [kǽmel] とはなりません。すなわち [(ə)] で表される音は、落ちることが多いのですが、丁寧な場合は発音されるという意味です。

family [fǽm(ə)li], factory [fǽkt(ə)ri], etc.

母音 [ə] が落ちてなくなる

EXAMPLES

DL
7_03

I 普通の発話で落ちることが多い [ə] [i]

1. chocolate [tʃɔ́(ː)k(ə)lit]

2. family [fǽm(ə)li]

3. novelist [nάv(ə)list | nɔ́v-]

4. usually [júːʒu(ə)li]

5. easily [íːz(ə)li]

6. specialist [spéʃ(ə)list]

7. temperature [témp(ə)rətʃər]

8. liberal [líb(ə)rəl]

9. general [dʒén(ə)rəl]

10. natural [nǽtʃ(ə)rəl]

11. mineral [mín(ə)rəl]

12. temporal [témp(ə)rəl]

13. national [nǽʃ(ə)nəl]

14. prevention [privénʃ(ə)n]

15. fashionable [fǽʃ(ə)nəbl]

16. personal [pə́ːrs(ə)nəl]

17. government [gʌ́v(ə)rnmənt]

18. reasonably [ríːz(ə)nəbli]

POINT chocolateは、[tʃɔ́ːk(ə)lit, tʃák- | tʃɔ́k-]と発音され、(ə)は落ちてしまうのが普通です。チョク̱リトのような感じになります。強勢のない音節の母音の[ə]や[i]が落ちるケースです。聞き取りの障害になるので注意が必要です。

Ⅱ 速い発話で落ちることが多い[ə] [i]

DL
7_04

1. tonight [t(ə)náit]

2. potato [p(ə)téitou]

3. correct [k(ə)rékt]

4. police [p(ə)líːs]

5. believe [b(i)líːv]

6. suppose [s(ə)póuz]

7. get another [get(ə)nʌ́ðər]

8. after all [ǽft(ə)rɔ́ːl | ɑ́ːf-]

9. rock and roll [rɑ̀k(ə)nróul | rɔ̀k-]

10. what do you call it [(h)wʌtd(ə)ju, (h)wɑt- | wɔt-]

訳 ▶

Ⅰ
1. チョコレート
2. 家族
3. 小説家
4. 普通は
5. 容易に
6. 専門家
7. 温度
8. 偏見のない、気前のよい
9. 全体的な、一般的な
10. 自然の
11. 鉱物
12. 時間の、一時の
13. 国家の、国民の
14. 妨害、予防
15. 流行の、高級な
16. 個人的な

17. 政治、政府
18. 分別よく、程よく

Ⅱ
1. 今夜
2. ジャガイモ
3. 正しい、正す
4. 警察、警察官
5. 信じる
6. …だと思う、推測する
7. もうひとつ取る
8. 結局
9. ロックンロール
10. それは何て言うの

Part 7
脱落

解説

　母音が発音されずに落ちてしまうのは、そこに強勢がない場合に限られます。その意味で、母音の脱落現象は、英語の強勢と表裏一体の関係にあると言えます。

　強勢のない音節に現れる母音には、[ə] [i] [u]があります。このうち[i]と[u]は強勢のある音節にも現れますが、**あいまい母音**（*p.246参照*）と言われる[ə]は決して強勢のある音節には現れません。この意味で、[ə]だけがマイナス強勢（無強勢）と直接的な関係にあると言えます。実際、次の例からもわかるように、強勢が移動すると、強勢があった音節の母音（強母音という）が弱母音の[ə]に変わるという現象が起きます。すなわち、**強勢の有無によって母音の質が変わる**のです。

politics [pálitiks | pɔ́-] ⟶ political [pəlítik(ə)l]

Japan [dʒəpǽn] ⟷ Japanese [dʒæpəníːz]

Canada [kǽnədə] ⟷ Canadian [kənéidiən]

Catholic [kǽθ(ə)lik] ⟷ Catholicism [kəθálisìz(ə)m | kəθɔ́l-]

　以上をまとめると、強勢のない音節では[ə]が圧倒的に多く現れ、しかも普通の発話でその[ə]が落ちてしまう場合があるということです。

　さて次は、この現象に対処するポイントについて触れておきましょう。

⑴　**リスニング**

　母音が弱い[ə]になったり、落ちたりすると、響きが大きく変わってしまい、単語の識別が難しくなります。特に、間違った発音を覚え込んでいる単語の場合、その影響が大きいと言えます。たとえば、mineral [mín(ə)rəl]を[minerʌl]のように、temporal [témp(ə)rəl]を[tempɔrʌl]のように発音していると、実際はそれぞれミヌルル、テンプルルのように響くため、何という単語かわからなくなりやすいのです。

　そのため、[ə]の脱落に関しては、音声を聞いて音色を十分に確認しておく必要があります。さらに、ふだんから辞書に接し、[ə]が斜字体になっている個所に注意しておくと、実際の場面でずいぶんと違うものです。辞書で斜字体になっている[ə]は、特に速いスピードの発話でなくとも、落ちてしまうことが多いと考えていてよいでしょう。

⑵　**スピーキング**

　[ə]の脱落は、強勢現象をはっきりと理解し、英語のリズムがしっかりと身についてくると、自然に落ちるようになります。その段階に達するまでは、無理に落とそうとする必要はありません。[ə]を入れて発音しても少しも構いません。ただし、文字に惑わされて強い[æ]や[ɔ]の発音にならないよう、弱く[ə]と発音することは大切です。これは自然で滑らかな英語への、ひとつの関門であると言えます。また逆に、[ə]が使えるようになると、強勢がはっきりと際立って、英語らしいリズムが出てくるということにもなります。

　なお、EXAMPLES IIの[ə]の音は、普通のスピードではまず脱落しません。落ちるのは大変速い発話の場合だけと考えてよいでしょう。

EXERCISES

音声を聞いて空欄を埋め、どの音が落ちているか、あるいは弱い音 [ə] などになっているかを確認してみましょう。

1. I found that _____ of the eggs were broken.

2. It doesn't make much _____ to me.

3. The castle has an _____ _____.

4. We only drink wine on _____ _____.

5. The film was rather _____.

6. The _____ _____ in April was 18℃.

7. _____ _____ the mind.

8. They receive _____ subsidies from the government.

9. She has a _____ for _____ music.

10. The dove is the _____ of peace.

11. They are now living _____.

12. He should be more _____ about his public _____.

13. One of the _____ _____ in the wall is broken.

14. He's _____ his order for the book.

15. Privacy is _____ to him.

16. I _____ he won't agree.

17. You can call me anytime _____ _____.

18. He is _____ _____ now.

19. Can you _____ _____ with him?

20. Do _____ _____ time!

21. When _____ _____ take your _____?

[ə] の脱落は、強勢のない音節で起きるのですが、これには、ある種の規則性が見られます。主なものをまとめると次のようになります。

　強勢のある音節がすぐその前にあり、
　(1)すぐその後に [l] がある —— cáre･ful [kéərf(ə)l]
　(2)すぐその後に [r] がある —— sép･a･rate 形 [sép(ə)rit]
　(3)すぐその後に [n] がある —— pá･tience [péiʃ(ə)ns]

　(1)(2)(3)は、[l] [r] [n] という母音的な音が、[ə] の代わりとなり、音節の中心になっています。このほかにも、EXAMPLES Ⅱ で見たように、規則性はないが速い発話で落ちる [ə] があります。下のそれぞれの下線部に注意しましょう。

　　　　　　　　*　　　　　*　　　　　*　　　　　*

1. several [sév(ə)rəl]

2. difference [díf(ə)rəns]

3. interesting [ínt(ə)ristiŋ], history [híst(ə)ri]

4. special [spéʃ(ə)l], occasions [əkéiʒ(ə)nz]

5. ordinary [ɔ́ːrd(ə)nèri | ɔ́ːd(ə)nri]

6. average [ǽv(ə)ridʒ], temperature [témp(ə)rətʃər]

7. Travel [trǽv(ə)l], broadens [brɔ́ːd(ə)nz]

8. generous [dʒén(ə)rəs]

9. preference [préf(ə)rəns], classical [klǽsik(ə)l]

10. symbol [símb(ə)l]

11. separately [sép(ə)ritli]

12. careful [kéərf(ə)l]、utterances [ʌ́t(ə)rənsiz]

13. wooden [wúd(ə)n], panels [pǽn(ə)lz]

14. canceled [kǽns(ə)ld]

15. important [impɔ́ːrt(ə)nt]

16. suppose [s(ə)póuz]

17. after eight [ǽft(ə)réit | ɑ́ːf-]

18. not alone [nát(ə)lóun | nɔ́t-]

19. get along [gét(ə)lɔ́(ː)ŋ]

20. it another [it(ə)nʌ́ðər]

21. do you [d(ə)ju, dʒə]、finals [fáin(ə)lz]

つながる子音のひとつが落ちる

EXAMPLES

I [-s(t), -f(t), -ʃ(t), -n(d), -l(d), -z(d), -ð(d), -v(d)] ＋子音

1. just now [dʒʌ́stnáu]
2. soft lights [sɔ́(:)ftláits]
3. finished product [fíniʃtprádəkt | -prɔ́dʌkt]
4. lend me [léndmi:]
5. old man [óuldmǽn]
6. surprised them [sərpráizdðəm]
7. clothed themselves [klóuðdðəmsélvz]
8. saved three [séivdθrí:]

II [-p(t), -k(t), -tʃ(t), -b(d), -g(d), -dʒ(d)] ＋子音

1. kept back [képtbǽk]
2. baked bread [béiktbréd]
3. reached Boston [rí:tʃtbɔ́(:)st(ə)n]
4. stabbed the man [stǽbdðəmǽn]
5. begged forgiveness [bégdfərgívnis]
6. arranged marriage [əréindʒdmǽridʒ]

III 否定語 -n't [-n(t)] ＋子音

1. doesn't know [dʌ́z(ə)ntnóu]
2. mustn't tell [mʌ́snttél]
3. wouldn't go [wúd(ə)ntgóu]

POINT 子音が3つ続いた場合、真ん中の[t]や[d]は、発音されずに落ちてしまうのが普通です。落ちない場合でも、[t]や[d]の破裂は聞こえません。just now は、ジャスナウのような感じになります。ほかに[h]や[l]の脱落も見ておきます。

IV 弱形の場合の[(h)]の脱落

1. could have [kúd(h)(ə)v]
2. call him [kɔ́:l(h)im]

V [l]の脱落

1. always [ɔ́:(l)w(e)iz]
2. although [ɔ:(l)ðóu]

Part 7　脱落

訳

I 1. ちょうど今
　　2. 柔らかな光
　　3. 完成品
　　4. 私に貸して
　　5. 老人
　　6. 彼らを驚かせた
　　7. 彼らが服を身につけた
　　8. 3人救助した

II 1. …を制止した
　　2. 焼いたパン、パンを焼いた
　　3. ボストンに到着した
　　4. その男を刺した

　　5. 許しを請うた
　　6. 親が取り決めた結婚

III 1. 知らない
　　2. 話してはいけない、言っては駄目
　　3. 行かない、どうしても行かなかった

IV 1. …できたかもしれない
　　2. (彼に)電話する(して)

V 1. 常に
　　2. …であるけれども

解 説

　子音が発音されずに落ちてしまうケースはいろいろあります。弱形に見られる[h]の脱落の場合を除いては、英語の強勢現象とは直接関係がありません。この点、母音の[ə]の場合とは条件が異なります。

　子音の脱落は、ゆっくり、丁寧に話しているときにはなくならない音が、普通のスピードから速いスピードになるにつれて落ちてしまうというケースです。要するに、言いやすいように省略してしまうわけで、雑な話し方という印象を与えることもあります。正式な場面では、避けたほうが無難です。

　ですから、スピーキングの面では、むしろ普通のスピードで発音し、子音を落とさないほうがよいと言えるでしょう。しかし、リスニングの面になると話は違います。日常会話は、必ずしも丁寧に発音されるとは限らず、むしろ、かなり雑であることのほうが多いものです。ネイティブスピーカーの発話に現れる子音の脱落に慣れておくことは意味があります。以下、子音脱落の規則性を見ておきましょう。

⑴　[t] [d]の脱落 ⑴

　　[t] [d]の前が継続音で、後が子音の場合、[t] [d]が落ちる。単語と単語の境目だけでなく、ひとつの単語の中で生じることもある。（EXAMPLES Ⅰ）

　　lifts [líf(t)s]、mostly [móus(t)li]、wristwatch [rís(t)wàtʃ | wɔ̀-]、
　　lastly [lǽs(t)li]、restless [rés(t)lis]、kindness [káin(d)nis]、
　　handbag [hǽn(d)bæ̀g]、friendship [frén(d)ʃip] など。

　　継続音とは、息が続く限り出し続けることのできる音のことで、[l] [m] [n] [s] [z] [f]などの子音と、母音のすべてがこれに当たる。ここでは子音の継続音のみを指す。

⑵　[t] [d]の脱落 ⑵

　　[t] [d]の前が破裂音または破擦音で、後が子音の場合、[t] [d]が落ちる。（EXAMPLES Ⅱ）

　　stopped talking [stáp(t) | stɔ́p(t)tɔ́:kiŋ]、looked through [lúk(t) θrú:]、
　　looked well [lúk(t) wél] など。

ひとつの単語の中で起きる例には次のようなものがある。

facts [fǽk(t)s]、perfectly [pə́ːrfik(t)li]、exactly [igzǽk(t)li]など。

⑶ [t]の脱落
「否定の短縮形 -n't [nt] ＋子音」の形で、3 つの子音が続く場合、真ん中の[t]が落ちる。（EXAMPLES Ⅲ）

isn't ready [ízn(t)rédi]、wasn't my fault [wʌ́zn(t) mai fɔ́ːlt]、
aren't coming [áːrn(t)kʌ́miŋ]、weren't good [wə́ːrn(t)gúd]、
won't tell [wóun(t)tél]、don't know [dóun(t)nóu]、
doesn't matter [dʌ́zn(t)mǽtər]、haven't finished [hǽvn(t)fíniʃt]、
hasn't got [hǽzn(t)gát | -gɔ́t]、hadn't come [hǽdn(t)kʌ́m]。
またその他、shouldn't、wouldn't、couldn't、needn't、oughtn't、
mightn'tなどに子音が続く場合。

⑷ [h]の脱落
強勢が置かれない場合の弱形において[h]が落ちる。（EXAMPLES Ⅳ）

he [hiː]→[(h)i(ː)]、his [hiz]→[(h)iz]、him [him]→[(h)im]、
her [həːr]→[(h)ə(ː)r]、have [hæv]→[(h)(ə)v]、has [hæz]→[(h)(ə)z, s]、
had [hæd]→[(h)(ə)d]。

⑸ [l]の脱落
[ɔː]に続く[l]が落ちる。（EXAMPLES Ⅴ）

already [ɔː(l)rédi]など。

EXERCISES

音声を聞いて空欄を埋め、何の音が落ちているか確認しましょう。繰り返すときは、聞こえない破裂音に注意しましょう。

1. You really _____ _____.

2. She _____ _____ soup to the guests.

3. She _____ _____ believe what I said.

4. You'd agree, _____ _____?

5. Can you _____ _____ some money?

6. They _____ _____ to their limit.

7. It was a _____ _____ evening.

8. She _____ _____ a suitable job for her.

9. He caught the _____ _____ home in the evening.

10. We'll have _____ _____ and salad.

11. Half the _____ _____ below the poverty line.

12. You _____ _____ said that.

13. He threw away those _____ _____.

14. The goalkeeper _____ _____ goals.

15. I'd rather you _____ _____ _____.

16. She _____ _____ well on very little money.

17. The boy _____ _____ _____ _____ _____ _____ right.

18. You _____ _____ have hit her.

19. We'll _____ _____ meeting next week.

20. She's the _____ _____ person I've ever met.

21. I _____ _____ told her the news.

子音の脱落は、発話のスピードが速いときに生じます。EXAMPLES で扱ったケース以外に、特にくだけたアメリカ英語で、次のような [t] の脱落が見られます。まねをする必要はありませんが、知っておくとリスニングに役立ちます（この [t] の脱落は、イギリス英語ではまず起こりません）。[t] の脱落（米語）── 第 1 音節に強勢があり、第 2 音節には強勢がない単語（● •）の中に、[nt] の連続がある場合、[t] が落ちます。

gentleman [dʒén(t)lmən]「チェヌルマン」
mental [mén(t)l]「メヌル」
twenty [twén(t)i]「トゥエニィ」
plenty [plén(t)i]「プレニィ」
winter [wín(t)ər]「ウィナァ」

＊　　　　　＊　　　　　＊　　　　　＊

1. mustn't smoke [mʌsn(t)smóuk]「マスンスモゥク」
2. served the [sə́:rv(d)ðə]「サーヴザ」
3. refused to [rifjú:z(d)tə]「リフューズタ」
4. wouldn't you [wúdn(t)ju]「ウド(ゥ)ンニュ」。[dn] の発音は p.158 参照。
5. lend me [lén(d)mi]「レンミ」
6. pushed themselves [púʃ(t)ðəmsélvz]「プシュザムセルヴズ」
7. soft summer [sɔ́(:)f(t)sʌ́mər]「ソフサマ」
8. couldn't find [kúdn(t)fáind]「クド(ゥ)ンファインドゥ」
9. last bus [lǽs(t)bʌ́s | lá:s(t)-]「ラースバス」
10. cold meat [kóul(d)mí:t]「コウルミート(ゥ)」
11. world lives [wə́:rl(d)lívz]「ワールリヴズ」
12. shouldn't have [ʃúdn(t)(h)əv]「シュド(ゥ)ンナヴ」
13. old shoes [óul(d)ʃú:z]「オウルシューズ」
14. saved six [séiv(d)síks]「セイヴスイクス」
15. didn't tell her [dídn(t)tél(h)ər]「ディド(ゥ)ンテラ」
16. managed quite [mǽnidʒ(d)kwáit]「マニヂクワイト(ゥ)」
17. doesn't know [dʌ́zn(t)nóu]「ダズンノウ」、his [(h)iz]「イズ」、left from [léf(t)frəm]「レフフラム」、his [(h)iz]「イズ」。
18. oughtn't to [ɔ́:tn(t)tə]「オート(ゥ)ンタ」。[tn] の発音は p.158 参照。
19. hold the [hóul(d)ðə]「ホゥルザ」
20. most complicated [móus(t)kámpləkeitid | -kɔ́m-]「モウスカンプラケイティド(ゥ)」
21. needn't have [ní:dnt(h)əv]「ニード(ゥ)ンタヴ」

Part 8
子音連続

DL
8_01

ついつい割りこむ
母音に注意

英語では、子音だけがいくつも続いたり、
語尾が子音で終わることがあります。
余分な母音を入れてはいけません。

ダイアローグを聞いてみましょう

Jackson: I'm going crazy. To be blunt, the trouble is she's quit calling. She treats me like dirt.

Dwayne: Grouch! Try not to be so quick to grumble.

Jackson: A properly trained lady calls twice a week.

Dwayne: You used to send her flowers. Tons of gifts . . . watches, jewelry, knickknacks.

Jackson: I sense you've talked with the frivolous frump.

Dwayne: She's got some pride. She loathes the way things are, too. And she'd be crushed by your criticism.

Jackson: Girlfriends! It's frustrating the way they blame a man when he's only trying to be a prince, a knight in shining armor.

Dwayne: No need to be so gloomy about it. I've got the perfect prescription. Why not fly out?

Jackson: That's a splendid idea!

英語の発話には、子音だけが続く場合や、単語が母音ではなく子音で終わる場合が数多くあります。▓▓▓▓の中の単語の下線の文字のところでは、ふたつ以上の子音の連続や、語尾にくる子音の例が見られます。母音を入れないことが大切です。

<u>cr</u>azy [kréizi] × [kureizi]　　<u>tr</u>ou<u>ble</u> [trʌ́bl] × [turʌbulu]

訳

ジャクソン：　気が狂いそうだ。早い話が、彼女が電話をよこさなくなったんだ。ぼくのことをいい加減にあしらってるんだ。

ドウェイン：　ご機嫌斜めだな！　まあ、そうカーッとなってぼやくなって。

ジャクソン：　ちゃんとしたレディーなら週に2度は電話してくるもんだ。

ドウェイン：　君は彼女にいつも花を贈ってたんだろ。それに山のような贈り物……時計だの宝石だのこまごましたものとかさ。

ジャクソン：　君はあの軽薄な女と話が通じているようだね。

ドウェイン：　彼女にだってプライドがあるさ。彼女も、こういう状態はたまらないんだ。なのに君が彼女のことをそんなふうに言ってるのを聞いたら、嘆き悲しむだろうよ。

ジャクソン：　恋する女たちよ！　男が、プリンス、はたまた輝くよろいを身につけた騎士たらんとあがいているというのに、女たちはそれを非難するんだからな、たまらないよ！

ドウェイン：　そう落ちこむことはないよ。ひとつ完璧な処方箋を書いてあげよう。彼女のもとへ飛んでいくんだ。

ジャクソン：　そいつは名案だ！

Part 8　子音連続

Part8 母音の入らない子音の連続

日本語と英語の音節構造

　日本人は、日本語の音の体系に組み込まれていると述べました（*p.*11参照）。私たちは皆、日本語を日本語たらしめている音の特徴に影響されて外国語の音を聞き、また作り出しています。すなわち、母語の強力な支配下に置かれているのです。

　その中でも、ここで取り上げる英語の子音連続という現象は私たちにとって大変な強敵となっているもので、難問のひとつです。日本語にはこの子音連続という現象がないからです。あるいは、もっと正確に言うならば、日本語と英語とでは、音節の構造がまったく違うからです。

　言語には、必ず母音と子音とがあり、それらが組み合わさって音節を形成します。**日本語と英語では、母音と子音の連続の仕方、すなわち音節の構造がまったく異なっているのです。**

　音節というのは、音声的にひとまとまりになる単位のことで、たとえば日本語の「木」[ki]は1音節、「梅」[u-me]は2音節、「桜」[sa-ku-ra]は3音節、「お花見」[o-ha-na-mi]は4音節、「ひな祭り」[hi-na-ma-tsu-ri]は5音節であると言います。

　英語では、a [ei]、ache [eik]、take [teik]、steak [steik]、steaks [steiks]はどれも1音節です。また、true [tru:]、truth [tru:θ]、truths [tru:ðz/tru:θs]はそれぞれ1音節で、truthful [trú:θfəl]は2音節です。英語では、1音節の中に[st-]、[-ks]、[tr-]、[-ðz]、[-θs]のような子音の連続が見られます。また、ache [eik]やtruth [tru:θ]などに見られるように、母音の後に子音だけが続くこともあります。

　以下、日本語と英語との音節構造の比較を行い、問題点を指摘しておきます。Vは母音、Cは子音を表します。また（　）は、ない場合もあるということを示します。

1. 日本語の音節構造 ── (C)V
　(1) 母音だけのことがある。
　(2) 子音は、母音の前にはくるが、後にはこない。

(3)　子音はふたつ以上連続するということがない。子音はあってもひとつだけである。

2．英語の音節構造 ── (CCC)V(CCCC)

(1)　母音だけのことがある。

(2)　子音は、母音の前にも後にもくることがある。

(3)　母音の前には、子音が3つ連続することがあり、母音の後では4つ連続することがある。

3．私たちにとっての問題点

(1)　日本語は常に母音で終わるために、子音で終わる英語の単語に母音を付け加えてしまう強い傾向がある。

but [bʌt] → [bʌtto]，　cat [kæt] → [kjatto]

(2)　日本語では、子音の次は必ず母音であるために、英語で子音が続く場合、各子音の後に母音を入れてしまう強い力が働く。

try [trai] → [turai]，　clear [kliər] → [kuliər]，
glimpsed [glimpst] → [gulimpus(u)tu]

(3)　子音連続に、母音を入れないようにしても、スムーズな発音がなかなか難しい。子音と子音との間が切れやすい。

months [mʌnθs] → [mʌn・θ・s]，　depths [depθs] → [dep・θ・s]

英語で起きる子音連続の型

　以下に、英語の主要な子音連続をわかりやすくまとめておきましょう。頭に入れておくと、実際の発音・リスニングの際に役に立ちます。

Ⅰ．語頭連続

DL 8_03　1．子音がふたつ（CCV）

(1)　[p, b, t, d, k, g, f, θ, ʃ] + [r]

[pr]：pray	[br]：bring	[tr]：try	[dr]：dry
[kr]：cry	[gr]：green	[fr]：fry	[θr]：throw
[ʃr]：shrink			

(2)　[p, b, k, g, f, s] + [l]

　　[pl]：play　　　　[bl]：blue　　　　[kl]：clear　　　　[gl]：glad

　　[fl]：fly　　　　　[sl]：sly

(3)　[t, d, k, g, θ, s] + [w]

　　[tw]：twin　　　　[dw]：dwell　　　　[kw]：quite　　　　[gw]：guava

　　[θw]：thwart　　　[sw]：swim

(4)　[p, b, t, d, k, f, v, s, m, n, l, h] + [j]

　　[pj]：pure　　　　[bj]：bureau　　　*[tj]：tune　　　　*[dj]：due

　　[kj]：cue　　　　　[fj]：few　　　　　[vj]：view　　　　*[sj]：superb

　　[mj]：mew　　　　*[nj]：new　　　　*[lj]：lure　　　　[hj]：hue

(5)　[s] + [p, t, k, f, m, n]

　　[sp]：spin　　　　[st]：stay　　　　[sk]：ski　　　　[sf]：sphere

　　[sm]：small　　　[sn]：snow

🎧 DL 8_04　**2．子音が 3 つ（CCCV）**

(1)　[sp] + [r, l, j]

　　[spr]：spring　　[spl]：split　　　[spj]：spew

(2)　[st] + [r, j]

　　[str]：stream　　*[stj]：stew

(3)　[sk] + [r, w, j(l)]

　　[skr]：scream　　[skw]：square

　　[skj]：skew　　　[skl]（きわめてまれ）：sclerosis [skli(ə)róusis]

　　（注）* [j]は、米音では弱くなったり落ちてしまったりすることがある。英音では発
　　　　音されるのが普通。

英語の単語は、語尾に子音がひとつしかない場合から、4つ連続する場合までさまざまです。子音の連続は、たとえば、eat [iːt]→eats [iːts]、act [ækt]→acts [ækts]、help [help]→helped [helpt]、six [siks]→sixth [siksθ]、Elizabeth [ilízəbəθ]→Elizabeth's [ilízəbəθs]、bag [bæg]→bags [bægz] などのように、3人称・単数・現在形の [s, z]、過去形の [t, d]、序数を示す -th [θ]、属格（所有格）を表す [s, z]、複数形の [s, z] などが付け加えられることによって、実にさまざまな形をとります。以下、私たちにとって問題となる、子音がひとつの場合から、数を追ってまとめておきましょう。

 1．子音がひとつの場合（VC）

[p, t, k, b, d, g, tʃ ,dʒ, m, n, ŋ, l, f, v, θ, ð, s, z, ʃ, ʒ]

[p]：stop	[t]：sit	[k]：take	[b]：sob
[d]：bad	[g]：sag	[tʃ]：teach	[dʒ]：judge
[m]：some	[n]：son	[ŋ]：sung	[l]：tell
[f]：leaf	[v]：leave	[θ]：teeth	[ð]：clothe
[s]：bus	[z]：buzz	[ʃ]：bush	[ʒ]：beige

2．子音がふたつの場合（VCC）

(1) [s, l, m] + [p]

[sp]：wasp　　　[lp]：help　　　[mp]：camp

(2) [p, k, tʃ, f, θ, s, ʃ, l, n] + [t]

[pt]：apt	[kt]：sect	[tʃt]：watched	[ft]：loft
[θt]：earthed	[st]：fast	[ʃt]：washed	[lt]：felt
[nt]：sent			

(3) [s, l, ŋ] + [k]

[sk]：ask　　　[lk]：silk　　　[ŋk]：ink

(4)　[b, g, dʒ, v, ð, z, ʒ, l, m, n, ŋ] + [d]

[bd]：rubbed　　　[gd]：sagged　　　[dʒd]：judged　　[vd]：saved

[ðd]：bathed　　　[zd]：seized　　　[ʒd]：rouged　　[ld]：field

[md]：named　　　[nd]：sand　　　[ŋd]：banged

(5)　[l, n] + [tʃ, dʒ]

[ltʃ]：belch　　　[ntʃ]：bench　　　[ldʒ]：bulge　　[ndʒ]：change

(6)　[p, t, k, f, θ, n] + [s]

[ps]：maps　　　[ts]：cats　　　[ks]：books　　[fs]：laughs

[θs]：Beth's　　　[ns]：sense

(7)　[b, d, g, v, ð, l, m, n, ŋ] + [z]

[bz]：sobs　　　[dz]：roads　　　[gz]：bags　　[vz]：halves

[ðz]：bathes　　　[lz]：bells　　　[mz]：times　　[nz]：trains

[ŋz]：wings

(8)　[l] + [f, v, m]

[lf]：elf　　　[lv]：twelve　　　[lm]：elm

(9)　[n, f, l] + [θ]

[nθ]：tenth　　　[fθ]：fifth　　　[lθ]：health

DL 8_07　3．子音が3つ続く場合（VCCC）

　instinct [ínstiŋkt]、glimpse [glimps]、attempt [ətémpt]、prompt [prɑm(p)t | prɔm(p)t]、text [tekst]、mulct [mʌlkt]のような場合もあるが、大多数は、先に述べた[s, z]、[t, d]、[θ]などの接辞が付くことによって、子音の3連続が生ずる。

(1)　[s]が付く場合

months [mʌnθs]　　depths [depθs]　　tests [tests]　　rejects [ridʒékts]

thinks [θiŋks]　　helps [helps]

(2) [z] が付く場合

elves [elvz]　　　kilns [kilnz]　　　holds [houldz]　bulbs [bʌlbz]

(3) [t] が付く場合

collapsed [kəlǽpst]　helped [helpt]　linked [liŋkt]　milked [milkt]

(4) [d] が付く場合

shelved [ʃelvd]　　filmed [filmd]

(5) [θ] が付く場合

twelfth [twelfθ]　　sixth [siksθ]

DL 8_08　4. 子音が4つ続く場合（VCCCC）

数はたいへん少ないです。

texts [teksts]　　　　　　　twelfths [twelfθs]
prompts [prɑm(p)ts | prɔm(p)ts]　glimpsed [glimpst]

　以上、子音が続く場合、および単語が子音で終わる場合に、母音を付け加えないようにしなくてはなりません。以下のEXAMPLESおよびEXERCISESで十分練習を積んでください。

SECTION 1

子音と [r] がつながるとき

EXAMPLES

1. <u>Tr</u>y and do it. [tr]
2. They <u>tr</u>eated me very well. [tr]
3. He <u>dr</u>ives well. [dr]
4. He <u>dr</u>inks a lot. [dr]
5. She <u>pr</u>essed the bell. [pr]
6. He <u>pr</u>aised the cooking. [pr]
7. She <u>br</u>ushed her teeth. [br]
8. He <u>cr</u>ashed his car. [kr]
9. <u>Gr</u>ain is <u>gr</u>ound into flour. [gr]
10. She <u>fr</u>ied the bacon. [fr]
11. I have a sore <u>thr</u>oat. [θr]
12. Her voice was very <u>shr</u>ill. [ʃr]
13. He <u>spr</u>ead butter on the <u>br</u>ead. [spr] [br]
14. He looks rather <u>str</u>ained today. [str]
15. The car was sold for <u>scr</u>ap. [skr]
16. I saw him in the <u>str</u>eet. [str]

訳

1. やってみてごらん。
2. 彼らは私を手厚くもてなしてくれた。
3. 彼は運転がうまい。
4. 彼は大酒飲みだ。
5. 彼女はベルを押した。
6. 彼はその料理をほめた。
7. 彼女は歯を磨いた。
8. 彼は車をぶつけた。
9. 穀物はひかれて粉になる。
10. 彼女はベーコンをいためた。

11. 私はのどが痛い。
12. 彼女の声はとてもかん高かった。
13. 彼はパンにバターを塗った。
14. 彼は今日は緊張しているようだ。
15. その車はスクラップ用に売られた。
16. 通りで彼を見かけた。

try [trai] は決して [torai] や [turai] ではありません。[t] と [r] の間に母音を入れない発音を身につけましょう。ここでは、[p, t, k, b, d, g, f, θ, ʃ] ＋ [r] や、[sp, st, sk] ＋ [r] のように、子音連続が [r] で終わる例を見ていきます。

解説

代表例として取り上げた try [trai] は、発音も難しく、しかも日本語にはまったくない響きを持っているため、リスニング・スピーキングの点で大きな障害になります。

[r] が [t] の後にきた場合は、単独で発音されるときとは違った音色になります。そればかりでなく、強い [tʰ] の影響で [r] が無声化し、[tr] 全体が独特の音色になります。日本語の「チュ」（[tʃu]）の音に似ていると言えないことはありませんが、根本的な違いは、英語の [tr] には母音の [u] が入っていないという点です。[trai] は、決して [tʃurai] ではないということです。[t] の後に [u] を入れないように意識しましょう。

発音の仕方

発音のコツは、**舌の先を思い切り後ろのほうに引き、歯茎の裏に付けて強く [t] を破裂させる**ことです。「チュライ」と言おうとすると [u] が入ってしまうので、[t] の破裂の後に、おもむろに [ai] と続ける感じでやるとよいでしょう。同様に、たとえば true [tru:] の場合も、「チュルー」「ツルー」の調子で言うと、[t] と [r] との間に [u] が入ってしまい、英語ではなくなります。とにかく舌を思い切り後ろに引くことです。[tr] およびその他の例の音色は、音声を聞いて耳に覚えさせることが大切です。以下、具体的に見ていきましょう。

1. try [trai]。[tr] をひと塊のように扱うことが大切。
2. treated [trí:tid]。[tr] の後の母音（[ai] [i:] [u:] など）は、[tr] の [r] をあまり意識しないようにして続けるとよい。
3. drives [draivz]。[dr] は [tr] の有声音。日本語の「ヂャ」と同じではない。[tr] の場合と同じ舌の位置で言う。
4. drinks [driŋks]。「ヂャ」でも「ヂュ」でも「ドゥリ」でもない。
5., 6. pressed [prest]、praised [preizd]。強い [pʰ] の破裂の前に、舌はすでに [r] のところにいっていることが大切。
7. brushed [brʌʃt]。[br] は [pr] の [p] が有声化したもの。
8. crashed [kræʃt]。強い [kʰ] の破裂の前に、舌はすでに [r] の位置に置かれていること。[k] を発音してから [r] を言おうとしては駄目。
9. Grain [grein]、ground [graund]。[gr] は [kr] の [k] が有声化したもの。
10. fried [fraid]。[fur] にならないように。[f] と [fu] の違いを確認すること。
11. throat [θrout]。[θ] と [θu] の違いを確認すること。
12. shrill [ʃril]。上と同様、[ʃ] と [ʃu] の違いを確認すること。
13. spread [spred]、bread [bred]。[spr] と [br] をマスターする。
14. strained [streind]。[s] に力を入れないこと。
15. scrap [skræp]。上と同様、[s] に力を入れず、時間をかけないようにする。
16. street [stri:t]。[s] と [su] の違いを確認すること。

EXERCISES

DL
8_10

音声を聞いて空欄を埋め、子音の連続に注意して言ってみましょう。

1. _____ is _____ closer.

2. The cup _____ when he _____ it.

3. These days, students are _____ with school.

4. It's _____ _____.

5. Let's _____ the _____.

6. I'm _____ to you for _____ the books.

7. He was _____ as an _____.

8. I took a _____ to read on the _____.

9. He visited _____.

10. Did you _____ along some insect _____?

11. She _____ _____ almonds over the cake.

12. He gave a _____ of laughter.

13. You need a _____ for this medicine.

14. She has a lot of _____ with her _____.

15. Her _____ is hurt by his _____.

16. He entered _____ _____ in the _____ contest.

17. This should be kept _____ _____.

18. He's _____ about his _____.

19. The show _____ _____ excitement.

20. _____ _____ _____ will be needed for that.

21. Japan is a _____ _____ .

22. It was his _____ to win the Nobel _____.

この問題は、EXAMPLES のところで、[tr] [dr] [pr] [br] [kr] [gr] [fr] [θr] [ʃr] の
それぞれの音色が耳にしっかりと残っていれば、それほど難しくはありません。難し
いのは、下線部で母音を入れないように発音することです。[tr] [dr] は EXAMPLES
の解説のとおりに、また、[pr] [br] [kr] [gr] はそれぞれ、最初から舌を [r] の位置に置
いておくように、そして [fr] [θr] [ʃr] は、素早く言うようにするとよいでしょう。子
音連続にはカタカナが通用しないので、耳に覚えさせる以外ないのです。

＊　　　　＊　　　　＊　　　　＊

1. Christmas [krísməs]、drawing [drɔ́:iŋ] [kr] [dr]
2. broke [brouk]、dropped [drápt | drɔ́pt] [br] [dr]
3. frustrated [frʌ́streitid] [fr] [(s)tr]
4. probably [prábəbli | prɔ́-]、true [tru:] [pr] [tr]
5. cross [krɔ(:)s]、street [stri:t] [kr] [str]
6. grateful [gréitf(ə)l]、bringing [bríŋiŋ] [gr] [br]
7. trained [treind]、electrician [ilektríʃ(ə)n] [tr] [(k)tr]
8. thriller [θrílər]、train [trein] [θr] [tr]
9. Stratford [strǽtfərd] [str]
10. bring [briŋ]、spray [sprei] [br] [spr]
11. sprinkled [spríŋkld]、ground [graund] [spr] [gr]
12. scream [skri:m] [skr]
13. prescription [priskrípʃ(ə)n] [pr] [skr]
14. trouble [trʌ́bl]、children [tʃíldr(ə)n] [tr] [dr]
15. pride [praid]、criticism [krítisiz(ə)m] [pr] [kr]
16. three [θri:], prints [prints]、photography [fətágrəfi | -tɔ́g-]
  [θr] [pr] [gr]
17. strictly [stríktli]、private [práivit] [str] [pr]
18. crazy [kréizi]、girlfriend [gə́:rlfrend] [kr] [fr]
19. created [kriéitid], great [greit] [kr] [gr]
20. Three [θri:], strong [strɔ(:)ŋ], screws [skru:z] [θr] [str] [skr]
21. free [fri:]、country [kʌ́ntri] [fr] [tr]
22. dream [dri:m]、prize [praiz] [dr] [pr]

子音と[1]がつながるとき

EXAMPLES

1. Is that <u>cl</u>ear? [kl]
2. It's a bit <u>cl</u>oudy today. [kl]
3. Will you hold my <u>pl</u>ace, <u>pl</u>ease? [pl]
4. Her face was comp<u>l</u>etely <u>bl</u>ank. [pl] [bl]
5. She <u>gl</u>anced at him. [gl]
6. I'm <u>gl</u>ad to meet you. [gl]
7. How long is the <u>fl</u>ight to London? [fl]
8. People <u>fl</u>ocked to the concert. [fl]
9. She <u>sl</u>apped his face. [sl]
10. She <u>sl</u>ipped and fell into the river. [sl]
11. His eyes are <u>bl</u>ue. [bl]
12. It was a <u>spl</u>endid piece of work. [spl]
13. It fell, <u>spl</u>ash, into the river. [spl]
14. She has a <u>spl</u>it personality. [spl]
15. <u>Cl</u>ose the window, <u>pl</u>ease. [kl] [pl]
16. It's made of <u>gl</u>ass. [gl]

訳

1. （いま言ったこと）わかった？
2. 今日は少し曇りがちだ。
3. 私の席を取っておいてもらえますか。
4. 彼女の顔はまったくの無表情だった。
5. 彼女は彼をちらっと見た。
6. お会いできてうれしく思います。
7. ロンドンへは飛行機でどのくらいですか。
8. コンサートには大勢の人が集まった。
9. 彼女は彼のほおをピシャリとたたいた。
10. 彼女は滑って川に落ちた。

11. 彼の目は青い。
12. それは見事な作品だった。
13. それは川にドボンと落ちた。
14. 彼女は二重人格だ。
15. 窓を閉めてください。
16. それはガラスでできている。

POINT clear [klíər] は [kulíər] ではありません。よほど注意しないと、[k] と [l] の間に [u] を入れてしまい、しかもそれに気がつきません。ここでは、[p, k, b, g, f, s, sp] + [l] の連続を見ていきます。

解説

　子音＋[l] には、ふたつのポイントがあります。ひとつは、子音と [l] との間に母音を入れないこと。もうひとつは、私たちが苦手な [l] と [r] の区別にかかわることです。

　たとえば、play [pléi] と pray [préi] の音の違いの識別は、きわめて難しいものです。仮に、lay [léi] と ray [réi] との場合のように、単独の [l] と [r] との区別がついたとしても、[pl] と [pr] のように、ほかの子音と連続して出てくる [l] と [r] との区別がつくとは限りません。これは、強い [pʰ] の後で [l] も [r] も無声化してしまうことにもよりますが、しかしそれ以上に、[pl] や [pr] のようにふたつの音がひとつになってしまったような音が日本語にはなく、その区別の必要もないというのが原因です。

発音の仕方

　[l] と [r] は、自分で正しく発音できるようになると、おのずと区別がつくようになるものです。[pl] の発音の仕方のポイントは、**[p] を破裂させる前に、舌を [l] の位置に持っていっておく**ことです。練習方法としては、まず舌を [l] の位置に置き、しっかりとくっつけた後、おもむろに [p] と発音します。舌を付けたままの [pl] ができたら [ei] を添えるように言います。[p] を破裂させてから舌を [l] のところに持っていこうとすると、どうしても [pul] のように [u] が入ってしまいがちです。なお、難しいのは [pl] と [pr] だけではなく、[bl] と [br]、[kl] と [kr]、[gl] と [gr] などもあります。参考までに、区別が難しい単語を少し挙げておきましょう。

pleasant / present　ply / pry　plod / prod　blade / braid　bland / brand　bleed / breed　bled / bread　blessed / breast　blight / bright　blue / brew　blunt / brunt　clash / crash　claw / craw　clue / crew　clutch / crutch　climb / crime　cloud / crowd　flame / frame　flee / free　flight / fright　glass / grass　glaze / graze　glow / grow　glue / grew

1., 2. clear [klíər]、cloudy [kláudi] はともに、[k] の破裂の前に、舌を [l] の位置に付けておく。

3., 4. place [pléis]、please [plíːz]、completely [kəmplíːtli]、blank [blǽŋk] は [pl]、[bl] ともに、先に舌を [l] のところに置いておく。

5., 6. glanced [glǽnst | glɑ́ːnst]、glad [glǽd] は [g] の破裂の前に、舌を [l] の位置に持っていっておく。

7., 8. flight [fláit]、flocked [flɑ́kt | flɔ́kt] は [fúl] にならないように素早く言う。

9., 10. slapped [slǽpt]、slipped [slípt] は難しい。[s] から [l] へ素早く舌を移動させて、[sul] と [u] が入らないように。

11.〜16. blue [blúː]、splendid [spléndid]、splash [splǽʃ]、split [split]、Close [klóuz]、please [plíːz]、glass [glǽs | glɑ́ːs]。[spl] は、[s] と [p] の間に、時間をかけないようにする。

EXERCISES

音声を聞いて空欄を埋め、子音の連続に注意して正しく言ってみましょう。

1. She _____ that she's the best swimmer in the _____.

2. This razor _____ is _____.

3. I need my _____ when I use a dictionary.

4. His style of living is very _____.

5. The pigeon _____ its wings and _____ away.

6. She's trying to _____ down.

7. The sausages _____ in the pan.

8. Will you _____ the kitchen?

9. His wife's death was a real _____ to him.

10. She _____ at the man.

11. You should stick to your first _____.

12. The sports car _____ past.

13. My mother likes thinly _____ bread.

14. It's been a _____ to talk with you.

15. It's _____ to 11 _____.

16. Her manner was a _____ _____ of charm and _____.

17. Don't look so _____.

18. Will you _____ in the electric _____?

19. His eyes _____ with anger.

20. The roads were very _____.

21. Could you _____ these papers together, _____?

22. It's a bit _____ today, isn't it?

「子音＋エル音[l]」の発音のうち、[pl] [bl] [kl] [gl] の発音はそれぞれ、[p] [b] [k] [g] の発音をする前に、舌を[l]のところに持ってきて、しっかりと付けておく、というのが発音のポイントでした。これに対して[fl] [sl] [spl] の場合は、先に舌を[l]のところに持っていけないため、[f]や[s]の後に[u]を入れないようにして、ひと息に次の[l]や[pl]を続けて言う必要があります。特に[spl]は間に母音を入れないよう注意しましょう。

　　　　　　＊　　　　　　＊　　　　　　＊　　　　　　＊

1. claims [kleimz]、class [klæs | klɑːs]
2. blade [bleid]、blue [bluː]
3. glasses [glǽsiz | glάːs-]
4. plain [plein]
5. flapped [flæpt]、flew [fluː]
6. slim [slim]
7. spluttered [splʌ́tərd]（「パチパチと音を立てた」の意味)
8. clean [kliːn]
9. blow [blou]
10. glared [glɛərd]
11. plan [plæn]
12. flashed [flæʃt]
13. sliced [slaist]
14. pleasure [pléʒər]
15. close [klous]、o'clock [əklák | əklɔ́k]
16. pleasant [pléz(ə)nt], blend [blend]、simplicity [simplísəti]
17. gloomy [glúːmi]
18. plug [plʌg]、clock [klɑk | klɔk]
19. flamed [fleimd]
20. slippery [slíp(ə)ri]
21. clip [klip]、please [pliːz]
22. cloudy [kláudi]

子音と [w] がつながるとき

EXAMPLES

1. She gave birth to <u>tw</u>ins. [tw]
2. Let's have a <u>qu</u>ick drink. [kw]
3. Snow White and the Seven <u>Dw</u>arfs [dw]
4. I'll have <u>gu</u>ava juice, please. [gw]
5. He has <u>thw</u>arted all her plans. [θw]
6. She <u>sw</u>itched on the light. [sw]
7. He's <u>squ</u>eezing a lemon. [skw]
8. He has given up <u>sm</u>oking. [sm]
9. That's a good <u>sn</u>apshot. [sn]
10. Don't <u>dw</u>ell on your past. [dw]
11. She eats <u>tw</u>ice a day. [tw]
12. They <u>qu</u>arreled with each other. [kw]
13. He has a <u>squ</u>are jaw. [skw]
14. He's a <u>sw</u>ift runner. [sw]
15. The fish <u>sm</u>ells terrible. [sm]
16. He gave a loud <u>sn</u>eeze. [sn]

訳

1. 彼女は双子を生んだ。
2. 一杯引っかけよう。
3. 白雪姫と 7 人の小人たち
4. グアバ・ジュースをください。
5. 彼は彼女の計画をことごとく挫折させた。
6. 彼女は明かりのスイッチを入れた。
7. 彼はレモンを絞っているところだ。
8. 彼は禁煙している。
9. それはいいスナップ写真だね。
10. 過ぎたことをくよくよ考えるなよ。
11. 彼女は 1 日 2 食だ。
12. 彼らは仲たがいした。
13. 彼のあごは角張っている。
14. 彼は足が速い。
15. その魚はひどく嫌な臭いがする。
16. 彼は大きなくしゃみをした。

twins [twinz]は [tuwinz] でも [tuinz] でもありません。私たちは、[t]の後に[u]と言いがちですが、[wi]は[ui]とは違います。また[twi]は独特の響きを持っています。ここでは、[t, k, d, g, θ, s, sk]＋[w]を中心に、[sm] [sn]などの連続も学びます。

解説

　twins [twinz]は、日本語に近い響きで「ツインズ」[tsuindzu]と言っても、「トゥインズ」[tu(w)indz]と言っても、原音からはるかに離れたものになってしまいます。日本語には、[wi]の連続がないばかりでなく、[tw]という連続もありません。ということは、英語の[twi]は、日本語にはない一種独特の響きを持っているということです。この発音も、自分で正しくできるようになると、聞き取りが楽になります。

発音の仕方
　発音のポイントは、舌の先を引っ込めて、舌先が歯の裏にではなく、歯茎に付くようにすることです。そして唇を丸めるようにして強く[t]を破裂させ、ひと息に[twi]と続けます。この場合、[t]は強い破裂音[tʰ]であって、[w]が無声化します。これによって、一種独特の響きになるのです。[twi]と[tuwi][tui]の区別がつくように練習するとよいでしょう。[wi]は、[ui]にならないように、[wa]と言うつもりで[a]を[i]にして、[wi]の連続に持っていくようにします。
　このほか[tw]ばかりでなく、[dw][kw][gw][θw][sw]はすべて、それぞれ[d][k][g][θ][s]の段階で、すでに唇を丸めるようにしておきます。そして間を置かずに、ひと息に[dw][kw][gw][θw][sw]と破裂させ、次の母音に続けていくようにします。[sn][sm]も、[sun][sum]にならないようにしますが、日本語の「住んだ」[sunda]、「住む」[sumu]のように発音すると、[u]が入ってしまいます。[s]と[su]の違いから、[sn]と[sun]の違いを区別するように練習するとよいでしょう。

1. twins [twinz]。ひと息に言ってしまう。
2. quick [kwik]。[kuikk]「クイック」にならないように。
3. Dwarfs [dwɔːrfs]。舌を後ろに引いて[d]を発音する。
4. guava [gwáːvə]。[guwabɑ]「グワバ」にならないように。
5. thwarted [θwɔ́ːrtid]。[suɔːtido]「スオーティド」にならないように。
6. switched [switʃt]。[suittʃito]「スイッチト」にならないように。
7. squeezing [skwíːziŋ]。野球の[sukuizu]「スクイズ」にならないように。
8. smoking [smóukiŋ]。[sumookiŋŋu]「スモーキング」とは違う。
9. snapshot [snǽpʃat | snǽpʃɔt]。[suna]「スナ」にならないように。
10. dwell [dwel]。[duelu]「ドゥエル」にならないように。
11. twice [twais]。[tuwaisu]「トゥワイス」ではなく、ひと息に。
12. quarreled [kwɔ́(ː)r(ə)ld]。[kuo]「クオ」の感じにならないように。
13. square [skwɛər]。[sukuea]「スクエア」にならないように。
14. swift [swift]。[suif(u)tu]「スイフトゥ」にならないように。
15. smells [smelz]。[sumeluzu]「スメルズ」にならないように。
16. sneeze [sniːz]。[suniːzu]「スニーズ」にならないように。

EXERCISES

音声を聞いて空欄を埋め、子音の連続に注意して正しく言ってみましょう。

1. He _____ the handle.

2. We asked _____ to sing a song for us.

3. He gave the naughty boy a _____ with his hand.

4. His jacket is made of _____.

5. They were all _____ in the heat.

6. _____ rackets are smaller than tennis rackets.

7. He _____ the boy's bottom.

8. She's now _____ years old.

9. The girl's rather _____ for her age.

10. They look for _____, rather than _____.

11. Her hopes _____.

12. You _____ your arms when you walk.

13. The Japanese eat a lot of _____.

14. He managed to _____ a meal.

15. She spoke with a nasal _____.

16. We often _____ books with each other.

17. The man _____ down to talk to the boy.

18. Her eyes _____ mischievously.

19. He had a _____ lunch in the park.

20. It takes about a _____ of an hour.

21. She tried to _____ me about what I'd been doing last night.

日本語では、子音の後に母音が続きます。そのため私たちは、[tw] [dw] [kw] [gw] [θw] [sw] [sm] [sn] の発音をするとき、[w] [m] [n] がそれぞれ母音に似た音であるだけに、自分の発音の誤りにいっそう気づきにくいのです。たとえば、quit [kwit] は、1音節の単語です。ところが、日本語的な発音になると、[ku(w)itt(o)] のように、何音節にもなってしまいがちです。[ku(w)i] となると、そこでもう2音節になってしまいます。ひと息でまとめて、[kwit] と1音節で発音するように練習する必要があります。

＊　　　　　＊　　　　　＊　　　　　＊

1. twisted [twístid]

2. Gwen [gwen]。[gu-(w)e-n] のように多音節にしないように。

3. thwack [θwǽk]。1音節。

4. tweed [twiːd]。日本語の「ツイード」[tsu-i-i-do] とはまったく響きが違う。

5. sweating [swétiŋ]。「スエット」[su(w)etto] にならないように。

6. Squash [skwáʃ | skwɔ́ʃ]。1音節。

7. smacked [smækt]。1音節。

8. twelve [twelv]。1音節。

9. small [smɔːl] は1音節。「スモール」[sumoolu] ではない。

10. quality [kwáləti | kwɔ́l-]、quantity [kwántəti | kwɔ́n-]

11. dwindled [dwíndld]

12. swing [swiŋ]。「スイング」[su(w)iŋu] ではなく、1音節。

13. squid [skwid]。1音節にして発音。

14. snatch [snætʃ]。1音節にして発音。

15. twang [twæŋ]。1音節にして発音。

16. swapped [swɑpt | swɔpt]。1音節。

17. squatted [skwátid | skwɔ́t-]

18. twinkled [twíŋkld]

19. snack [snæk]。「スナック」[sunakku] ではなく、1音節。

20. quarter [kwɔ́ːrtər]

21. quiz [kwiz] は「クイズ」[kuizu] にならないように。1音節。

SECTION 4

語尾の子音
― 連続するとき ―

EXAMPLES

1. She's six mo**nths** old. [nθs]

2. There are some nice open-air ba**ths** there. [ðz/θs]

3. The fraction five over six ($\frac{5}{6}$) is said, "five-si**xths**." [ksθs]

4. Three-fi**fths** of them were bought for gi**fts**. [fθs] [fts]

5. It'**s** Gareth'**s** new car. [ts] [θs]

6. He was born on the te**nth** of June. [nθ]

7. Would you like some mi**nce** pies? [ns]

8. They are my so**ns**-in-law. [nz]

9. His mother's eyes were ba**thed** in tears. [ðd]

10. He colla**psed** with a heart attack. [pst]

11. She se**nds** her respe**cts** to you. [ndz] [kts]

12. She pu**shed** him out of the room. [ʃt]

13. He ga**zed** out the window. [zd]

14. I wa**tched** him swimming. [tʃt]

15. They ju**dged** her to be a stranger. [dʒd]

16. I gra**sped** what he was getting at. [spt]

訳

1. 彼女は生後6カ月です。
2. あそこにはいい露天風呂があるよ。
3. 分数の$\frac{5}{6}$は、「6分の5」と読む。
4. その5分の3がギフト用に売れた。
5. それはガレスの新しい車だ。
6. 彼は6月10日に生まれた。
7. ミンスパイをいかがですか。
8. 彼らは私の義理の息子たちです。
9. 彼の母親の目は涙で濡れていた。
10. 彼は心臓発作で倒れた。

11. 彼女が君によろしくとのことだ。
12. 彼女は彼を部屋から押し出した。
13. 彼は窓の外をじっと見つめた。
14. 私は彼が泳ぐのを見ていた。
15. 彼らは彼女をよそ者と判断した。
16. 彼の言いたいことがわかった。

months [mʌnθs] は [mʌnθus] でも [mʌnθusu] でもありません。カタカナで表すと、マンススというよりは、マンツの感じです。ツを弱めに、母音の [u] を除いて [mʌnˈs] のように言います。ここでは、語尾に子音がふたつから4つも続く場合を取り上げます。

解説

　ここでは、単語の終わりにくる子音だけの連続を扱っています。単語の終わりというのは、母音の後ということになり、これまで扱ってきた母音の前にくる子音だけの連続とは状況が違います。問題点は次のふたつです。

⑴　**子音と子音との間に母音を入れないこと**。これはすべてに共通です。
⑵　**最後の子音に母音を付け加えないこと**。子音の連続の後に母音が続かずに子音で終わるために、さらに難しくなります。

　日本語は、「ん」を除いて、単語が母音で終わるので、この形に慣れてしまっている私たちは、最後の子音に母音を付け加えてしまいがちです。語尾の子音連続は、上の⑴と⑵の点に同時に注意し、腰を据えて練習する必要があります。

1. **months** [mʌnθs] は、リスニング・スピーキングの両面でたいへん難しい単語。とくに、最後の複数形 -s [s] の発音が問題になる。この [s] があるのに聞き取れない、また [s] が発音できないというのが普通である。**months** は、単数形の [mʌnθ] とは、はっきりと区別されなくてはならない。複数であることがわかるように、[s] をしっかりと発音することが大切。しかも、[mʌnθusu] や [mʌnsu] になってはいけない。具体的には、[mʌnˈs] のように、[t] を弱めに、ただし [s] は [su] にならないようにはっきりと言うこと。[mʌnθ]（単数）と [mʌnθs]（複数）の練習が必要になる。
2. **baths** [bæðz] または [bæθs]。[ðz] は [θs] の有声音。[θusu] にならないように。[bæðz] は [bæᵈz]、[bæθs] は [bæˈs] の響きに注意して発音するとよい。ダウンロード音声は [bæðz] になっている。
3. **sixths** [siksθs] の発音は難しい。最後の [s] にとくに注意。これは、**six** [siks] を [sikusu] にせず、[siks] の後に軽く [ˈs] を付けるようにするとよい。[siksˈs] の響き。
4. **gifts** [gifts]。[gifutsu] にならないように。
5. **It's** [its]、**Gareth's** [gǽrəθs]
6. **tenth** [tenθ]。[tenθu] [tensu] [tens] にならないように。
7. **mince** [mins]。[minˈs] のように響く。弱い「ツ」の響き。
8. **sons-in-law** [sʌ́nzinlɔ̀ː]
9. **bathed** [beiðd]。[beiðudu] にならないように。
10. **collapsed** [kəlǽpst]。[kəlǽpusutu] にならないように。
11. **sends** [sendz]、**respects** [rispékts]
12. **pushed** [puʃt]。[puʃutu] にならないように。
13. **gazed** [geizd]。[geizudu] にならないように。
14. **watched** [wɑtʃt]。[wɑtʃitu] にならないように。
15. **judged** [dʒʌdʒd]。[dʒʌdʒidu] にならないように。
16. **grasped** [grǽspt]。[grǽs(u)putu] になりやすいので注意。

EXERCISES

 音声を聞いて空欄を埋め、子音の連続に注意しながら同じように言ってみましょう。

1. We had dinner at the _____ last night.

2. She _____ that old woman.

3. He still _____ in the _____ of his memories.

4. The shop _____ curtain material of various _____.

5. They _____ to produce _____ of various kinds.

6. We all stood up and drank their _____.

7. _____ your mouth out.

8. We _____ up a meeting for _____ _____.

9. She _____ his disappointment.

10. He's in his _____.

11. She _____ herself in _____.

12. She _____ her coat.

13. He _____ at the clock.

14. I thought I _____ him in the crowd.

15. He _____ the man by the arm.

16. She _____ in surprise.

17. They haven't _____ an agreement yet.

18. She _____ the _____.

19. The job _____ a great deal of her.

20. We have _____ a picnic for _____ Sunday.

21. He _____ a sigh of relief.

解答・解説

　単語の終わりにくる子音の連続で、最も聞き取りが難しいのは、[θs] と [ðz] でしょう。このふたつは、同時に発音もたいへん難しいので、徹底して練習する必要があります。ダウンロード音声を最大限に活用してください。

＊　　　　　＊　　　　　＊　　　　　＊

1. Smiths' [smiθs]。[smiᵗs] のような感じで。[θs] は弱い「ツ」[ᵗs] のような感じで、[t] をほとんど破裂させないようにして発音する。

2. loathes [louðz]。[louᵈz] のような感じで。[ðz] は弱い「ヅ」[ᵈz] のような感じで、[d] をほとんど破裂させないようにして発音する。

3. lives [livz] は [livuzu] にならないように。depths [depθs] は [depᵗs] の感じで。

4. sells [selz]、widths [witθs] または [widθs]。[tθs] [dθs] は、それぞれ [t] [d] を完全に破裂させないようにして [wiᵗᵗs] [wiᵈᵗs] の感じで言う。付属 CD-ROM の音声は [widθs] で「ウィヅ」の響きになっている。[tθs] は弱い「ツ」を、[dθs] は弱い「ヅ」をややゆっくりめに言うようにする。

5. used [ju:st]、cloths [klɔ:θs] または [klɔ:ðz]。「クロツ」の響き。弱い「ツ」の響き。

6. healths [helθs] は [helᵗs]「ヘルツ」の感じで。弱い「ツ」の響き。

7. Rinse [rins] は [rinᵗs]「リンツ」の感じで。弱い「ツ」の響き。

8. fixed [fikst]、next [nekst]、month [mʌnθ]

9. sensed [senst]

10. teens [tí:nz]。[ti:nᵈz]「ティーンヅ」のようになることがある。

11. clothed [klouðd]、silk [silk]。[klouðudu] ではない。

12. brushed [brʌʃt]

13. glanced [glænst | glɑ:nst]

14. glimpsed [glimpst] は子音の 4 連続。母音の前の [gl] も難しい。

15. seized [si:zd]。[si:zudu] にならないように。

16. gasped [gæspt | gɑ:spt]

17. reached [ri:tʃt]。[ri:tʃidu] にならないように。

18. whisked [(h)wiskt]、eggs [egz]。[k] [t] の破裂はほとんど聞こえない。

19. asks [æsks | ɑ:sks]。[sks] が [sukusu] にならないように。

20. arranged [əréindʒd]、next [nekst]。[əreindʒidu] は駄目。

21. breathed [bri:ðd]。[buri:ðudu] にならないように。

語尾の子音
― ひとつだけのとき ―

EXAMPLES

DL
8_17

1. A kitten is a young cat.
2. Good luck!
3. I could use it.
4. I'll need it.
5. Don't work so hard.
6. I like that!
7. Let's eat out tonight.
8. Don't put it off.
9. He gave the child first aid.
10. Is this seat taken?
11. Did you get hurt, David?
12. Take a seat.
13. How about a drink?
14. What would you like?
15. That will do.
16. Let me think about it.

訳

1. "kitten"は子猫のことです。
2. 成功を祈る！
3. それは使える。
4. 私にはそれが必要なんだ。
5. あんまり働きすぎるなよ。
6. よく言うよ！
7. 今夜は外食しよう。
8. （明かりなどを）消さないで。
9. 彼はその子どもに応急手当を施した。
10. この席、空いていますか。
11. デイビッド、けがをしたの？
12. 座りなさい。
13. 飲み物はいかがですか。
14. 何がよろしいですか。
15. それで十分（それでいいです）。
16. 考えさせてください。

is [iz] は [izu] ではなく、young [jʌŋ] は [jʌŋu] でも [jʌŋgu] でもありません。また、cat [kæt] はもちろん [kæto] ではありません。語尾が子音で終わる単語は、子音がひとつしかなくても注意が必要です。無意識のうちに母音を付け加えてしまわないように。

解説

単語が子音で終わる場合の問題点は次のふたつです。

⑴　**スピーキング**——とにかく、母音を付け加えないこと。
⑵　**リスニング**——子音がとても聞き取りにくい。特に文（発話）の最後にくる子音の聞き取りには、次のような問題がある。

　a）はっきりした破裂がなかったり、あるいは破裂がまったくないことも多く、何の音かわかりにくくなる。
　b）有声音と無声音との区別がつきにくくなる。これは、文（発話）の終わりで、有声音が無声化してしまうためである。

⑴の問題は、かなり英語に慣れている人でも気づかずに陥る誤りです。舌の確実なコントロールとともに、耳の感度を高めることが大切です。人の話す英語を聞いて、「あっ、母音が入った！」とわかるようになればしめたものです。

⑵の問題は、たとえば seat [si:t] と seed [si:d] の場合、最後の [t] と [d] の破裂がまったくなく、どちらも「スィー」[si:(t)] [si:(d)] としか聞こえない場合が多くあります。この場合、音声的には、seat [si:(t)] の [i:] のほうが、seed [si:(d)] の [i:] より短い、ということで区別がつきます。また、cease [si:s] と seize [si:z] の場合、[z] が無声化して、[s] と区別がつきにくくなります。しかしこの場合も上と同様に、cease の無声音の [s] の前の [i:] が、seize の [z] の前の [i:] より短いことで区別がつきます。

たかが子音 1 個と侮ってはいけません。母音を入れてしまって、気がつかないことが多いのですから。

1.　is [iz]、young [jʌŋ]、cat [kæt]
2.　Good [gud]、luck [lʌk]。[gúd lʌ́k] の [dl] に注意。
3.　could [kud]、use [ju:z]、it [it]
4.　I'll [ail]、need [ni:d]、it [it]
5.　Don't [dount]、work [wə:rk]、hard [hɑ:rd]
6.　like [laik]、that [ðæt]
7.　Let's [lets]、eat [i:t]、out [aut]、tonight [tənáit]
8.　Don't [dount]、put [put]、it [it]、off [ɔ(:)f]
9.　gave [geiv]、child [tʃaild]、first [fə:rst]、aid [eid]
10.　Is [iz]、this [ðis]、seat [si:t]
11.　Did [did]、get [get]、hurt [hə:rt]、David [déivid]
12.　Take [teik]、seat [si:t]
13.　about [əbáut]、drink [drink]
14.　what [(h)wʌt]、would [wud]、like [laik]
15.　That [ðæt]、will [wil]
16.　Let [let]、think [θiŋk]、about [əbáut]、it [it]

EXERCISES

音声を聞いて空欄を埋め、子音の後に母音を付け加えないように気を
つけて、言ってみましょう。

1. _____ _____ a _____.

2. _____ a _____, _____ day!

3. Why _____ _____ _____ _____?

4. _____ in _____.

5. I _____ _____ _____ _____ _____.

6. I _____ _____ _____ _____ _____ _____.

7. _____ _____ _____.

8. _____ _____.

9. I'll be _____ in a _____.

10. _____ _____ _____ _____ this.

11. _____ _____ _____ _____?

12. The _____ _____ _____ very _____.

13. _____ _____ _____ you.

14. _____ _____ _____ _____.

15. _____ _____ if _____ _____ _____ _____.

16. How _____ _____ _____ _____?

17. Now, _____ _____ _____ _____.

18. I'll _____ _____ _____ _____.

19. Do you _____ _____ _____?

20. _____ _____ _____ _____ _____ _____.

21. I _____ _____ _____.

解答・解説

　日本語では、「ん」を除いては単語と単語の間で子音が続くことはないのに対して、英語では子音がいくつも続くことがあります。単語が子音で終わる場合には、母音を加えないこと、および子音がひとつであっても、次の単語との関係で、単語の境目の識別が難しくなることに注意が必要です。ここでは、子音が連続しているところで、母音が入らないということのほかに、すでに学んだ連結・同化・短縮形・破裂・脱落の現象が起きています。（　）内のページで確認しましょう。

＊　　　　＊　　　　＊　　　　＊

1. Let's take [letstéik]、break [breik]

2. What [(h)wʌt,(h)wɑt | wɔt]、bright sunny [brái'sʌ́ni] (p.172)

3. don't you [dountʃə] (p.121)、sit down [sítdáun] (p.154)

4. Keep [ki:p]、touch [tʌtʃ]

5. didn't catch [dídn(t)kǽtʃ] (p.190)、what you said [(h)wʌtʃəsed] (p.121)

6. don't get your [dóun(t)gétʃər] (p.190, 121)、point at all [pɔ́intətɔ́:l] (p.87)

7. Let me [létmi] (p.160)、finish [fíniʃ]

8. That's it [ðǽtsít]「ザツイト（ゥ）」(p.87)

9. back [bǽk]、minute [mínit]

10. I'd think twice [áiᵈθíŋktwáis] (p.172, 154)、about [əbaut]

11. What size [(h)wáˈsáiz | wɔ́t-] (p.172)、is this [izðis]

12. work suits me [wə́:rks(j)ú:tsmi]、well [wel]

13. It' s [its] (p.131)、up to [ʌ́ptə]

14. Don't talk so [dóun(t)tɔ́:ksou] (p.190)、loud [laud]

15. Let's see [letssí:]、I've got that right [aivgáˈðǽˈráit | -gɔ́ˈ-]。got that right (p.172)

16. did [did]、it come [itkʌm]、out [aut]。did it come out? (p.87, 154, 95)

17. let' s hit the [letshíˈðə] (p.131, 172)、road [roud]

18. give [giv]、it some thought [iˈsəmθɔ́:t]。give it some (p.91, 172)

19. accept credit cards [əkséptkréditkɑ:rdz] (p.154)

20. What she [(h)wʌˈʃi | wɔt-] (p.172)、said still holds good [séᵈstílhóuldzgúd]。said still (p.172)

21. can't [kǽnt | kɑ:nt]、afford [əfɔ́:rd]、it [it]。can't afford it (p.87)

Part 9
母音・子音

DL
9_01

よく似た音の
違いを知る

英語には、日本語にない音がたくさん
あります。日本語の音では代用できな
いのです。

ダイアローグを聞いてみましょう

Catherine: **Wanda**, this tastes **wonderful**!

Wanda: You **think** so? **Thanks**. I had a **sink**ing feeling I'd overcooked it.

Catherine: No, it's great! Your **turke**y is the **talk** of the neighborhood! When I cook a **bird**, it always turns out **bad**. I couldn't **face** making a turkey for my in-**laws**— I have no **faith** in myself. It would come out either **raw** or overdone.

Wanda: The trick is to cover it with **tin** foil after it's been in the oven **ten** minutes. And it's **best** to **baste** it often.

Catherine: I'm getting **full**—but it's so good. I'm a **fool** for dressing. And the cranberry sauce is very tasty, too.

Wanda: Well, I just took a can from the **shelf**. Help your**self** to some more. It's OK to fall off your diet on Thanksgiving.

Catherine: You're right. This dressing's **wonderful**, **Wanda**. What's in it?

Wanda: Well, on my **salary** I cannot afford oysters or chestnuts. I use bread, eggs, **celery**, onions—oh, and some beer.

Catherine: **Beer**? I can't **bear** it! You're a real **kook** . . . but a terrific **cook**.

リスニングやスピーキングの上で障害となる難しい英語の母音と子音をマスターします。ここでは主に、▩▩▩▩の単語の太字の部分に区別の難しい母音・子音が現れています。

bird [bəːrd] / bad [bæd]　　　　salary [sǽləri] / celery [séləri]

訳

キャサリン：　ワンダ、これおいしいわ！

ワンダ：　　　そう思う？　ありがとう。焼きすぎちゃったんじゃないかと心配だったの。

キャサリン：　そんなことないわ！　あなたの七面鳥料理は近所の評判よ！　私が鳥を料理すると、いつも失敗。とても親戚の人たちにはごちそうできないわ。自分のやり方に自信が持てないのよ。生焼けか、焼きすぎのどちらかなの。

ワンダ：　　　秘訣はオーブンに10分間入れた後、アルミホイルで包んでおくことなの。肉汁をまめにかけると完璧ね。

キャサリン：　うーん、おなかいっぱい――でも、ほんとにおいしいわ。私、中の詰め物がまた好きなのよ。それにクランベリーソースもとってもいい味。

ワンダ：　　　棚にあった缶詰なのよ。もっと好きなだけかけてちょうだい。感謝祭の日ぐらい、ダイエットのことを忘れてもかまわないわよ。

キャサリン：　そうよね。この詰め物最高、ワンダ！　材料は何なの？

ワンダ：　　　あのね、私のお給料じゃ、カキだのクリだのは高すぎるの。だから、使うのはパン、卵、セロリ、玉ネギ――あ、それからビールもね。

キャサリン：　ビール？　やめてえ！　あなたってほんとに変わってるわね……。でも料理はとびきり上手ね。

Part9　区別しにくい音のペア 母音・子音

ひとつひとつの音にこだわるだけではダメ

　英語が聞き取れず、通じないのは、母音、子音などの個々の音、そしてイントネーションに問題があるため、と私たちの多くは考えています。ひとつひとつの母音と子音とを正しく並べて単語を作り、その単語を並べて正しいイントネーションで話せばよいのだ、と思い込んでいるわけです。しかし、これがあまりにも単純化された考えであることは、これまで学んできた英語のいろいろな問題点を考え合わせれば明らかでしょう。

　要するに、私たちが母語の音に束縛されていることによって、英語を音声から学ぶ上でたくさんの問題点が生じます。そしてそれらはどれも重要なのです。**母音と子音とを習得し、イントネーションに注意すれば、英語がわかり、通じるようになるというものでは決してありません。**ここで扱うことは確かに重要ですが、これがすべてではないということをしっかり理解しておいてください。このようなことを言うのは、これまで一般的に英語の音声に関しては、母音と子音に重点が置かれていた、という事実があるためです。たとえば、英語音声学関係の書物では、全体の2分の1からときには3分の2ものスペースを、この母音と子音に割いています。

　学術的にも、実践的にも、これは理にかなったことではありません。人体の記述にあたって、骨のことばかりに重点が置かれ、内臓や、筋肉、そしてそれらすべての統合としての体の動き——歩いたり、走ったり、屈伸したり、回転したりする——そういう全体の動きに対する注意に欠けるということに例えられるかもしれません。

日本人に難しい母音・子音

　以上のことを踏まえた上で、実際に問題となりやすい母音・子音の例を見ていきましょう。

　次に記すことは、本当にあった話です。

1．ノートを買いに店に行ったが、どうしても買えなかった。
　　notebook は簡単な単語ですが、いくら言っても通じなかったのです。[nóutbùk] を [nɔːtobukku] と言っていたためです。この場合 book の [u]、ウの音色が英語と日本語とではかなり違っていることも原因のひとつと考えられます。
2．『ジョーズ』という映画を見て、原作本を買いに行ったが、どうしても通じなかった。
　　Jaws [dʒɔːz] を [dʒoudz] と言っていたためです。

3．レコードを買いたかったのに、酒屋に連れていかれた。

record [rékərd] と言ったつもりが liquor [líkər] に近い発音になっていたためです。

4．「くたくたに疲れた」という意味で（特にイギリスで）I feel shattered. という表現があるが、この shattered [ʃǽtərd] を shuttered [ʃʌ́tərd]（よろい戸などを閉める）と言ったため爆笑を買った。

　このような例を挙げれば、きりがありません。実際、英語には、私たちにとって識別の難しい母音や子音がたくさんあります。同時にこれらは、発音も非常に難しいものです。

日本語よりも多い英語の母音と子音

　日本語には母音が5つしかありませんが、英語では、イギリス英語で20、アメリカ英語で14（[r]の音色を持つ母音は除く）あります。

１．日本語の母音

[i] [e] [a] [o] [u]

２．イギリス英語の母音

[i:] [i] [e] [æ] [ɑː] [ɔ] [ɔ:] [u] [u:] [ʌ] [ə:] [ə] [ei] [ou] [ai] [au] [ɔi] [iə] [ɛə] [uə]

（*Oxford Advanced Learner's Dictionary of Current English* による。なお記号は日本の英語辞典の表記に沿って修正してある）

３．アメリカ英語の母音

[i:] [i] [e] [æ] [ɑ] [ɔ] [u] [u:] [ə] [ei] [ou] [ai] [au] [ɔi]

（[r]が続く場合を含めるともっと多くなる。*Oxford Student's Dictionary of American English* による。記号については同じく修正をしてある）

　また、日本語の子音が14（「ん」と「っ」［小さな「っ」、すなわち詰まる音の「っ」］を除く）であるのに対して、英語の子音は24です。

４．日本語の子音

[p] [b] [t] [d] [k] [g] [m] [n] [r] [s] [z] [h] [j] [w]

５．英語の子音

[p] [b] [t] [d] [k] [g] [tʃ] [dʒ] [f] [v] [θ] [ð] [s] [z] [ʃ] [ʒ] [h] [m] [n] [ŋ] [l] [r] [j] [w]

単語の意味を変えてしまう似た者同士の対立

　母音や子音の数が少ないほう（日本語）から多いほう（英語）を学ぶわけですから

大変です。ここで言う母音や子音の数とは、単語の意味を変えてしまう音の対立がどれだけあるかということを意味します。

　たとえば、日本語で蚊 [ka] の [a] と入れ換えると意味の変わってしまう母音は木 [ki] の [i]、苦 [ku] の [u]、毛 [ke] の [e]、子 [ko] の [o] の 4 つしかありません。これに対して英語では、hut [hʌt] と hot [hɑt]、または [hɔt] に見られる [ʌ] と [ɑ]、[ɔ] の対立、あるいは、hurt [həːrt] と heart [hɑːrt] に見られる [əː] と [ɑː] の対立のように、入れ換わると意味の変わってしまう音が日本語よりも多くあるということです。また、子音でも日本語には [z] 音も [dz] 音もありますが、このふたつの音は日本語では対立の関係にありません。しかし、英語では、このふたつの音を入れ換えてしまうと、下に示す例のように単語の意味が変わってしまうので、[z] と [dz] は対立関係にあるのです。

1．日本語　数（かず）[ka<u>z</u>u] *or* [ka<u>dz</u>u]
2．英語　cars [kɑː<u>rz</u>] 対 cards [kɑː<u>rdz</u>]

音の対立のいろいろ

　以上、要するに、日本語にはない音の対立が英語にある場合、その対立はすべて、日本人にとって、リスニング・スピーキングの両面で障害となるのです。以下、この観点から、英語に見られて日本語には見られない音の対立をまとめておきましょう。

１．子音

　何と言っても難しいのは⑴[l] と [r] の対立ですが、その他にも次のような問題点があります。　⑵語頭の [p] [t] [k] と [b] [d] [g] の対立。（pin [pʰin] / bin [bin] など）[pʰ] [tʰ] [kʰ] と表すように、[p] [t] [k] は強い空気の流出を伴う。（強い空気の流れを示すときに [pʰ] [tʰ] [kʰ] のような記号を使う）⑶語尾にきた [p] [t] [k] と [b] [d] [g] の対立。特に破裂がない場合。（rope / robe は、[p] の前の [ou] のほうが [b] の前の [ou] より短いことで区別がつく）⑷語尾の [m, n, ŋ] の対立。（sum / sun / sung）⑸[θ] と [s] の違い。（think / sink）⑹[z] と [dz] の違い。（cars / cards）⑺[dʒ] と [dr]、[tʃ] と [tr] の微妙な音声の違い。（jug / drug, chain / train）⑻[f] と [θ] の違い。（fink / think）⑼[ð] と [z] の違い。（then / Zen）⑽[v] と [ð] の違い。（van / than）⑾[f] と [h] の違い。（food / who'd）⑿[b] と [v] の違い。（base / vase）⒀[s] と [ʃ] の違い。（see / she）⒁[ji] と [i] の違い。（year / ear）⒂[wuː] と [uː] の違い。（woo / ooh, woof / oof）

２．母音

　特に難しいのは次のような対立です。
⑴[iː] / [i]（leave / live）⑵[i] / [e]（pin / pen）⑶[e] / [æ]（pen / pan）⑷[æ] / [ʌ]（rag / rug）⑸[əːr] / [ʌ]（girl / gull）⑹[ɑːr] / [ɔːr]（card / cord）⑺[ɔː] /

[ou]（hall／hole）⑻[iə]／[εər]（really／rarely）⑼[ɑːr]／[əːr]（barn／burn）
⑽[ɑ｜ɔ]／[ʌ]（shot／shut）⑾[uː]／[u]（pool／pull）

　⑽の[ɑ]と[ʌ]の対立はきわめて難しいものです。音色の違いももちろんですが、[ɑ]のほうが[ʌ]より長めである点に注意するとよいでしょう。このほか、アメリカ英語の[ɔː]／[ɔːr]（caught／court）や[ɑː]／[ɑːr]（father／farther）などにも注意が必要です。

３．その他

　このように、いろいろな子音や母音は、それらがほかの音と入れ換わると、単語の意味が変わってしまうという点で、英語では重要な音なのです。英語では、これらのある程度限られた数の音（示差的要素と言います）のいろいろな組み合わせの可能性によって単語が作られます。ここでは、対立する単語をそれぞれ挙げておきましたが、その対立する単語だけが大切であるというのではなく、そういう対立をもたらす音だから重要なのです。その意味で、これらの音をひとつずつ確実に身につけることが必要です。

　たとえば、Who is he? の who [huː] が [fuː] あるいは日本語の「フー」[ɸuː]（両唇の間で作る摩擦音）となってはいけません。who に対立する foo というような単語がなくても、who は [huː] でなければいけないということです。wood は [wud] であって [ud] ではいけないというのも同じことです。

　１．と２．で挙げた子音と母音の問題点のほかに、気をつけたいことを挙げておきます。

⑴無声子音の前の母音は、有声子音の前の母音より短い。たとえば seat／seed。[siːt] の [iː] は [siːd] の [iː] よりはるかに短い。peace＜peas など。
　同じ現象が、[l] [m] [n] にも見られる。kilt＜killed、simple＜symbol、sent＜send。
⑵[l] は、子音の前や語末では、ウの響きを持つ。field、feel、milk、mill など。
　たとえば、sculpture [skʌlptʃər] は「ス**カ**ゥプチャ」のような響きになる。
⑶[ŋ] と [ŋg] の違い。
　hanger [hǽŋər]、singer [síŋər]、longing [lɔ́(ː)ŋiŋ]、singing [síŋiŋ] には [g] がないが、hunger [hʌ́ŋgər]、longer [lɔ́(ː)ŋgər]、finger [fíŋgər]、single [síŋgl] などには [g] が入る。
⑷あいまい母音 [ə]
　英語にはスペリングに表されない母音があります。強勢のない音節にある母音 [ə] あるいは [i] がそれです。聞き取りや発音の上で大変大切な音です。
　potato [pətéitou]、camera [kǽm(ə)rə]

区別しにくい母音のペア

EXAMPLES

DL
9_03

1.	[iː] / [i]	beat / bit bead / bid feel / fill
		seat / sit
2.	[i] / [e]	lit / let bit / bet sit / set
		pit / pet
3.	[e] / [æ]	bed / bad send / sand set / sat
4.	[æ] / [ʌ]	track / truck shatter / shutter
		jangle / jungle stamp / stump
		ramp / rump flank / flunk
		flash / flush drag / drug
		crash / crush
5.	[əːr] / [ʌ]	bird / bud hurt / hut curt / cut
		curl / cull
6.	[ɑːr] / [əːr]	star / stir heart / hurt far / fur
		car / cur park / perk lark / lurk
		shark / shirk cart / curt par / purr
7.	[ɑːr] / [ɔːr]	card / cord barn / born part / port
8.	[ʌ] / [ɑ | ɔ]	cut / cot hut / hot luck / lock
		fund / fond nut / not putt / pot
		rub / rob dull / doll jug / jog
9.	[ɔː] / [ɑ | ɔ]	naught / not awed / odd
		stalk / stock
10.	[uː] / [u]	pool / pull fool / full cooed / could
11.	[ɔː] / [ou]	saw / sew ought / oat
		caught / coat

heart [hɑːrt] と hurt [həːrt]、hut [hʌt] と hot [hɑt | hɔt]、hole [houl] と hall [hɔːl]
など、日本人にとって聞き分けること、区別して発音することが難しい音について、母
音を中心に見ていきます。

12. [iər] / [ɛər]　　rear / rare　　beer / bear
　　　　　　　　　　fear / fare

13. She was walking in high (heels / hills).

14. I used a (pen / pan).

15. The (dart / dirt) was thrown.

16. I need a bigger (ball / bowl) than this.

17. He (shut / shot) the door.

訳

1. (続けて)打つ／少し　ビーズ／(競売など
で)値をつける　感じる／満たす　席／
座る
2. light(火をつける)の過去形・過去分詞形／
…させてやる　少し／賭ける　座る／
配置する　穴、くぼみ／ペット
3. ベッド／悪い　送る／砂　配置する／
sit(座る)の過去形・過去分詞形
4. (人・車などの)通った跡／トラック、貨物
自動車　粉砕する／シャッター、雨戸
ジャラジャラ鳴る／ジャングル、密林地帯
切手／切り株　スロープ、(高速道路の)
ランプ／臀部、(牛の)しり肉　わき腹／
失敗(する)　閃光／赤くなる、(水が)ど
っと流れる　引きずる／薬　衝突、墜
落／押しつぶす(こと)
5. 鳥／芽　傷つける／小屋　ぶっきらぼ
うな／切る　巻き毛、巻き毛にする／間
引き、摘む
6. 星／かき混ぜる　心臓／傷、傷つける
遠く(に)／毛皮　車／野良犬、いやなや
つ　公園／(首などを)ピンと立てる、き
ちんとする　ヒバリ／潜む　サメ／責
任回避(する)　荷馬車／ぶっきらぼうな
同等、(ゴルフ)パー／(ネコが)ゴロゴロ喉
を鳴らす(音)
7. カード／ひも　納屋／bear(運ぶ、支える、
生む)の過去分詞形　部分／港
8. 切る／簡易ベッド、ベビーベッド　小屋
／暑い、熱い　運／錠前　基金／…が
大好きである　木の実／…でない　(ゴ
ルフの)パット／つぼ、鉢　こする／奪う
のみ込みの悪い、面白くない／人形　水
入れ、水差し／(腕などで)押す、ジョギン
グする
9. ゼロ／…でない　畏敬の念を示した／奇
妙な　大またに歩く、茎／在庫品
10. 水たまり／引く　愚かな(人)／いっぱい
の　coo(ハトがクークー鳴く)の過去形・
過去分詞形／can(できる)の過去形
11. see(見る)の過去形／縫う　…すべきであ
る／オートムギ　catch(つかまえる)の過去
形・過去分詞形／上着
12. 後部／まれな　ビール／クマ　恐怖(感)
／運賃
13. 彼女は(ハイヒールで／丘を)歩いていた。
14. 私は(ペン／平なべ)を使った。
15. (投げ矢／泥)が投げられた。
16. これよりもっと大きな(ボール／おわん)が
必要だ。
17. 彼はドアを(閉めた／撃った)。

解 説

　英語の母音にはアとオの中間のような音色とか、オの音色に似たウのような音といった、日本語にはない微妙な音色の母音が多くあります。

母音は虹のようなもの

　母音は虹のようなものであると考えるとわかりやすいでしょう。虹は7色と言いますが、赤、橙、黄、緑、青、藍、紫の色の範囲は、それぞれ虹のどこからどの部分であるとはっきり線を引くことはできません。色は混ざり合ってだんだん変化していっているのです。それにもかかわらず、私たちはこれを虹の7色と呼びます。それは私たちが、変わっていっている色に便宜的に線を引いたということです。

　言語が異なれば、この虹の色の線の引き方も異なってきます。世界には実際に、虹を2色、4色、6色に分ける言語があるのです。虹を2色に分ける言語を母語としている人々にとっては、これを7色に見るということは至難の技であると言ってよいでしょう。なぜなら、その人たちは、すでに強い習慣となって身についている虹の色の2分割をいったん越えて、新たに7分割の世界に入らなければならないからです。

　母音に関しても、同じようなことが言えます。母音という本来混ざり合って変わっていく音色にいくつの線を引くか、すなわち**母音をいくつに分ける**かは、**言語によってさまざまに違います**。私たちは、二重母音を除いても、その2倍以上の数に母音を分けている英語の音色の世界に入っていかなくてはならないのです。

　次のように、簡単に英語の母音を説明しておきますが、母音の発音については、まず実際に音声を聞いて音色の違いを耳に覚えさせ、何回も同じように言ってみることが大切です。

1. [iː] / [i]　　　　長さの違いだけでなく、音色も違う。

2. [i] / [e]　　　　[i]には[e]の音色も少しある。

3. [e] / [æ]　　　　[æ]は、[e]より口を開く。エとアの中間のような音。

4. [æ] / [ʌ]　　　　[ʌ]は日本語のアと英語の[æ]との中間のような音。

5. [əːr] / [ʌ]　　　長さが違い、米音の場合は[r]の音色が特徴的。

6. [ɑːr] / [əːr]　　[ɑːr]のほうが口の開きが大きい。

7. [ɑːr] / [ɔːr]　　[ɔːr]は少し唇が丸くなる。

8. [ʌ] / [ɑ] [ɔ]　　[ɑ]（米音）は[ʌ]より長い。[ɔ]（英音）はアとオの中間のような音。

9. [ɔː] / [ɑ] [ɔ]　　[ɔː]は[ɑ]より「オ」の響きが強め。

10. [uː] / [u]　　　長さと音色の違いがある。

11. [ɔː] / [ou]　　　[ɔː]にはアの音色も入っている。

12. [iər] / [eər]　　[eər]のほうが口の開きが大きい。

13. heels [hiːlz] / hills [hilz]　　　とくに音色の違いに注意。

14. pen [pen] / pan [pæn]　　　[pæn]のほうが口の開きが大きい。

15. dart [dɑːrt] / dirt [dəːrt]　　　dirtは口をあまり開かない。

16. ball [bɔːl] / bowl [boul]　　　二重母音の[boul]に注意。

17. shut [ʃʌt] / shot [ʃɑt | ʃɔt]　　　[ɑ]が[ʌ]より長めである点に注意。

EXERCISES

音声を聞いて（　）内の各組の単語がどの順序で発音されているかを
聞き取り、同じように言ってみましょう。

DL
9_04

1. This is where I (slipped / slept).

2. She's got a (pen / pain) in her hand.

3. Let's all (live / leave) together.

4. Look! There's a (bend / band).

5. I'll get you a bigger (cup / cap).

6. Can you give me a (pin / pen), please?

7. I saw a piece of (cord / card) on the table.

8. The baby is in the (cot / cart).

9. She works at the (firm / farm) three days a week.

10. He was (wondering / wandering).

11. The cupboard was full of (rugs / rags).

12. We saw some lovely (gulls / girls) on the beach.

13. (Test / Taste) the water.

14. The (hole / hall) is hardly large enough.

15. I (really / rarely) believe what he says.

16. I've never seen such a (burn / barn) before.

17. Don't touch the (bug / bag).

18. Look at the (cop / cap).

19. The (rubber / robber) is in there.

20. I said (caught / cot).

21. Did you see the (duck / dock)?

解答・解説

　単語は、単独で発音されたものを聞く場合と、文（発話）の中で聞く場合とでは印象が違います。前後の単語の発音の影響や相互作用によって響きが違ってくるからです。また、実際に発音してみる場合も同様のことが言えます。単語の識別ができるようになったら、文全体を流れに乗って言ってみることが大切です。

＊　　　　　　＊　　　　　　＊　　　　　　＊

1. slipped [slipt] 滑った／slept [slept] 寝た。[i] はイとエの中間の音色なので注意。

2. pain [pein] 痛み／pen [pen] ペン。[ei] は [e] に [i] を添える。音色が変化する。

3. leave [li:v] 出発する／live [liv] 住む。[i] と [i:] の音色の違いを識別すること。

4. bend [bend] 曲がり、カーブ／band [bænd] (音)楽隊、バンド。[e] にも [æ] の音色が混じっているので注意。

5. cap [cæp] キャップ、帽子／cup [kʌp] カップ、茶わん。日本語のキャップ [kjappu] とは違う。

6. pen [pen] ペン／pin [pin] ピン。日本語のイとエの違いとは異なる。

7. cord [kɔːrd] コード、ひも／card [kɑːrd] カード。日本語のオーとアーの違いとは異なる。とくに [r] の響きがある場合に注意。

8. cart [kɑːrt] 手押し車／cot [kɑt | kɔt] コット、簡易ベッド。米音の場合の [r] の響きに注意。

9. firm [fəːrm] 会社／farm [fɑːrm] 農場。こもった感じの [əːr] に注意。

10. wondering [wʌ́nd(ə)riŋ] 不思議に思う／wandering [wɑ́nd(ə)riŋ | wɔ́n-] 歩き回る。[ɑ] が [ʌ] より長め。

11. rags [ræɡz] ぼろきれ、ぼろ服／rugs [rʌɡz] 敷物、じゅうたん。注意していないと結構区別が難しい。

12. gulls [ɡʌlz] カモメ／girls [gəːrlz] 少女。[l] 音が暗い響きを持っているため、区別が難しくなる。

13. Taste [teist] 飲んでみる／Test [test] テストする、調べる。[ei] の [i] に注意。

14. hall [hɔːl] ホール、大広間／hole [houl] 穴。[ou] の [u] が弱く、[l] が続くため聞き取りにくい。

15. really [ríəli] 本当に／rarely [rέərli] めったに……しない。[iə] と [ɛər] の出だしの音色に注意。

16. burn [bəːrn] やけど、日焼け／barn [bɑːrn] 納屋、家畜小屋。こもった音色の [əːr] に注意。区別が難しい。

17. bag [bæɡ] バッグ、袋／bug [bʌɡ] 虫。[æ] はかなり長い。

18. cop [kɑp | kɔp] 警官／cap [kæp] 帽子。[æ] の音色がわかれば比較的楽。

19. robber [rábər | rɔ́b-] 泥棒／rubber [rʌ́bər] ゴム。[ɑ] が [ʌ] より長め。

20. caught [kɔːt] 捕らえた／cot [kɑt | kɔt] ベッド。[ɔː] には「オ」の響きがある。

21. dock [dɑk | dɔk] 埠頭、ドック／duck [dʌk] カモ。[ɑ] が [ʌ] より長め。

Part 9　母音・子音

区別しにくい子音のペア

EXAMPLES

DL 9_05

1. [θ] / [s]   think / sink   thaw / saw
   faith / face

2. [f] / [θ]   free / three   first / thirst
   roof / Ruth

3. [ð] / [z]   then / Zen   breathe / breeze
   clothe / close

4. [v] / [ð]   van / than   clove / clothe
   lively / lithely

5. [v] / [z]   gave / gaze   novel / nozzle
   vest / zest

6. [f] / [h]   fault / halt   fear / hear
   fool / who'll

7. [b] / [v]   berry / very   boat / vote
   curb / curve

8. [s] / [ʃ]   see / she   mess / mesh
   Swiss / swish

9. [tʃ] / [tr]   chew / true   chip / trip   chap / trap

10. [dʒ] / [dr]   junk / drunk   jinx / drinks
    Jew / drew

11. [z] / [dz]   bees / beads   size / sides

12. [m] / [n] [ŋ]   beam / bean   sum / sun   rim / ring

13. [ŋ] / [ŋg]   singer / single   longing / longer
    hanger / hunger

POINT 私たちにとって区別が難しいのは、l（エル）とr（アール）だけではありません。聞いてもはっきりと区別がつきにくい音や、知らずに間違った発音をしている音がたくさんあります。以下、難しい、そして間違いやすい英語の子音を対の形でまとめて練習します。

14. [n] / [ŋ]   ran / rang   thin / thing

banned / banged   sun / sung

win / wing   kin / king   ban / bang

fan / fang   tan / tang

15. [l] / [r]   lock / rock   lead / read   fly / fry

light / right   lip / rip   loyal / royal

cloud / crowd   clash / crash

glass / grass   jelly / Jerry

clown / crown   elect / erect

16. [jiər] / [iər] ほか year / ear   yeast / east   yell / L

17. [wu] / [u]   woos / ooze（[wu]のみ wood、wool）

訳

1. 考える／沈む　解ける／見た　信頼／顔
2. 自由／3　第1の／渇き　屋根／ルース（女性の名）
3. そのとき／禅　呼吸する／微風、そよそよと吹く　着る／閉じる
4. ワゴン車／…よりも　チョウジの木／着る　元気な／しなやかに
5. give（与える）の過去形／凝視する　小説／筒先、ノズル　チョッキ／熱意
6. 誤り／停止　恐怖（感）／聞こえる　愚かな（人）／who will の短縮形
7. （イチゴなどの）ベリー／非常に　ボート／投票　縁石／曲線
8. 見る／彼女　乱雑／網の目、メッシュ　スイス／ヒュッ、シュッ（という音を立てる）
9. かむ／本当の　かけら／旅行　やつ／わな
10. がらくた／酔った　ジンクス／飲み物　ユダヤ人／draw（引っ張る）の過去形
11. ミツバチ／ビーズ　大きさ／両側
12. 梁／豆　合計／太陽　縁／輪

13. 歌手／たったひとつの　あこがれ／より長い　ハンガー／飢え
14. run（走る）の過去形／ring（鳴る）の過去形　薄い／物　ban（禁止する）の過去形・過去分詞形／bang（ドンドンとたたく）の過去形・過去分詞形　太陽／sing（歌う）の過去分詞形　勝つ／翼　親族／王　禁止する／ドンドンとたたく　扇子／きば（皮）をなめる、小麦色／強い味、気配
15. 錠／岩　lead（導く）の過去形・過去分詞形／read（読む）の過去形・過去分詞形　飛ぶ／揚げる　光／正しい　唇／裂け目、裂く　忠実な／王室の　雲／群衆　ガチャンとぶつかる（音）／衝突（する）・墜落（する）（音）　ガラス／草　ゼリー／ジェリー（男性の名）　道化師／王冠　選ぶ／建てる
16. 年／耳　イースト／東　大声を上げる／エル
17. woo（せがむ）の三人称単数現在形／にじみ（流れ）出る　木材、羊毛

解 説

　子音は、舌のどの部分が口の中のどこに置かれるかとか、いったん空気を止めて破裂させるとか、具体的に感じることができる面が多いので、母音よりは習得が楽です。しかし、実際には、聞き取れない、または自分では気づかずに間違った発音をしている、などというケースが多いものです。これは、日本語にはない「音の対立関係」が英語には多くあるためです。すなわち、日本語より英語のほうが子音の分け方が複雑なので、厳密に区別しなければならない音が多く存在するということです。

入れ換わると単語の意味が変わる

　たとえば、日本語では「先生」と言うのに、[sensei]、[θenθei]あるいは[ʃenʃei]など、厳密には違ういくつかの発音が可能です。中にはなまりと感じられるものがあっても、意味が変わってしまうことはありません（[n]は厳密には、鼻母音になります）。ということは、日本語では[s] [θ] [ʃ]を厳密に区別しなくても通用するということです。ところが英語では、これらの音は、入れ換わると単語の意味が変わってしまう大切な音ですから、厳密に区別されるわけです。

1. [θ] / [s]　　　　[s]は、日本語の場合より、舌を少し後ろに引いて摩擦の音を強くして作る。

[θ]の摩擦は弱く、[s]は摩擦が大変強い。

2. [f] / [θ]　　　　この区別は意外と難しい。[θ]は、どちらかと言えば日本語の[s]を弱くした音。もちろん[s]とは違う。

3. [ð] / [z]　　　　それぞれ[θ]と[s]が有声化したもの。[z]の摩擦が強い。

4. [v] / [ð]　　　　[f]と[θ]の有声音。[ð]には弱いズの響きがある。

5. [v] / [z]　　　　[z]の摩擦が[v]よりはるかに強い。

6. [f] / [h]　　　　[f]には摩擦があるが、[h]にはまったくないか、あってもごくわずかである。

7. [b] / [v]　　　　[b]には破裂があり、[v]には摩擦がある。

8. [s] / [ʃ]　　　　[ʃ]は、日本語のシ（ョ）の音に似ている。唇を少し丸めるとよい。

9. [tʃ] / [tr]　　[tr]の発音を身につけると区別がつく。舌を思い切り後ろに引いて、歯茎の裏のへこんだ部分に舌の先を付ける。

10. [dʒ] / [dr]　　[tʃ]と[tr]の有声音。[dr]を身につける。

11. [z] / [dz]　　区別が難しい。[z]は[s]の有声音で、[dz]は[ts]の有声音。[s]→[z]、[ts]→[dz]の順に発音してみるとよい。

12. [m] / [n] [ŋ]　　語尾の鼻音を区別する。日本語では区別がない。

13. [ŋ] / [ŋg]　　スペリングの-ngの発音。[g]が付くかどうかの違い。

14. [n] / [ŋ]　　12.と同様。

15. [l] / [r]　　最も難しい区別のひとつ。[l]は舌が歯茎に付くが[r]は付かない。[l]の舌が離れるときの音色をつかむとよい。

16. [jiər] / [iər]　　日本語のヤ[ja]から[ji]と練習するとよい。

17. [wu] / [u]　　日本語のワ[wa]から[wu]と練習するとよい。wood [wud]、wool [wul]などを[ud] [ul]としないように。

Part 9

母音・子音

241

EXERCISES

音声を聞いて（　）内の各組の単語がどの順序で発音されているかを聞き取り、同じように言ってみましょう。

DL
9_06

1. He went over the (pass / path).

2. They (thought / fought) about it.

3. We've (hired / fired) them.

4. Repeat the word (clothing / closing).

5. Don't use the (drug / jug).

6. I knew it was (wrong / Ron).

7. Did you say (bolt / volt)?

8. Who's (shelling / selling) peas?

9. He didn't (collect / correct) the papers.

10. He expects to get a better (prize / price).

11. Put all these things in the (bag / back).

12. Look at the (train / chain).

13. In his youth he was a great (sinner / singer).

14. We expected to get a bigger (badge / batch).

15. Let's get rid of all this old (glass / grass).

16. It was a very poor (run / rung).

17. They (sought / thought) to destroy the government.

18. Just look at the (ram / lamb) in the field.

19. I wonder why she (hit / hid) the cat.

20. Do you know the word (lesion / legion)?

21. Don't disturb them while they are (playing / praying).

母音の場合と同様、同じ文の中に現れる、似た単語の区別です。

＊　　　　　＊　　　　　＊　　　　　＊

1. path [pæθ | pɑːθ]（普通に）道、小道／pass [pæs | pɑːs]（とくに）山あいの狭い道。[s]と[θ]の摩擦に注意。[s]の摩擦が強い。

2. thought [θɔːt] 考えた／fought [fɔːt] 戦った。[θ]は舌足らずの[s]の感じ。

3. hired [háiərd] 雇った／fired [fáiərd] クビにした。[h]には摩擦がない。

4. clothing [klóuðiŋ] 衣類／closing [klóuziŋ] 終わり。弱い摩擦の[ð]、強い摩擦の[z]。

5. jug [dʒʌg] 水差し／drug [drʌg] 薬。独特の響きを持つ[dr]は日本語にない音。

6. Ron [rɑn | rɔn] ロン（人名）／wrong [rɔ(ː)ŋ] 悪い。区別しにくい語尾の鼻音。

7. bolt [boult] ボルト（ねじ）／volt [voult] ボルト（電気）。[b]は破裂音、[v]は弱い響きの摩擦音。

8. shelling [ʃéliŋ] ……の殻（さや）をむく／selling [séliŋ] 売る。「シェ」と「セ」に近い、響きの違いがある。[s]は強く。

9. collect [kəlékt] 集める／correct [kərékt] 直す。[r]は日本語のラ行音を幼児が完全に習得する前に使う舌足らずの音にやや似ている。

10. price [prais] 売（買）価、値段／prize [praiz] 賞品、賞。語尾の[z]はよく無声化する。[ai]の長さに注意。[s]の前の[ai]のほうが短い。

11. bag [bæg] バッグ／back [bæk] 後ろ、奥。[g]は語尾でかなり無声化する。[æ]の長さに注意。[k]の前の[æ]のほうが短い。

12. chain [tʃein] 鎖／train [trein] 列車。舌先を後ろに引いて[tr]。

13. singer [síŋər] 歌手／sinner [sínər] 罪人、悪者

14. badge [bædʒ] 記章、バッジ／batch [bætʃ]（人・物などの）一群、一束。[dʒ]も語尾ではかなり無声化する。[æ]の長さに注意。[tʃ]の前の[æ]のほうが短い。

15. grass [græs | grɑːs] 草／glass [glæs | glɑːs] グラス。[g]の破裂の前に、舌は[l]または[r]のところにいっている。

16. rung [rʌŋ]（はしご・いすの）横桟／run [rʌn] 走り、運行

17. thought [θɔːt] 考えた／sought [sɔːt]（……しようと）した、努めた。強い摩擦の[s]と、弱い摩擦の[θ]。

18. ram [ræm] 雄羊／lamb [læm] 子羊。舌が離れるときの[l]音に注意。

19. hid [hid] 隠した／hit [hit] たたいた。有声音に挟まれた[d]は無声化しない。[hitðə]と[hidðə]の音色に注意。

20. legion [líːdʒ(ə)n] レギオン（古代ローマの軍団）／lesion [líːʒ(ə)n] 傷害、病巣。[ʒ]は[ʃ]の、[dʒ]は[tʃ]の有声音。

21. praying [préiiŋ] お祈りしている／playing [pléiiŋ] 遊んでいる。[l]も[r]も無声化する。

スペリングからは予想しにくい
あいまい母音

EXAMPLES

1. o, or
potato [pətéitou]　　question [kwéstʃən]
forget [fərgét]
opportunity [àpərtjúːni̥ti | ɔ̀p-]
opposite [ápəzit | ɔ́p-]

2. a
fireman [fáiərmən]
photography [fətágrəfi | fətɔ́-]

ar
particular [pərtíkjələr]

ain
bargain [báːrgi̥n]　　certain [sə́ːrt(ə)n]

3. e, er
gentlemen [dʒéntlmən]
settlement [sétlmənt]
government [gʌ́vər(n)mənt]
interdependent [ìntərdipéndənt]
cinema [síni̥mə]

4. ate
accurate [ǽkjəri̥t]　　adequate [ǽdikwi̥t]
appropriate [əpróupriˌi̥t]
intricate [íntriki̥t]

5. ous
vicious [víʃəs]　　ridiculous [ridíkjələs]
obvious [ábviəs | ɔ́b-]　　spacious [spéiʃəs]
various [vé(ː)(ə)riəs]
furious [fjú(ː)(ə)riəs]

lemon は [lémon]（レモン）ではなく [lémən]（レマン）のように発音されます。強勢の置かれないところに現れ、必ずしも文字のとおりには発音されない、弱い音 [ə] または [i] をしっかりと押さえます。文字と発音の違いに注意しましょう。

6. u   powerful [páuərf(ə)l]

       beautiful [bjúːtif(ə)l]

       structural [strʌ́ktʃ(ə)rəl]

       calculate [kǽlkjəlèit]

       column [kάləm | kɔ́l-]

7. i   intimidate [intímideit]

       discipline [dísi̥plin̥]

       communicate [kəmjúːni̥kèit]

       episode [épi̥sòud]

8. ion   question [kwéstʃ(ə)n]   nation [néiʃ(ə)n]

       digestion [daidʒéstʃ(ə)n, di̥-]

       fusion [fjúːʒ(ə)n]

       description [diskrípʃ(ə)n]

訳

1. ジャガイモ　質問　忘れる　機会　反対側の

2. 消防士　写真撮影　特定の　契約、見切り品　確信している

3. 紳士　入植　政治、政府　相互依存の　映画館、映画

4. 正確な　ちょうどの　適切な　入り組んだ

5. 悪意のある　ばかげた　明らかな

6. 強力な　美しい　構造（上）の　計算する　円柱

7. 怖がらせる、脅す　訓練　伝達する　エピソード、出来事

8. 質問　国民、国家　消化（作用）　融解、融合　記述（すること）

解 説

　文字は音を表すために作られたものです。しかし、次の例を見てもわかるとおり、文字と音との間に常に一定の関係があるわけではありません。

　以下は同じ文字（の連続）が違う音を表している例です。

c<u>ough</u> [kɔ(:)f] / b<u>ough</u> [bau]

t<u>ough</u> [tʌf] / thr<u>ough</u> [θruː] / th<u>ough</u> [ðou]

　逆に同一の音を表すのに、違った文字が使われる例も多くあります。

f<u>ee</u>t [fiːt] / h<u>e</u> [hiː] / k<u>ey</u> [kiː] / p<u>i</u>zza [píːtsə] / bel<u>ie</u>ve [bilíːv] / l<u>ea</u>ve [liːv]
/ rec<u>ei</u>ve [risíːv] / p<u>eo</u>ple [píːpl] / q<u>uay</u> [kiː] / C<u>ae</u>sar [síːzər]

　また、l<u>a</u>nd [lænd] に対する <u>i</u>sl<u>a</u>nd [áilənd]、m<u>a</u>n [mæn] に対する wom<u>a</u>n [wúmən]、m<u>e</u>n [men] に対する gentlem<u>e</u>n [dʒéntlmən] などといった発音の違いの例も多くあります。

見逃してしまいがちなあいまいな母音

　この英語に見られる、文字と音とのギャップの中で、最も問題になりながら、実際には見逃してしまいがちな現象が、[ə] 音です。これは、**あいまい母音**（schwa [ʃwɑː]：シュワー）と言われる音ですが、これを特別に表す文字が英語にはないのです。英語の [i] はアルファベットの i が、[e] は e、[æ] は a、[ɔ] は o、[u] は u がそれぞれ相関関係を持って表していますが、[ə] には、それを表す文字がありません。ということは、i、e、a、o、u のどれか、あるいは、それらの文字の組み合わせによって [ə] が表されるということです。

　たとえば、photograph [fóutəgræf | -grɑ̀ːf] と ph<u>o</u>togr<u>a</u>ph<u>e</u>r [fətágrəfər | -tɔ́g-] では、次のようなことが言えます。

⑴ [ə] を表す文字（アルファベット）は、<u>o</u>、<u>a</u>、<u>e</u> と 3 つある。

⑵　o は [ou] [ɑ|ɔ] [ə]、a は [æ] と [ə]、e は [ə] を表している。

　このことから、次のような大きな問題が生じます。

⑴　文字から [ə] の位置を知ることができない。

⑵　日本語にはこの [ə] の音がなく、また仮に似た音が出たとしても規則的に使われることはない。

⑶　そのため、[ə] を使うべきところで、勝手に文字から類推して、[æ] や [ɑ|ɔ] その他の、いわゆる強母音（strong vowels）を使ってしまう。

強勢と表裏一体の関係

　[ə] の音は、英語では強勢（stress）現象と密接な関係があり、強勢のない音節にしか現れないという特徴を持っています。たとえば、orgánic [ɔːrgǽnik] は、強勢の位置が órgan [ɔ́ːrgən] のように [æ] から [ɔ́ːr] に移ると、[æ] は [ə] になってしまいます。すなわち、[ə] と強勢とは、[ə] があれば強勢はなく、強勢があれば [ə] はないという関係にあるということです。英語のリズムの中心になるのは強勢現象ですから、強勢と表裏一体の関係にあるこの [ə] は、リズムのもうひとつの中心要素でもあるのです。その意味でも、[ə] のマスターは私たちにとって最大の重要課題であると言ってもよいでしょう。

EXERCISES

I 音声を聞いて、下の単語の強勢の位置および強勢のない[ə]（あるい
は[i]）の位置を確認し、同じように言ってみましょう。

DL 9_08

1. television
2. opposite
3. oppose
4. telephone
5. opinion
6. angrily
7. operation
8. geology
9. forgive
10. generation
11. development
12. apparatus
13. novel
14. compliment
15. faithfully
16. various
17. forget
18. ignorance
19. freshmen
20. generalization
21. complicity
22. masculine
23. desolate
24. literature
25. manufacture
26. kingdom
27. different
28. incompatible
29. memorial
30. monument
31. incredulous
32. oblivion
33. peninsula
34. pensioner

II 空欄を埋め、同じように言ってみましょう。

DL 9_09

1. She has a good _____ in a _____ bank.
2. She put some _____ in the _____.
3. He is always at the _____ of the class.
4. He was very _____ with his money.
5. This _____ rug was a real _____.
6. Then a _____ event _____.
7. He writes a _____ for the paper.
8. It is _____, but not _____, that he will come.
9. He has a _____ nose.
10. They were taken _____ by the _____.

英語では、[ə] [i] [u] の３つの音が、強勢のない音節に現れます。ただし、[i] と [u] は、強勢のある音節にも現れることがあるので、[ə] だけが強勢と無縁な音であると言えます。

　[ə] と [i] は、たとえば believe が [bəlíːv] [bilíːv]、interpret が [intə́ːrprit] [intə́ːrprət] と発音されるように、同一の単語でも人や地域によって差があります。[u] は、cupful [kʌ́pful]、弱形の you [ju] や to [tu]、その他にも現れます。なお、[i̯ə] は [ə] または [i] の意味です。[ə] は口をあまり開けないで軽くアと言うとよいでしょう。

*　　　　　*　　　　　*　　　　　*

Ⅰ　**1.** television [télᵻviʒ(ə)n]　**2.** opposite [ápəzit]　**3.** oppose [əpóuz]
　4. telephone [télᵻfoun]　**5.** opinion [əpínjən]　**6.** angrily [ǽŋgrᵻli]
　7. operation [àpəréiʃ(ə)n]　**8.** geology [dʒiálədʒi]　**9.** forgive [fərgív]
　10. generation [dʒènəréiʃ(ə)n]　**11.** development [divéləpmənt]
　12. apparatus [æpərǽtəs, -éi-] 米音でもふたとおりの発音があり、ダウンロード音声には両方入っている。英音では [æpəréitəs] が普通。
　13. novel [náv(ə)l]　**14.** compliment [kámplᵻmənt]
　15. faithfully [féiθfəli]　**16.** various [vɛ(ː)(ə)riəs]
　17. forget [fərgét]　**18.** ignorance [ígnərəns]
　19. freshmen [fréʃmən]
　20. generalization [dʒèn(ə)rəlᵻzéiʃ(ə)n]
　21. complicity [kəmplísᵻti]　**22.** masculine [mǽskjəlin]
　23. desolate [désələᵻt]　**24.** literature [lít(ə)rətʃər]
　25. manufacture [mænjəfǽktʃər]　**26.** kingdom [kíŋdəm]
　27. different [díf(ə)rənt]　**28.** incompatible [ìnkəmpǽtəb(ə)l]
　29. memorial [məmɔ́ːriəl]　**30.** monument [mánjəmənt]
　31. incredulous [inkrédʒələs]　**32.** oblivion [əblíviən]
　33. peninsula [pᵻníns(j)ələ]　**34.** pensioner [pénʃənər]

Ⅱ　**1.** position [pəzíʃ(ə)n]　local [lóuk(ə)l]
　2. bacon [béik(ə)n]　cupboard [kʌ́bərd]　**3.** bottom [bátəm]
　4. liberal [líb(ə)rəl]　**5.** woolen [wúlən]　bargain [báːrgᵻn]
　6. terrible [tér(ə)b(ə)l]　occurred [əkə́ːrd]　**7.** column [káləm]
　8. possible [pás(ə)b(ə)l]　probable [prábəb(ə)l]
　9. prominent [prámᵻnənt]　**10.** hostage [hástidʒ]　terrorists [térərists]

EXERCISES の和訳

Part 1

SECTION 1 → p.028

I

1. 外交官／外交（的手腕）／外交（上）の
2. 偽善者／偽善／偽善的な
3. 機械（装置）／機械の／機械工
4. 電信、電報／電信（術）／電信の、電報の
5. 写真／写真家／写真の
6. 考え／イデオロギー／イデオロギーの
7. 能力／競争する人（団体）／競争、競技
8. 人／…を具現する／個性、人格／化身、擬人化
9. 方法／順序だった／方法論／方法論の

II

1. 彼女は自分の技術の完成度を高めるために一生懸命練習した。
2. 日本の農産物は、外国との競争による圧迫を受けるようになった。
3. 彼は私に、あなたの学校での態度がよくなったと言った。
4. 最後の単語を強調してください。
5. 彼らの一致団結した努力が成功をもたらした。
6. 子どもたちは、文句を言わずにベッドに入った。
7. 彼女はそのレコードを聴いて満足した。
8. 彼の突然の訪問はかなりの混乱を招いた。
9. 医者は、彼女が順調に快方に向かっていると言った。

SECTION 2 → p.034

I ※和訳は解答・解説内にあります。

II

1. 白い板を使っていいですか。
2. どこでその金魚を買ったのですか。
3. 新聞を書類入れに入れてください。
4. 彼らは怒りの言葉を応酬し合った。
5. あなたは緑地帯のことを言っているのですか。
6. 私たちには金庫が必要です。
7. 私たちはその公園で、クロウタドリを数羽見ました。
8. 彼はあの家具運搬車に乗っている。

9. 私はあの踊り子と知り合いになりたい。
10. それをガラスの箱に入れてください。

SECTION 3 → p.040

1. 私はその支払いを済ませた。
2. 彼らはそれを私から取り上げた。
3. 彼は家にいます。
4. それらは新しいものだった。
5. 彼女はどこの出身ですか。
6. それはよくないですね。
7. 彼はよく眠っている。
8. まったく問題ありません。
9. それが、息子が具合が悪いんです。
10. それは素晴らしい考えだと思った。
11. できるかぎり急ぐべきです。
12. 彼らが忘れても、（私は）驚かないね。
13. 彼は7時に仕事に行かなければならない。
14. 彼女はじっと座って、微動だにしなかった。
15. それは私があなたに聞きたかったことではありません。
16. 猫が台所で何をしたか、見に来てごらん。
17. それは、まったく楽しめないタイプの映画だ。
18. この電話を米国につないでください。
19. 私は、ジョーンを一緒に来るよう説得できると思います。
20. 私たちはまた、あなたをそのゲームに参加するようお誘いしたいと思います。

SECTION 4 → p.046

1. a) あなたに見せましょう。
   b) あなたに写真を見せましょう。
   c) あなたに私の家族の写真を見せましょう。
2. a) 私は不愉快でした。
   b) 私はその男性に不愉快でした。
   c) 私はその男性が犬をたたくのが不愉快でした。
3. a) 待てばいいじゃないですか。
   b) 金曜日まで待てばいいじゃないですか。
   c) 彼が戻ってくる金曜日まで待てばいいじゃないですか。
4. a) 彼女は子どもを慰めた。
   b) 彼女は泣いている子どもを慰めた。
   c) 彼女は公園で泣いている子どもを慰めた。

d) 彼女は公園で泣いている子どもを慰めることができなかった。
5.a) 彼女は彼に恋している。
  b) 彼女は彼に恋してしまった。
  c) 彼女は芸術家に恋してしまった。
  d) 彼女は、また、芸術家に恋してしまった。
  e) エリザベスは、また、芸術家に恋してしまった。

SECTION 5 → *p.052*

Ⅰ
1.a) 私は知りたい。
  b) 私は彼に知ってもらいたかった。
  c) 私は彼に忘れてもらいたかった。
  d) 私は彼に医者になってもらいたかった。
  e) 私は彼に音楽家になってもらいたかった。
  f) 私は彼に技術者になってもらいたかった。
2.a) また、後で。
  b) また、明日。
  c) また、夕方に。
  d) また、午後に。
3.a) 彼はその男を殴った。
  b) 彼は彼の腹を殴った。

Ⅱ
1.私は、それがとてもいい考えだったと本当に思っています。
2.私は、それが彼自身の考えだったと思っています。
3.ピーターはかっとなって我慢できなかったことを謝罪した。
4.彼女に私たちの心からのお悔やみをお伝えください。
5.私の代わりに彼の面倒を見ていただけませんか。
6.何を提案できるか考えてみます。
7.私は、彼の助力とアドバイスに心から感謝しました。

SECTION 6 → *p.058*

Ⅰ
1.あなたに電話ですよ。
2.それは私たち全員のためのものです。
3.事務所には、コピーが何部かありました。
4.あなたは、彼女が試験に合格すると思いますか。
5.彼らにミルクをあげてください。
6.私は、彼女はアメリカ出身だと確信している。
7.私たちは何時に出かける予定ですか。
8.彼はあなたが考えているより年上です。
9.あなたは言われたとおりにしなければなりません。

Ⅱ
1.死亡した男性は私の叔父でした。
2.彼がやって来るときは、残念ながら留守にしていると思います。
3.秘書におつなぎします。
4.彼に折り返しお電話をいただければありがたいのですが。
5.ハードワークが彼を成功への道に導いた。
6.私があなたに話したときは、みんなそれを信じていた。

Part 2

※和訳は解答・解説内にあります。

Part 3

SECTION 1 → *p.088*

1.彼女はカップを落として壊してしまった。
2.彼にはフランス語のなまりがあった。
3.それを細かく切ってください。
4.それを止めて！　電灯を消して！
5.時間をあまりお取りするわけではありません。
6.彼がそれを全部食べてしまわなければいいなと思います。
7.彼は病気を患った後、遅れを取り戻すためにたくさんの仕事をしなければならなかった。
8.私は毎日、読書のために2、3時間確保している。
9.私はそれがうまくいくことを期待している。
10.彼らは意気投合した。
11.私たちはそれを詳細に計画しなければならない。
12.物事を正しい方向に軌道修正しましょう。

EXERCISES の和訳

13. だれも場違いであるようには思えなかった。
14. 私はクラシック音楽についてはあまり詳しくありません。
15. 私は組織のただの歯車にはなりたくない。
16. その報告書を提出しましたか。
17. 日本人は意見の分かれる問題でめったに自分の立場を明確にしない。
18. 交通渋滞は数分もすれば緩和されるでしょう。
19. 彼はまた元気に立ち直っている。
20. トラブルを回避するよう努めてください。

SECTION 2 → p.092

1. ビールを一杯いただけますか。
2. あなたは6時ちょうどに到着しなければなりません。
3. その件について本当のことを話してください。
4. もしできるなら、それをナイフで切ってください。
5. 彼女は毎日、海で泳ぐ。
6. あなたのお金は十分安全でしょう。
7. 私はアメリカ文学をやり直さなければならない。
8. その箱は、あなたのかばんの中にあります。
9. 私は熱いお風呂に入ってから、寝ることにします。
10. あの服は古いものですね。
11. 郵便局はこの通りの先にあります。
12. 彼は40歳くらいと思います。
13. 彼は私に対していつも失礼だ。
14. 雨になりそうですね。
15. 彼は私ほど経験を積んでいない。
16. もう少し自分が賢明であればと思う。
17. 彼の顔は怒りで真っ赤だった。
18. 私たちはふたりとも無事です。
19. 物事はほどほどに。（諺）
20. その服の色はベージュです。
21. 私たちの半数しかその会議に来なかった。
22. 彼が病気だというのは本当ですか。

SECTION 3 → p.096

1. 空気がひんやりしている。
2. 私はその秘密のことは知っている。

3. マイケルは具合がよくないんですね。
4. 出張でここに来ています。
5. 歯に衣着せないところは彼の性格です。
6. どうして生活をきちんとしないんですか。
7. サムは家にいないと思う。
8. 明日、あなたに会いに来てもいいですか。
9. 彼らは全部をひとつのかばんに入れようとしている。
10. 私は帰宅途中の彼を見かけました。
11. 私たちはすべての約束を取り消さなければならない。
12. 私たちはお金を使い果たしてしまった。
13. 私のスペイン語は、休暇（旅行）中に役に立った。
14. 彼女の視線が古い机に落ちた。
15. 満タンにしてください。
16. 何かが起きた。
17. 彼女は午後ずっとアイロンかけをしている。
18. 彼女は彼の顔をまともにたたいた。
19. 私たちはかなり早めにそのホテルに予約を入れた。
20. 私は車を2台も持てるほど余裕はないと思う。
21. 私たちは到着するとすぐにチェックインした。
22. 彼女は突然、その部屋に走り込んだ。

SECTION 4 → p.100

1. 彼らは、少なくとも10人はいます。
2. 私たちはそのホテルまで歩きました。
3. その車は私たちにとって十分な大きさではない。
4. それは、そこのテーブルの上にあります。
5. 私のいるところから彼らは見えません。
6. 私は眼鏡をあちこち探し回った。
7. 彼女は彼がいないほうがずっと幸せだろうに。
8. 私はあなたを永遠に愛し続けます。
9. それはまだ以前あったところにある。
10. 彼は教育者というよりも学者だ。
11. 私は二度と彼とは口をきかない。
12. それは死活問題だ。
13. いったい彼らはどこにいるんだろう？
14. 彼は多かれ少なかれUFOの存在を信じ

ている。
15. 彼女は 4 歳半だ。
16. 私はそれを何度も何度も読み返した。
17. 面白い本がもっとありませんか。
18. あなたにお願いがあるのですが。
19. 彼らは年末ボーナスを支給された。
20. トム、ビールはこっち、冷蔵庫の中に入れておいて。
21. 彼は結局、無実だった。

SECTION 5 → p.104

1. 彼もそうするだろう、と私は確信している。
2. 彼はいつも、朝コーヒーを飲む。
3. 私はその決定に異論はありません。
4. あなたと同じように準備ができています。
5. その件については、あなたに賛成しかねます。
6. 天候も考慮にいれなければなりませんよ。
7. その事故について、あなたに話しているのです。
8. 彼女と私は普通、意見が一致する。
9. あなたは何を探しているのですか。
10. そのことについてあなたは全部知っていると思います（知っていますね）。
11. 欠席している友人のために乾杯しましょう。
12. もっと時間があればなあ！
13. 彼らは彼の仕事を高く評価している。
14. あなたはあと 4 日で返済しなければなりません。
15. いったいだれが君にそのことを話したんだ？
16. 私の見方によれば、彼は間違っている。
17. 急いで！
18. 私は彼の仕事にとても感銘を受けた。
19. それはだれのためのものですか。
20. どうしてその魚のにおいをかいでいるの？
21. いったいどうやってそれを直すことができたんだい？

SECTION 6 → p.108

1. 私は昨日、そのパブで彼に会った。
2. 彼は自分自身のユニークなスタイルを持っている。
3. これが、私たちのセミナーで使われた本です。

4. あなたに連絡するようにします。
5. あなたのグラスにつぎ足させてください。
6. その家は、いくつかの居住ユニットに分かれている。
7. それは、カナダの大学から来た学生のグループだ。
8. あなたの訓練を活用すべきです。
9. 彼らがあなたのことをきちんと評価しないのは正しいことではない。
10. われわれは自然と一体となった生活をすべきだ。
11. どうぞもっとごはんを召し上がってください。
12. 彼は制服姿だととてもハンサムに見えた。
13. お茶をお入れしましょう。
14. 彼はいつも車の中に調理道具を用意している。
15. これらの表現は現在は使われない。
16. これが、あなたが探しているかばんですか。
17. 彼らは、米国メーカーから自動車部品を輸入している。
18. 彼が話しているとき、思わずあくびが出てしまった。
19. あなたがいままで話した中で最も感動的なフレーズはどんなものでしたか。
20. もう独立してもいい時期なのに。
21. お会いするのを楽しみにしています。
22. 感情を無理に抑え込むと、苦しくなるよ。

Part 4

SECTION 1 → p.118

1. 彼は青年期をウェールズで過ごした。
2. この店では喫煙は認められていません。
3. 彼のジーンズの尻の部分がてかっていた。
4. これはあなたの車ですか。
5. これらの靴は全部、ピーターにはあまりにも大きすぎる。
6. 太陽が窓に（反射して）輝いていた。
7. 彼は土曜日に買い物に出かける。
8. 彼女は今年、結婚する。
9. うまくいかないときは、知らせてください。
10. その映画はフランスで撮影された。
11. 彼はその仕事をまだ完了していない。

EXERCISES の和訳

12. この問題はさらにずっと難しい。
13. 彼はみすぼらしく見える。
14. あの雲は車の形をしている。
15. その新聞は古くなって黄ばんでいる。
16. 車が通過するとき、この家は揺れる。
17. 犬たちはキャンキャン鳴いて、逃げ去った。
18. 彼の辛辣な言葉に私は傷つけられた。
19. こうした木々は秋になると落葉する。
20. その物語を彼らに聞かせるとき、彼女の声は震えた。
21. それはあなた自身の誤りだった。
22. あなたのお母さんはもう到着しましたか。

SECTION 2 ➡ _p.122_

1. 彼は昨年、父親を亡くした。
2. 彼女は必死に働いたが、失敗した。
3. セルマ、鏡で自分を見てごらん。
4. ボウルに小麦粉とイーストを入れてください。
5. 彼らはまだ到着していない。
6. スピーカーを自分の後ろに置かないで！
7. フィル、もう食事をしたの？
8. あの長い髪の若者は、私に対して無礼だった。
9. そんなふうに私に向かってわめかないで！
10. それは約5万円です。
11. 彼は無分別だが、それでも私は彼が好きだ。
12. 私たちは来年、スペインに行く。
13. 君が何を考えているかわかるよ。
14. 私はあなたにたばこを吸わないようにと言いましたよ。
15. 彼はもう始めただろうか。
16. 頭の上に両手を挙げろ！
17. あの畑は昨年、豊作でした。
18. 彼があなたを高速道路に誘導します。
19. まだそれをする必要はありません。
20. そんな策謀に加担しないように。
21. もう少しバックしていただけませんか。
22. いつでもあなたを泊めてあげるよ。

Part 5

SECTION 1 ➡ _p.132_

1. ローズマリーに赤ちゃんが生まれた──

女の子だ。
2. 私の叔父は年を取りすぎて、旅行ができない。
3. 女の子たちは発熱から回復していると思う。
4. 実は、彼の名前はエイドリアンです。
5. 彼がいるというのは本当ですか。
6. その店は日曜は閉まっています。
7. あなたの本はここにあります。
8. そのエンジンはとても騒々しい。
9. 私のカメラはどこですか。
10. どこかのバカが犬を放してしまった。
11. 最近はずっと好天だ。
12. おなかの調子が悪い。
13. 彼女はずっと入院しています。
14. ドアのところに男性がいます。
15. だれがそれをするのか教えてください。
16. 私の兄はニューヨークに家を持っている。
17. あの男性はどうして叫んでいるのか。
18. この車はまた私たちをてこずらせている。
19. ジャックが仕事を探していると聞いています。
20. あの男は一日中、ベンチで眠りこけている。
21. 私の妹は両親と一緒に住んでいる。
22. 脚が痛い。

SECTION 2 ➡ _p.136_

1. すごく見た目がいいね！
2. メアリー、雪になると思う？
3. これが最後のボトルになります。
4. もう一度それをしたら、たたくよ。
5. あのね、こういうことなんだよ。
6. おそらく私たちはこの車を売却するでしょう。
7. それはいいと思う。
8. おなかがすいているなら、まだサンドイッチがいくらか残っているよ。
9. それが続くとは思えない。
10. パーティーではワインがたくさん出されるでしょう。
11. ここにサインをお願いできればと思います。
12. 私は彼らが家を買うと思います。
13. 彼女はきっと戻ってくるよ。
14. いったい君は何をしていると思っているの？
15. 彼は8時にここに来ます。

16. だれが勝つかな？
17. そのショーはどんな感じだろうね？
18. 自分が何をしているかわかっているよ。
19. コリンは奥さんを連れてくるでしょう。
20. そのニュースをどう思いますか。
21. 外出はしないでしょう？

SECTION 3 ➡ p.140

1. 彼は、ディックに行ってもらいたいんだが、と言った。
2. その前に何かを食べておけたらよかったのになあと思った。
3. 知っておきたければ、彼はハンバーガーが好きです。
4. それは理想的な場所ではありません──だれもそうだと言わないでしょう。
5. 彼女はケイトに会えたのでしょうか。
6. あなたが私のアイデアを評価してくれる最初の人だと思いました。
7. 彼らは、あなたにひとりで来てもらいたいんですよ。
8. 私はいつもそれが違った結果になるだろうと思っていた。
9. 彼は自分がどれくらい飲んだかを知って驚いた。
10. ほかの交通機関があればよかったんだが！
11. それは大きな助けとなるでしょう。
12. 前もって私に話してくれればよかったのに。
13. （もしそこにいたならば）彼らはそれを楽しんだだろうなあ。
14. 私たち、もうそろそろ家に帰ったほうがいいね。
15. もし尋ねてくれれば、本当のことを話したかもしれない。
16. ここに来たのは初めてです。
17. この気候、どう思いますか。
18. それが彼にとって初めてだったなら、また違っていたかもなあ。
19. 昨夜までに終わらせておくべきだったのに。
20. われわれは行くことはできたが、行かなかった。
21. 雨はいまはもうやんでるはずだが。
22. 死ぬかと思った！

SECTION 4 ➡ p.144

1. 残念ですが、助力できそうにありません。
2. 威張らない男性もたくさんいます。
3. マイケルには言ってはいけないよ。
4. しなくていいなら、しないよ。
5. ワインが十分にありません。
6. 二度と酔っぱらわないことを誓います。
7. 彼は全然驚かなかった。
8. 彼を行かせるべきではなかったね。
9. そんなふうに私を見ないでほしいね。
10. 十分な時間がなかったんだ。
11. 彼は明日、来ないかもしれない。
12. さあ、入って。
13. 彼はひとりではそれをできなかったでしょう。
14. そんなもの買わなきゃよかった。
15. 知ったことではないと言ったじゃないか。
16. あまりたくさん飲んじゃ駄目ですよ。
17. 彼女はやせましたね。
18. 彼女はあなたの手紙を受け取っていないと思います。
19. そんなことをしてもらいたくなかったよ。
20. 彼らはまだ着いていないかもしれない。
21. 会議には遅刻しませんでしたよね。

Part 6

SECTION 1 ➡ p.156

1. 彼女は引き出しに鍵をかけた。
2. 彼女は私に濡れたタオルを持ってきてくれた。
3. 痛みは耐えられないくらいひどかった。
4. それは君をとてもよく捉えた写真だ。
5. 白いカップをいただけますか。
6. あそこに上がっている大きな風船を見てごらんよ！
7. その本は十分気をつけて扱ってください。
8. 両親をがっかりさせることはできません。
9. 彼女はプレゼントを赤い紙で包装した。
10. その場合には、ロンドンは２番目の候補地です。
11. 彼女はドアに挟まれた。
12. 冬は厚手の服を着るべきだ。

EXERCISES の和訳

13. その件を最優先事項とすることに同意します。
14. 彼はとても速く歩くので、私はついていけない。
15. 減税のために政府が動いてもいいときなのに。
16. そのダンサーは、完璧なタイミングと統制を披露した。
17. 彼は首相の後任に指名されている。
18. 彼は2度、強盗に遭ったことがある。
19. 彼らはうれし涙を流した。
20. その犬はミルクの椀を舐めてすっかりきれいにした。
21. 群衆は犯罪の現場から素早く遠ざかった。

SECTION 2 ➡ p.162

1. 彼女はきっと忘れるでしょう。
2. 私を止めないで！
3. 彼は突然立ち上がった。
4. 彼女はそれ以上の金額を支払った。
5. 彼はコートのボタンをなくした。
6. 彼の指は凍傷になっていた。
7. 彼女は疲れ果てているように見えた。
8. 太陽は雲に隠れていた。
9. 彼らは結婚を公にしている。
10. 来ていいですよ、いまでなければ。
11. 彼は銀行業界の大物だ。
12. もう少しそのケーキが残っています。
13. 彼女はそれを木の容器の中に入れた。
14. その記者は、新聞記事のための鋭い嗅覚を持っていた。
15. 彼らは彼に穀物の貨物を送った。
16. あなたは昨夜来る必要はなかったのに。
17. これ以上何を期待できるの？
18. 2杯以上は絶対飲むべきじゃないよ。
19. 明日までに何とかそれをしていただけませんか。
20. 彼らは潜水艦が徐々に沈んでいくのを見守った。
21. 彼に頼まれなかったら、それをしなかっただろう。

SECTION 3 ➡ p.168

1. 最近、彼女に会った？

2. 君はさびしそうに見えるよ。
3. 彼はワインを2瓶空けた。
4. 君は本当にラッキーだよ！
5. 私を見るのをやめて！
6. 私はちょっと混乱しています。
7. その小さな男の子は模型を作るのが好きだ。
8. それは戦いの最中に起こった。
9. その本のタイトルを覚えていますか。
10. 彼は夏はいつもサンダルを履いている。
11. 猫が塀の上を跳び越えた。
12. 何て晴れわたった空だろう！
13. その瓶には金属製のふたが付いていた。
14. 大きな物音が牛たちを驚かせた。
15. 彼女は皮膚科のクリニックに通院している。
16. 私たちは彼がうそをつくのをやめることを期待できない。
17. 彼女はもうほとんど自分ではどうすることもできない。
18. 私は（期待を）裏切られて、意気消沈していた。
19. 彼はぬかるみをうまく飛び越えた。
20. 風がろうそくの火を吹き消した。
21. その小さな男の子は寝具をぴったりと引き寄せた。

SECTION 4 ➡ p.174

1. 彼らをパーティーに招待しましょう。
2. その努力は彼女のすべてのエネルギーを消耗させた。
3. 私はこうした本は必要ない。
4. ウエーターにチップを渡して、レストランを出た。
5. 彼女のコートは裏地まで濡れてしまった。
6. 彼はそれを何に使うのだろう？
7. 興奮して心臓がどきどきした。
8. 往復で2時間かかった。
9. 運に任せよう。
10. たばこの煙で窒息しそうになった。
11. 何てひどい天気なんだ！
12. 時計が10時を打った。
13. 彼らはちょうど婚約を発表したところだ。
14. 光は音よりも速く進む。
15. 彼は健全な判断力を持った人です。
16. 彼は信頼できる人ではない。

17. それらはフリーザーに入っている。
18. あの仕事をもう終えましたか。
19. 彼は出版業に従事している。
20. われわれは暴力を止めなければならない。
21. まずカニをいただきましょう。

Part 7

SECTION 1 → p.186

1. 卵が数個割れているのを見つけました。
2. 大して変わりないよ。
3. その城には興味深い歴史がある。
4. 私たちは特別なときにしかワインを飲みません。
5. その映画はかなりありふれたものでした。
6. 4月の平均気温は18度だった。
7. 旅は視野を広げてくれる。
8. 彼らは政府から潤沢な補助金を受けている。
9. 彼女はクラシック音楽が好みだ。
10. ハトは平和の象徴です。
11. 彼らは現在、別居中だ。
12. 彼は公の発言にはもう少し注意をするべきだ。
13. 壁の木製の羽目板がひとつ壊れている。
14. 彼は本の注文をキャンセルした。
15. プライバシーは彼にとって大切なことだ。
16. 彼は同意しないと思います。
17. 8時以降でしたらいつでも電話してください。
18. 彼はいまはひとりではない。
19. 彼と仲良くやっていけますか。
20. いましなくてもいいじゃない！
21. 最終試験をいつ受けるのですか。

SECTION 2 → p.192

1. とにかく、たばこを吸っては駄目だよ。
2. 彼女はお客様にスープを出した。
3. 彼女は私が言ったことを頑として信じなかった。
4. 同意しますよね？
5. いくらかお金を貸してもらえない？
6. 彼らは自分たちを限界まで追い込んだ。
7. 穏やかな夏の夜でした。
8. 彼女は自分に向いている仕事を見つけることができなかった。
9. 彼は夜、家に帰る最終バスに間に合った。
10. 私たちは冷肉とサラダを食べるつもりです。
11. 世界の半数の人々が貧困線以下の生活を送っている。
12. 君はそんなことを言うべきじゃなかった。
13. 彼はあの古い靴を捨て去った。
14. ゴールキーパーは6本のゴールをくい止めた。
15. 彼女には話してほしくないね。
16. 彼女はほんのわずかなお金で何とかうまくやりくりした。
17. その男の子は左右の区別がつかない。
18. 君は彼女をたたくべきじゃなかった。
19. 私たちは来週、会議を開きます。
20. 彼女は私がいままで会った中で最も複雑な人だ。
21. その知らせを彼女に話す必要はなかったのに。

Part 8

SECTION 1 → p.206

1. クリスマスが近づいてきている。
2. カップは彼が落としたときに割れてしまった。
3. 最近、学生たちは学校に不満を抱いている。
4. それはおそらく本当だ。
5. 通りを渡りましょう。
6. 本を持ってきてくれて本当にありがとう。
7. 彼は電気技術者として訓練された。
8. 電車の中で読むためにスリラー小説を持っていった。
9. 彼はストラトフォードを訪問した。
10. 何か虫よけスプレー（殺虫剤）を持ってきた？
11. 彼女はケーキの上に、粉にしたアーモンドをふりかけた。
12. 彼は高笑いをした。
13. この薬には処方箋が必要です。
14. 彼女は子どものことでトラブルをたくさん抱えている。
15. 彼の批評に、彼女の自負心は傷ついた。
16. 彼はその写真コンテストに3枚の写真を出品した。

EXERCISES の和訳

17. これは厳しく守秘されるべきだ。
18. 彼はガールフレンドに夢中だ。
19. そのショーは大きな興奮を呼び起こした。
20. それにはしっかりしたねじが3本必要です。
21. 日本は自由主義の国だ。
22. ノーベル賞を取ることが彼の夢だった。

SECTION 2 → p.210

1. 彼女は水泳ではクラスでナンバーワンだと公言している。
2. このかみそりの刃は青い。
3. 辞書を使うときには眼鏡がいる。
4. 彼の生活スタイルは非常に質素だ。
5. ハトは羽ばたいて、飛び去った。
6. 彼女は減量に挑戦している。
7. ソーセージがなべの中で音を立てた。
8. 台所を片づけてもらえませんか。
9. 妻の死は彼にとって大打撃だった。
10. 彼女はその男をにらみつけた。
11. 最初の計画でいったほうがいいよ。
12. そのスポーツカーはあっという間に通り過ぎた。
13. 母は薄切りのパンが好みです。
14. お話ができて楽しかったです。
15. もうすぐ11時だ。
16. 彼女の態度は、チャーミングで飾り気がなく、感じのよいものだった。
17. そんなに憂うつそうにしないで！
18. 電気時計のプラグをコンセントに差し込んでくれない？
19. 彼の目は怒りで燃え上がった。
20. 道路は非常に滑りやすくなっていた。
21. この書類を一緒にとじておいていただけますか。
22. 今日は多少曇っているね。

SECTION 3 → p.214

1. 彼は取っ手をひねった。
2. 私たちはグウェンに歌を歌ってくれるよう頼んだ。
3. 彼は行儀の悪い男の子を手でピシャリとたたいた。
4. 彼のジャケットはツイードでできている。
5. 彼らは熱気の中でみんな汗をかいていた。

6. スカッシュのラケットはテニスのものより小さい。
7. 彼は男の子のお尻をたたいた。
8. 彼女はいま、12歳だ。
9. その少女は年齢にしてはかなり小柄だ。
10. 彼らは量よりも質のほうを求める。
11. 彼女の希望はだんだんしぼんでいった。
12. 歩くときには腕を振る。
13. 日本人はイカをたくさん食べる。
14. 彼は何とか大急ぎで食事を取ることができた。
15. 彼女は鼻にかかった声で話した。
16. 私たちはよくお互いに本を交換し合った。
17. その男性はしゃがんで、男の子に話しかけた。
18. 彼女の目はいたずらっぽく輝いた。
19. 彼は公園で軽い昼食を取った。
20. それには15分くらいかかる。
21. 彼女は、昨夜私が何をしていたか、根掘り葉掘り聞き出そうとした。

SECTION 4 → p.218

1. 私たちは昨夜、スミスさんの家で夕食をいただいた。
2. 彼女はあの老婦人が大嫌いだ。
3. 彼はまだ、深い思い出の中で生きている。
4. その店はさまざまな幅のカーテン素材を売っている。
5. 彼らは、以前はさまざまな種類の布地を生産していた。
6. われわれはみんな立ち上がって、彼らの健康のために乾杯した。
7. 口をゆすぎなさい。
8. われわれは会議を来月に設定した。
9. 彼女は、彼ががっかりしているなと感じた。
10. 彼は10代だ。
11. 彼女はシルクの服を着た。
12. 彼女はコートにブラシをかけた。
13. 彼は時計をちらりと見た。
14. 彼を人混みの中に見かけたように思った。
15. 彼はその男の腕を捕まえた。
16. 彼女は驚いて息をのんだ。
17. 彼らはまだ、合意に達していない。
18. 彼女は卵をかき混ぜた。

19. その仕事は彼女に多くのことを要求する。
20. 私たちはピクニックを次の日曜に決めた。
21. 彼は安堵してため息をついた。

SECTION 5 → p.222

1. 休憩しましょう。
2. 何てうららかな、いい天気なんだろう！
3. どうぞ、お座りください。
4. 連絡をしてくださいね。
5. 私はあなたの言ったことがわからなかった。
6. あなたの言いたいことがまったく理解できない。
7. 終えさせてください（最後まで言わせてください）。
8. そのとおりだ。
9. すぐに戻ってきます。
10. これについてはよく考えてみます。
11. これはどれくらいのサイズですか。
12. その仕事は私にぴったりだ。
13. あなた次第ですよ。
14. そんな大声で話さないで。
15. 私がそれを正しく理解したかどうか確認しましょう。
16. それはどのようにして明らかになったのですか。
17. さあ、出かけましょう。
18. もう少しそれを考えてみます。
19. クレジットカードを使えますか。
20. 彼女が言ったことはいまでも正しい。
21. それを買う余裕はありません。

Part 9

SECTION 1 → p.236

1. それは私が（滑った／寝た）ところです。
2. 彼女は（手にペンを持っていた／手が痛かった）。
3. みんな一緒に（生活／出発）しましょう。
4. ほら、（あそこがカーブだ／あそこに楽隊がいる）。
5. 大きめの（カップ／帽子）をあげます。
6. （ピン／ペン）をもらえますか。
7. テーブルの上に（1本のコード／1枚のカード）が見えた。

8. 赤ちゃんは（携帯用ベッド／カート）の中です。
9. 彼女は（その会社／その農場）で週に3日働いている。
10. 彼は（不思議に思っていた／歩き回っていた）。
11. 押し入れは（敷物／ぼろ服）でいっぱいだった。
12. 私たちは浜辺にかわいい（カモメ／少女たち）がいるのを見た。
13. この水を（検査してください／飲んでみてください）。
14. その（穴／ホール）は十分大きくはない。
15. 私は彼の言うことを（本当に信じます／めったに信じません）。
16. 私はそんな（やけど／納屋）をいままで見たことがない。
17. その（虫／バッグ）に触らないように！
18. その（警官／帽子）を見て！
19. ゴムがそこにある。／泥棒がそこにいる。
20. 私は（「捕らえられた」／「ベッド」）と言った。
21. （カモ／埠頭）が見えましたか。

SECTION 2 → p.242

1. 彼は（狭い道／小道）に入っていった。
2. 彼らはそのことで（考えた／戦った）。
3. われわれは彼らを（雇った／クビにした）。
4. （「衣類」／「終わり」）という単語を繰り返してください。
5. （薬／水差し）を使わないように。
6. それが（悪いこと／ロンだということ）がわかった。
7. （ねじ／電気のボルト）と言ったのですか。
8. だれが（エンドウの皮をむくの／エンドウを売るの）？
9. 彼は書類を（集めなかった／訂正しなかった）。
10. 彼はさらに（いい賞を授与されること／いい値段がつくこと）を期待している。
11. これをみんな（バッグに入れて／後ろに置いて）。
12. （列車／鎖）を見てごらん。
13. 彼は若いころ（大悪党／偉大な歌手）だった。
14. 私たちは（もっと大きなバッジを／もっ

EXERCISES の和訳

とたくさん）もらえると期待していた。

15. この古い（グラスを全部処分しましょう／草を全部取り去りましょう）。

16. それはとても（お粗末な運行／貧弱な横桟（さん））だった。

17. 彼らは政府を（倒そうとした／倒すことを考えた）。

18. 野原にいる（雄羊／子羊）を見て。

19. どうして彼女はその猫を（たたいたのだろう／隠したのだろう）？

20. （「傷害」／「レギオン」）という言葉を知っていますか。

21. （遊んでいるときは／お祈りをしているときは）彼らの邪魔をしないで。

SECTION 3 → p.248

Ⅰ

1. テレビ
2. 反対側の、正反対の
3. 反対する
4. 電話
5. 意見
6. 怒って
7. 作用、操作
8. 地質学
9. 許す
10. 世代、同時代の人々
11. 発達、発展
12. 器具、機械
13. 小説
14. 賛辞
15. 忠実に
16. さまざまな
17. 忘れる
18. 無知
19. （大学・高校の）新入生
20. 一般化
21. 共謀、共犯
22. 男の、男らしい
23. 荒廃した
24. 文学
25. 製造（する）
26. 王国
27. 異なった

28. 相いれない
29. 記念物（館）
30. 記念碑
31. 容易に信じない
32. 忘却
33. 半島
34. 年金（恩給）受給者

Ⅱ

1. 彼女は地方銀行でよい地位にある。
2. 彼女は食器棚にベーコンを入れた。
3. 彼はいつもクラスで最低のほうだ。
4. 彼は自分のお金をとても気前よく使った。
5. このウールのじゅうたんは本当にお買い得でした。
6. そして悲惨な出来事が起こった。
7. 彼はその新聞にコラムを書いている。
8. 彼が来る可能性はあるが、確実ではない。
9. 彼は鼻が目立って長い。
10. 彼らはテロリストたちによって人質として捕らえられた。

マザー・グースで英語のリズムをマスター

Mother Goose rhyme

　マザー・グースは、不思議なそして楽しい世界です。子どもたちだけではなく、大変多くの大人たちがとりこになっている世界でもあります。その魅力はいったいどこにあるのでしょうか。

　ひとつには、詩や歌の内容の面白さです。わが国に、谷川俊太郎ほか多くの人たちによる訳詞集があることからもうかがえます。また、多くの研究書が出版されていますが、これはマザー・グースの歌の内容や、使われている言葉を研究することによって、英語圏に関する背景的知識が得られるからでもあります。しかし、何よりも大きな魅力は、朗読されたり、歌われたりした場合の英語の音とリズムそのものにあると言えるでしょう。

　そうです。rhyme（韻文・詩）という言葉から明らかなように、これらは、必ず声に出して読まれ、歌われるものなのです。英語圏の子どもたちは歌いながら遊戯をし、大人たちは子どもの心に戻って歌います。

　私たちも、英語圏の人たちと同じように、リズムに乗って歌ってみてはどうでしょうか。歌の言葉と一緒に身体が動くようになってくればもう大丈夫です。英語のリズムが身についてきたのです。

　この特別講座は、だれもが歌ったり、朗読したりすることを通じてマザー・グースの世界を楽しみ、そして英語のリズムを身につけることができるように、詳しい解説を付けてあります。解説を参考に音声・音楽を聞き、繰り返し歌ってみましょう。マザー・グースを通じて、英語の世界が皆さんの心の中に広がっていくことでしょう。

Mother Goose rhyme

　マザー・グースは、正式には、Mother Goose rhyme [mʌ́ðər gúːs ràim] と言われ、英語圏で伝統的に歌われてきた、小さな子どもたちのための歌のことです。メロディーに乗って歌われることも、詩として口ずさまれることもあります。イギリスでは、ナーサリー・ライム nursery rhyme [nə́ːrs(ə)ri ràim] と通常言われていますが、これに対して、アメリカでは Mother Goose rhyme という呼び名が一般的に使われています。日本では、「伝統童謡」「わらべうた」「子守歌」そして「ナーサリー・ライム」「マザー・グース」などと呼ばれています。

　詩歌の数は何百とあり、内容的にも多岐にわたっています。長い間、母が歌い、また子どもたち自身も歌い、さらになぞなぞ、早口言葉、遊戯と一緒に歌えるなど、幼いころの思い出とともに、英語圏の人々の血となり肉となっているのです。英語圏の人々の「心のふるさと」であると言われるのもそのためです。

　英語を学ぶ私たちが、これらの「わらべうた」を通して、少しでも英語圏の人たちの「心のふるさと」に触れることができるとすれば、その意義は大変大きなものと言えるでしょう。「わらべうた」は、子どもの歌であるため、歌の意味が必ずしも論理的なものではなく、脈絡に欠けるもの、どう考えても意味がよくわからないものなどが多くあります。しかし意味の詮索はひとまずおいて、私たちもわらべうたそのものを子どものように歌い楽しんでみるのがよいでしょう。

　また、英語の音声習得の面から言っても、マザー・グースは格好のお手本であると言えます。リスニング・スピーキングのすべてのポイントがここで学べるのです。何よりもまず、**リスニング・スピーキングの根本である、英語のリズムを身につけることができる**というのが最大の利点です。「まずリズムありき」であり、マザー・グースには、英語のリズムが根源的な形で現れています。マザー・グースのようなわらべうたは詩の一種であって、言語のリズムは、詩において最も根源的な姿を示すからです。

さらに、わらべうたは、歌の意味や内容よりもむしろ、音の作り出す世界が重要なのです。音の韻律——リズムや音の同音性などによる調子——が優先するものなのです。

こうした理由から、マザー・グースは、リズムに焦点を当てて英語を勉強するにはもってこいだということがわかります。では、実際に例を見る前に、もう一度リズムについて復習しておきましょう。

言語にはリズムがあります。言葉が話されるとき、そこには何らかのリズム現象が現れます。世界の言語はそれぞれ、リズムに独自の特徴が見られるとはいえ、本質的にはふたつのタイプに分けられると報告されています。これは「強勢リズム」（stress-timed rhythm）と「音節リズム」（syllable-timed rhythm）のふたつです。

なぜ、このようなリズムが現れるのかは、自然現象に見られる規則性や、人間の呼吸、心臓の鼓動などに見られる生命現象としての規則性などにその根源があるのかもしれませんが、もちろん確かなことはわかっていません。

具体的な現象としては、たとえば日本語には日本語独自のリズムがあり、それは五・七・五の俳句や五・七・五・七・七の短歌、またはそれに類した標語などに、はっきりとした形を取って現れてきます。ここでは、ひとつひとつの音節（拍とも言います）が、どれもほぼ同じ間隔で規則的に現れてくるという特徴を持っています。これが音節リズムです。音節リズムにはまた、ある音節がほかの音節より強く言われて、そこが際立つなどということがないという大きな特徴を持っています。

これに対して、英語にも英語独自のリズムがあります。この場合は、ひとつひとつの音節ではなく、強勢（stress）のある音節が規則的に現れてくるという特徴を持っています。これを強勢リズムと言います。そして、英語においても、この強勢リズムの特徴が、詩歌の形を取ったときにはっきりと現れることになるわけです。

世界中の言語にリズムがあるとすれば、人間は、何らかの（規則性のある）「律動」あるいは「パルス」（pulse）とでも言うべきものを潜在的に持っていると言えるでしょう。あるいは、このパルスが言葉を引き出し、言葉に流れを与え、言葉にまとまりを与えていると言ってよいかもしれません。このパルスの現れ方の違いを、日本語と英語について簡単に比較し、まとめておきましょう。

日本語の場合

1. ひとつひとつの音節にパルスが顕在する。
2. ひとつひとつの音節が、ある意味では均質的であると言える。強いところと、弱いところという対立的関係はない。
3. 以上のことから言えることは、話をする場合、言葉の流れに目立った強弱がなく、しかもそのスピードが比較的一定しているということである。視覚的に表示すれ

ば、とでもなるであろう。

英語の場合

1. ひとつひとつの音節すべてにではなく、ある特定の音節にパルスが顕在する。

2. そのパルスが現れる特定の音節は、ほかよりも強められ、同時に、長くなったり、ピッチに変化が生じたりして、ほかより目立つものとなる。すなわち、強勢のある音節が際立つ。

3. 強勢のある音節とない音節との組み合わせが、使われる単語によって異なるため、弱の音節の数によって、言葉の流れにいろいろな型の強弱現象が現れる。同時に、スピードに緩急の差、すなわち、遅くなったり速くなったりする現象が生じる。日本語のように常に一定であるということはない。視覚的には次のように表示できる。タイプはいろいろある。

以上のことから明らかなように、日本語を母語とする人が英語を学ぼうとするときは、日本語の言語リズムの特徴から生まれる壁を乗り越えなくてはならないわけです。つまり、均質的で、発話のスピードにあまり変化がないという特徴から離れて、正反対の性質を持っている英語のリズムを身につけなければなりません。

以下、マザー・グースに現れる、この英語の根源的なリズムを、6つの歌を例に見ていきます。歌は266ページと267ページにまとめて挙げてあります。また、ダウンロード音声と以下の解説を照らし合わせて、リズムを確認してください。マザー・グースのようなわらべうたは、節をつけて歌ったり、声を出して読んだりするもので、決して黙読するものではありません。詩歌はどれも、声を出して読んだり歌ったりすることによって、そのリズムをはっきりと感じ、味わうことができるのです。

1. Géorgie Pórgie, ...

強弱（●●）の単純なリズムの中に、1カ所だけ強弱弱（●●●）と弱がふたつ続くところがあります（púdding and）。同音の繰り返しとして、pie [pai] と cry [krai]

の [ai]、play [plei] と away [əwei] の [ei] とがそれぞれ脚韻を踏んでいます。単純な
リズムですが、慣れないと、なかなかネイティブスピーカーのようには言えません。
注意する点は次のとおりです。

a.　強のところ（●）から次の強（●）のところへ、弾むように跳んでいく。

b.　強（●）と強（●）の間の時間を等しくする。机を手でたたくなどして拍子を取
　　るとよい。

c.　1行目の Géorgie Pórgie に続く púdding and を少し速めに言うようにする。

d.　3行目の bóys came のところは、bóys が長くなりすぎないように、しかも強め
　　に言う。came は弱めにし、bóys came と速めに進める。

e.　全体としては、とにかく山のところと谷のところ（強く際立つところと弱く際立
　　たないところ）の差をつけるようにすることが大切。山のところ（強のところ）
　　が発話の流れを支配し、リードしていくようにする。つまり、強の部分が弱の部
　　分を従えて進んでいくようにするとよい。

2. Chárley Bárley, . . .

　これは 1. とまったく同じリズムです。1. で挙げた点を確認して、同じように言っ
てみましょう。

3. To márket, to márket, . . .

　これは、弱強弱弱（●●●●●）と強弱弱（●●●）が交ざったものです。以下の点
に注意しましょう。

　⑴　1行目と3行目の出だしの部分、To márket の To を強にしないこと。弱く短
　　く出て márket の mar- で盛り上がるようにする。

　⑴　1行目と3行目の終わりの部分、búy a fat píg と búy a fat hóg の fat を強く
　　しないこと。強くしかも比較的短い búy の後、a fat と弱く速めに進むようにす
　　る。

4. Óne, twó, thrée, fóur,

　これは、1行目と3行目が強（●）の4連続によって特徴づけられ（séven の強弱
を除いて）、2行目と4行目が、強弱（●●）の繰り返しを特徴としています。このこ
とから、1行目と3行目のほうが、2行目と4行目より少しゆったりと進みます。2、
4行目で大切なことは、強と弱との差をつけることです。

5. Twínkle, twínkle, líttle stár!

　これは、すべての行にわたって、強弱（●●）が規則正しく現れているので、比較
的簡単に言うことができます。強と弱との差をしっかりつけて、英語に現れるパルス
を感じとるようにしましょう。ぜひ、音楽と一緒に歌ってみてください。

6. Húmpty Dúmpty sát on a wáll,

　これは、強弱（●●）と強弱弱（●●●）とが交ざっているため、少し言いにくい

1. **Géor**gie **Pór**gie, **púd**ding and **píe**,

Kíssed the **gírls** and **máde** them **crý**;

Whén the **bóys** came **oút** to **pláy**,

Géorgie **Pór**gie **rán** **awáy**.

ジョージー　ボージー
プディングにパイ
キスしちゃ女の子を泣かせてた
遊びに出てきた男の子
とたんに逃げてった
ジョージー　ボージー

2. **Chár**ley **Bár**ley, **bút**ter and **éggs**,

Sóld his **wífe** for **thrée** duck **éggs**;

Whén the **dúcks** be**gán** to **láy**,

Chárley **Bár**ley **fléw** **awáy**.

チャーリー　バーリー
バターに卵
アヒルの卵3個で女房を売った
アヒルが卵を生み始めたら
チャーリー　バーリー
すっとんで逃げた

3. To **már**ket to **már**ket, to **búy** a fat **píg**,

Hóme again, **hóme** again, **jíg**gety-**jíg**;

To **már**ket to **már**ket, to **búy** a fat **hóg**,

Hóme again, **hóme** again, **jíg**gety-**jóg**.

市場へ　市場へ
肥えたブタ買いに
おうちへ　おうちへ
ピョンピョンピョン
市場へ　市場へ
肥えたブタ買いに
おうちへ　おうちへ
ランランラン

かもしれません。1行目と2行目の Húmpty Dúmpty の強弱（●●）以外は、強弱弱（●●●）となっています。ですから、●●●のところは、少し速めに言わなければなりません。

　また、great、king's、put の3語は弱にすることが大切です。この3語は、普通の会話では強になるタイプのものですが、わらべうたではリズムが優先するため、弱になっているのです。

　リズム以外にも注意を要する現象があります。

4.(1)　Máry át the cóttage dóor

　at は弱形の [ət] ではなく強形の [ǽt] であり、しかも、次にくる the [ðə] との関係で [ǽt] の [t] には目立った破裂がない。

　(2)　Éating chérries óff a pláte

　off a が ó-ffa のようにつながっている。

4. Óne, twó, thrée, fóur,

Máry át the cóttage dóor,

Fíve, síx, séven, eíght,

Éating chérries óff a pláte.

ひい、ふう、みい、よう
メアリーが戸口で
いつ、むう、なな、やあ
お皿からサクランボ食べている

5. Twínkle, twínkle, líttle stár!

Hów I wónder whát you áre!

Úp abóve the wórld so hígh,

Líke a díamond ín the ský.

Twínkle, twínkle, líttle stár!

Hów I wónder whát you áre!

キラキラ　光って　お星さま
お星さまは　どなたなの
あんなに高く　天高く
まるでお空の　金剛石ね
キラキラ　光って　お星さま
お星さまは　どなたなの

6. Húmpty Dúmpty sát on a wáll,

Húmpty Dúmpty hád a great fáll;

Áll the king's hórses and áll the king's mén

Cóuldn't put Húmpty togéther agáin.

ハンプティーダンプティーが
塀の上
ハンプティーダンプティーが
おっこちた
国王陛下の馬たちも、
国王陛下の歩兵も
ハンプティーをもとには戻せな
かった
（ハンプティー：卵形の人形）

5.(1)　what_you

　[(h)wátʃu, (h)wátʃu] になる場合と [(h)wá(t)ju, (h)wá(t)ju] になる場合とがある。
音声は後者で、[t] に破裂がないため、「**ワッユ**」のような響きになる。

(2)　Líke_a díamond_ín the

　単語が滑らかにつながっている連結現象。

6.(1)　sát_on_a wáll　　(2)　hád_a great

(1)、(2)ともに単語の連結現象。

(3)　cóuldn't [kú(d)nt]

　[d] の破裂がなく、[n] に飲み込まれるようになる。

音声を聞いて、強勢の位置を確認し、同じように言ってみましょう。

1. Tínker, táilor, sóldier, sáilor,
Rích man, póor man, béggarman,
thíef.

鋳掛け屋、仕立て屋、兵隊、水夫
金持ち、貧乏人、お乞食、泥棒

DL S_08

2. Péter Píper pícked a péck of píckled
péppers.
A péck of píckled péppers Péter Píper
pícked.
If Péter Píper pícked a péck of píckled
péppers,
Whére's the péck of píckled péppers
Péter Píper pícked?

（早口言葉なので同音の繰り返しが
大切）
笛吹きピーターがピクルスペパーを
ワンペック摘んだ
ピクルスペパーをワンペック、笛吹
きピーターが摘んだ
笛吹きピーターがピクルスペパーを
ワンペック摘んだなら、
どこにあるのか、笛吹きピーターが
摘んだ、そのワンペックのピクルス
ペパー？

DL S_09

3. Ráin, ráin, gó awáy.
Cóme agáin anóther dáy.
Líttle Jóhnny wánts to pláy.
Ráin, ráin, gó to Spáin.
Néver shów your fáce agáin.

雨なんか、行っちまえ
おとといやって来い
小さなジョニーが遊ぶんだ
雨なんか、スペインへ、行っちまえ
もう来なくていいんだよ

DL S_10

4. Híckory, díckory, dóck. *Tick-tóck.*
The móuse ran úp the clóck. *Tick-tóck.*
The clóck struck óne, the móuse ran
dówn.
Híckory, díckory, dóck. *Tick-tóck!*

チックタク、チックタク、
ネズミが時計に駆け上がり、チック
タク
時計がひとつボンと鳴り、
ネズミが駆け下り、チックタク
チックタク、チックタク

DL S_11

5. Péter, Péter, púmpkin éater,
Hád a wífe and cóuldn't kéep her.
Pút her ín a púmpkin shéll—
And thére he képt her véry wéll!

ピーターはね、ピーターはカボチャ
食らい
女房もらったが　食わせていけない
カボチャの殻に入れました
うまい具合にいきました

DL S_12

6. Jáck and Jíll went úp the híll,
To fétch a páil of wáter.
Jáck fell dówn and bróke his crówn—
And Jíll came túmbling áfter.

ジャックとジルが山行った
手おけにいっぱい水くみに
ジャックがころんで頭を打った
ジルも続いてころがった

DL S_13

解説

　ここでは、強弱（●●）の繰り返しを中心とした、きわめて単純なリズムのわらべうたばかりを集めてあります。強弱（●●）の変化をつけること、強の規則性（等時性）を維持することの2点を意識して言うことが大切です。

1. 実に単純な強弱（●●）の繰り返しです。béggarman が強弱弱（●●●）となっているので、ここは少し速めに通過するように注意しましょう。

2. [p] 音が繰り返し現れる早口言葉です。強弱（●●）が規則正しく最後まで続きますが、3行目の A péck（●●）は弱強になっており、そのタイミングに注意が必要です。また、5行目の If Péter は弱強弱（●●●）となりますが、If を弱め速めという気持ちで言わないと、文頭の単語はつい強めてしまうため、リズムが崩れることになります。

3. ●●●●●●／●●●●●●／●●●●●●のリズムです。1行目の3つ続く強の最初のふたつの強と、それぞれの行の最後の強をゆっくり言うことがポイントです。後は強弱の調子をつけて言えばよいでしょう。なお、このわらべうたは、●●●●●●／●●●●●●／●●●●●●のように、1行目は、Ráin と gó、2行目は Cóme と anóther、3行目は Líttle と wánts に強勢を置いて、すなわち、各行ふたつの強勢のリズムで歌うこともあります。go‿away と Come‿again‿another の連結にも注意しましょう。

4. ●●●●●●● のリズムが繰り返されますが、2行目と3行目の The（●）に注意して、弱めに、少し速めに言うようにします。Tick-tóck の Tick、ran úp の ran、struck óne の struck、ran dówn の ran をそれぞれ強めず、弱めに言うことが大切です。ran‿up の連結にも注意しましょう（Hickory と dickory は●●●にもなります）。

5. これも、●●●●●●●の単純なリズムの繰り返しです。3行目の ín が強（●）になるので、そこを盛り上げるような気持ちで言う必要があります。なお、この歌も、上の3. と同様に、各行2強勢のリズムで歌うこともあります。

　　　●●●●●●●　　　Péter と púmpkin が強になる。
　　　●●●●●●●　　　Hád と cóuldn't が強になる。
　　　●●●●●●●　　　Pút と púmpkin が強になる。
　　　●●●●●●●　　　thére と véry が強になる。

6. この歌は、1行目と3行目が4強勢、2行目と4行目が3強勢のリズムになっていますが、各行2強勢で歌うこともあります。比べてみると次のようになります。

　　　　●●●●●●●●　　●●●●●●●●　　Jáck と úp が強
　　　　●●●●●●●　　　●●●●●●●　　　fétch と wáter が強
　　　　●●●●●●●●　　●●●●●●●●　　Jáck と bróke が強
　　　　●●●●●●●　　　●●●●●●●　　　Jíll と áfter が強

　前者のように、4強3強4強3強で歌った場合、2行目と4行目は強がひとつ足りないため、wáter と áfter の後に1強勢分の時間を取ることになります。つまり、wáter の後1拍置いてから Jáck に移るという具合です。

特別講座　Mother Goose rhyme

音声を聞いて、強勢の位置を確認し、同じように言ってみましょう。

1. Péas pudding hót, péas pudding cóld,
Péas pudding ín the pot níne days óld.
Sóme like it hót, sóme like it cóld,
Sóme like it ín the pot níne days óld.

豆のプディングほっかほか
豆のプディングひぃえひえ
豆のプディング九日経ってもなべの中
ほっかほかがいい人や
ひぃえひえがいい人や
九日なべがいい人や

2. Óne, twó, thrée, four, fíve,
Ónce I cáught a físh alíve.
Síx, séven, éight, nine, tén,
Thén I lét him gó agáin.
Whý díd you lét him gó?
Becáuse he bít my fínger só.
Whích fínger díd he bíte?
The líttle fínger ón the ríght.

ひい、ふう、みい、よう、いつ
あるとき魚を捕まえた
むう、なな、やあ、ここ、とう
魚は放してやっちゃった
何で放してやったんだい？
指をぱくりとかんだから
どの指をかんだんだい？
それが右手の小指なの

3. Sálly go round the sún,
Sálly go round the móon,
Sálly go round the chímney pots
On a Sáturday afternóon.

サリー　回って　お日さまを
サリー　回って　お月さまを
サリー　回って　えんとつを
ある土曜日の昼下がり

4. Míx a pancake,
Stír a pancake,
Póp it in the pán.
Frý the pancake,
Tóss the pancake,
Cátch it if you cán.

パンケーキをミックスし
パンケーキをかき混ぜて
フライパンに放り込め
パンケーキを焼いて
パンケーキを放り上げ
ひっくり返してみてごらん

解説

　ここでは、LISTEN & TRY 1より、リズムが少し複雑になったものを扱っています。単純な強弱（●●）の繰り返しではなく、弱（●）の数が1行の中で、また行によっても異なるため、発話のスピード（テンポ）に変化が生じます。この発話のスピードに変化をつけて言うことと、その変化に乗って聞くことが、私たちには大変難しいわけです。しっかりと練習し身につけましょう。次のLISTEN & TRY 3は、ここの応用であると考えればよいでしょう。その意味でもここは大変大切なところです。

1. 　この歌は、各行4強勢ですが、弱の数が一定ではありません。そのために生ずる発話のスピードの変化についていけるようにしなければなりません。注意する点は以下のとおりです。

⑴　1行目と3行目のhót（●）の後には弱がないため、ここでスピードが落ちる。つまり、hót 1語を発音する時間が、ほかの強のところより長くなる。

⑵　同様に2行目と4行目のníne days（●●）は、弱がひとつであるため、その前のふたつのところより遅めになる。

　その他、次の点にも注意が必要です。

⑶　2行目のpudding ínのín（●）を強めること。ínに続くthe [ðə]はínの[n]の影響で[nə]になる。4行目のín the も同様。

⑷　3行目と4行目のlike itの連結に注意。

2. 　各行4強勢で、強弱（●●）を中心としていますが、弱が抜けて強強（●●）と続いたり、弱が入って弱強（●●）となったりしている点が要注意です。

⑴　1行目と3行目のfour（●）とnine（●）を弱くし、thrée four（●●）、éight nine（●●）と速めにすること。

⑵　5行目のWhý díd you（●●●）のWhýをゆっくり言い、しかもdídを強にし、díd youと速めに続けること。7行目のWhích fínger（●●●）も上と同様。

⑶　単語の滑らかなつながりに注意。

　Once I caught a fish alive. / Then I let him go again.

⑷　弱形に注意。him [(h)im], he [(h)i:]

3. 　各行2強勢で弱が4つ続きます。

⑴　go round は強めがちになるが、抑えて速めに進むようにする。

⑵　3行目と4行目は行の変わり目も●●●●●と弱が4つ続いているので、途中で切らずに速めにスムーズに進むこと。

4. 　強勢がひとつだけの行とふたつの行とがあるので注意。

⑴　pancake は強めないこと。

⑵　pán と cán（韻を踏んでいる）を盛り上げるように強（●）にすること。（3行目と6行目）

音声を聞いて、強勢の位置を確認し、同じように言ってみましょう。

1. Óranges and lémons,
Say the bélls of St. Clément's.
You ówe me five fárthings,
Say the bélls of St. Mártin's.
Whén will you páy me?
Say the bélls of Old Báiley.
Whén I grow rích,
Say the bélls of Shoredítch.
Práy, when will thát be?
Say the smáll bells of Stépney.
I'm súre I don't knów,
Say the gréat bells of Bów.

オレンジとレモン
聖クレメントの鐘が言う
そなたに5ファージング貸しがある
聖マーティンの鐘が言う
いつ返してくれるのか
オールド・ベイリーの鐘が言う
それは長者になったとき
ショーディッチの鐘が言う
いったいそれはいつのこと
小さなステプニーの鐘が言う
皆目見当つきもうさん
大きなボーの鐘が言う

2. The Ówl and the Pússycat wént to séa
In a béautiful péa-green bóat.
They tóok some hóney, and plénty of móney,
Wrapped úp in a fíve-pound nóte.
The Ówl looked úp to the stárs abóve,
And sáng to a smáll guitár,
'O lóvely Pússy, O Pússy my lóve,
What a béautiful Pússy you áre,
You áre,
You áre,
What a béautiful Pússy you áre!'

フクロウとネコちゃんが海へ出た
きれいな青豆色のボートに乗って
ハチミツ少しにお金をたんと
5ポンド札にしっかりくるみ
星を見上げてフクロウが
小さなギターで歌う歌
「いとしのネコちゃん、愛するネコちゃん
何てネコちゃんは美しい
ほんとうに
ほんとうに
何てネコちゃんは美しい！」

解説

わらべうたの総仕上げです。これまでのものに比べて、スピードの変化がやや複雑になり、同時に強弱のつけ方が少し難しくなります。ここを乗り越えると後は楽になります。日常会話や、ニュースなどに現れるリズムにも乗っていけるようになるでしょう。そして何よりも、自分の話す英語が間違いなく英語らしくなります。下の注意点を参考にして、強のところで机をたたくなどして言ってみましょう。

1. 各行2強勢ですが、弱の現れ方がずいぶん違っています。そのために各行のつながりが難しくなる点に注意しましょう。

⑴ Say（●）を強（●）にしないようにする。Sayの前に弱（●）がひとつある場合（2、4、6、10行目）と、弱がない場合（8、12行目）とがある。ある場合はない場合よりいっそう速め、弱めにSay the（● ●）と進まなくてはならない。

⑵ bélls of St. Clément's（2行目）と bélls of St. Mártin's（4行目）のSt.は[seint]とも[s(ə)nt]ともなるが、[seint]の場合でも弱く速く進み、最後の[t]は聞こえない。音声は[seint]に近い。

⑶ five（●）（3行目）、Old（●）（6行目）、grow（●）（7行目）、bells（●）（10、12行目）は強（●）にならないようにする。

⑷ Óranges_and, bélls_of, bélls_of Old Báiley, などの連結を滑らかに行う。

2. これは、1行4強勢と3強勢とが交互に現れる上に、弱の現れ方が各所で異なっているため、かなりリズムに乗りにくいものとなっています。

⑴ 2行目、5行目、7行目、9行目はそれぞれ強（●）が3つになっているが、隠れた強（無音の強勢 —— silent stress）がその後にひとつ続いているものとして、そこで1拍置いてから次の行に移るようにする。

⑵ péa-green（● ●）（2行目）のgreenを弱にし、péaは少しゆっくり言う。bóat（●）のあと1拍置くこと。

⑶ Wrapped úp in a fíve-pound nóte（5行目）のWrappedを弱（●）に、úpを強（●）にすることが難しいので注意。また、fíveは少し遅めに言い、pound（●）は弱にして進む。nóte（●）のあと1拍置く。

⑷ And sáng to a smáll guitár（7行目）は、smáll（●）を少し遅めに言うようにするとよい。guitár（● ●）の後、1拍置いてO lóvely（● ● ●）と続けるようにする。
以上のほか、次の点にも注意。

⒜ The Ówl_and the Pússycat wént to séa（1行目）のÓwl_andの連結、and [ən(d)]の弱形。the [ðə]→[nə]の変化。wént [wen(t)]は[(t)]が落ちる。

⒝ In_a béautiful（2行目）の連結。

⒞ They tóok some hóney,_and plénty_of móney（3行目）の弱形に注意。and [ən]、of [əv]

⒟ Wrapped_úp in_a（5行目）の連結にも注意。

特別講座　Mother Goose rhyme

273

音楽とビート音に合わせて、楽しく歌ってみましょう。
thatとandの弱形に注意するとスムーズにいきます。 **DL S_20**
慣れてきたら、少しずつ歌詞を見ないで言ってみましょう。

THE HOUSE THAT JACK BUILT **DL S_21**

This is the house that Jack built.

This is the malt
That lay in the house that Jack built.

This is the rat,
That ate the malt
That lay in the house that Jack built.

This is the cat,
That killed the rat,
That ate the malt
That lay in the house that Jack built.

This is the dog,
That worried the cat,
That killed the rat,
That ate the malt
That lay in the house that Jack built.

274

This is the cow with the crumpled horn,
That tossed the dog,
That worried the cat,
That killed the rat,
That ate the malt
That lay in the house that Jack built.

This is the maiden all forlorn,
That milked the cow with the crumpled horn,
That tossed the dog,
That worried the cat,
That killed the rat,
That ate the malt
That lay in the house that Jack built.

This is the man all tattered and torn,
That kissed the maiden all forlorn,
That milked the cow with the crumpled horn,
That tossed the dog,
That worried the cat,
That killed the rat,
That ate the malt
That lay in the house that Jack built.

This is the priest all shaven and shorn,
That married the man all tattered and torn,
That kissed the maiden all forlorn,
That milked the cow with the crumpled horn,
That tossed the dog,
That worried the cat,
That killed the rat,
That ate the malt
That lay in the house that Jack built.

This is the cock that crowed in the morn,
That waked the priest all shaven and shorn,
That married the man all tattered and torn,
That kissed the maiden all forlorn,
That milked the cow with the crumpled horn,
That tossed the dog,
That worried the cat,
That killed the rat,
That ate the malt
That lay in the house that Jack built.

This is the farmer sowing his corn,
That kept the cock that crowed in the morn,
That waked the priest all shaven and shorn,
That married the man all tattered and torn,
That kissed the maiden all forlorn,
That milked the cow with the crumpled horn,
That tossed the dog,
That worried the cat,
That killed the rat,
That ate the malt
That lay in the house that Jack built.

This is the horse and the hound and the horn,
That belonged to the farmer sowing his corn,
That kept the cock that crowed in the morn,
That waked the priest all shaven and shorn,
That married the man all tattered and torn,
That kissed the maiden all forlorn,
That milked the cow with the crumpled horn,
That tossed the dog,
That worried the cat,
That killed the rat,
That ate the malt
That lay in the house that Jack built.

［最後の１節の和訳］
これは馬と猟犬と角笛だ
種まく農夫のものだった
農夫の飼ってた一番鶏が
目を覚まさせたつるつる頭の牧師
さんが
結婚式を行ったボロ着の男が
キスをした一人さびしい小娘が
乳を搾ったよじれた角の乳牛が
放り上げたイヌが
かみついたネコが
殺したネズミが
食べた麦芽が
置いてあったジャックの建てた家

［注］worried かみついていじめた ／ crumpled ねじれた ／ tossed 角(つの)で放り上げた ／ all forlorn とってもさびしい ／
all tattered and torn すっかりやぶれてぼろぼろになった（ものを身につけた）／
all shaven and shorn 頭の毛をさっぱりと刈り込んでそり落とした

資　料　編

発音クリニック

音声器官と英語音声記号の名称

日本における英語教育の問題点

発音クリニック

紛らわしい音をはっきり区別するために

以下の図は、それぞれ調音の構え（発音の仕方）を示したものです。調音の場所（どこで）と調音の様式（どのように作られるか）を示しています。音声器官の概略図と英語の子音表（*p.282*、283）を参考にして、音声の作り方を確認してください。

[b]と[v]   ban [bæn] / van [væn]

[b]

両唇が閉じる。開くとき、破裂音が出る。

[v]

上の前歯と下の唇とが近づき、摩擦音が生じる。

[f]と[θ] [v]と[ð]   deaf [def] / death [deθ], veil [veil] / they'll [ðeil]

[f], [v]

上の前歯と下唇とが近づき、摩擦音が生じる。

[θ], [ð]

舌先が上の前歯に近づき、摩擦音が生じる。

278

[θ]と[s] [ð]と[z]
thick [θik] / sick [sik],
clothe [klouð] / close [klouz]

[θ], [ð]

舌先が上の前歯に近づき、摩擦音が生じる。

[s], [z]

舌の先の部分が歯茎に近づき、摩擦音が生じる。

[s]と[ʃ] [z]と[ʒ]
sip [sip] / ship [ʃip],
bays [beiz] / beige [beiʒ]

[s], [z]

舌の先の部分が、歯茎に近づく。

[ʃ], [ʒ]

舌の先の部分が、広く上あごに近づく。

[z]と[dz]
bees [biːz] / beads [biːdz]

[z]

舌の先の部分と歯茎との間に、すき間がある。

[dz]

舌の先の部分と歯茎とが付いている。

[ʒ]と[dʒ]
lesion [líːʒən] /
legion [líːdʒən]

[ʒ]

[ʃ] の有声音。舌の前の部分が、上あごに近づくが接しない。

[dʒ]

[tʃ] の有声音。舌の前の部分が、上あごに接する。

[tr]と[tʃ] [dr]と[dʒ]

train [trein] / chain [tʃein], drain [drein] / Jane [dʒein]

[tr,dr]

舌の先の部分が、歯茎の裏に付く。狭い接触。

[tʃ, dʒ]

舌の前の部分が、広く上あごに接する。広い接触。

[l]と[r]

loyal [lɔ́iəl] / royal [rɔ́iəl]

[l]

舌の先の部分を、しっかりと歯茎に付ける。

[r]

舌を軽くカールさせて、歯茎の裏に近づける。

[j]と[iː]

yeast [jiːst] / east [iːst]

[j]

[i]の前で舌を少し持ち上げ、空気の通路を狭め気味にする。(「ヤ」[ja]の先頭の音)

[iː]

日本語のイ[i]に近い。舌を少し緊張させるようにするとよい。

[w]と[uː]

woos [wuːz] / ooze [uːz]

[w]

両唇を狭め、舌の奥を持ち上げ、空気の通路を狭め気味にする。

[uː]

唇を丸め、日本語のオ[o]という気持ちでウ[u]を言う。

[ə:]と[ə:r]と[アー]

bird [bə:d] (英音)/
bird [bə:rd] (米音) /
バード [ba:do] (日本語音)

[ə:]

口をあまり開かない。

[ə:r]

舌先をカールさせる。

[アー]

口をかなり開く。

[f]と[h]と[フ(ァ)]

fight [fait] /
height [hait] /
ファイト [ɸaito] (日本語音)

[f]

[f]は上の前歯と下唇の間で作る摩擦音。

[h]

[h]は、呼吸のときの吐く息。口の中で摩擦を生じない。

[フ(ァ)]

日本語フ[ɸu]の先頭の音。両唇の間で作る摩擦音。

音声器官と英語音声記号の名称

人間は常に呼吸をしていますが、音声はこの呼吸の呼気、すなわち肺から出てくる空気を利用して作られます。音声器官がいろいろに働いて、この空気の流れにさまざまな影響を及ぼします。こうして作られるのが音声です。

音声器官（概略図）　Organs of Speech

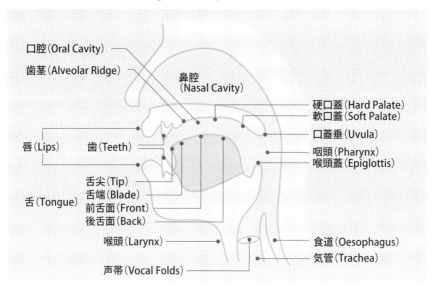

口腔 (Oral Cavity)
歯茎 (Alveolar Ridge)
鼻腔 (Nasal Cavity)
硬口蓋 (Hard Palate)
軟口蓋 (Soft Palate)
唇 (Lips)　歯 (Teeth)
口蓋垂 (Uvula)
咽頭 (Pharynx)
喉頭蓋 (Epiglottis)
舌尖 (Tip)
舌端 (Blade)
舌 (Tongue)　前舌面 (Front)
後舌面 (Back)
喉頭 (Larynx)
食道 (Oesophagus)
気管 (Trachea)
声帯 (Vocal Folds)

　肺は広い意味で音声器官に入りますが、普通は、喉頭と口・鼻の部分を音声器官と呼びます。喉頭の内部に声帯があり、その振動の有無により有声音か無声音かが決まり、さらに声帯の状態により、ささやき声や、声門破裂音などが作られます。

　音声器官ではとくに舌が重要な働きをします。母語を英語で native tongue、mother tongue というように、舌 (tongue) が言語を表すほどです。

　人間は音声器官を働かせて「母音」(vowel)・「子音」(consonant) を作り、その結びつきによって「音節」(syllable) が作られ、その音節のつながりにアクセント、イントネーションがかかわり、発話（文）が行われます。

音声産出の機構

調音
口・鼻

発声
喉頭（声帯）

呼吸
肺

呼吸
肺

英語の子音　The English Consonants

調音様式 ＼ 調音点	両唇音 Bilabial	唇歯音 Labiodental	歯音 Dental	歯茎音 Alveolar	後部歯茎音 Postalveolar	硬口蓋音 Palatal	軟口蓋音 Velar	声門音 Glottal
破裂音 Plosive	p　b			t　d			k　g	
鼻音 Nasal	m			n			ŋ	
摩擦音 Fricative		f　v	θ　ð	s　z	ʃ　ʒ			h
破擦音 Affricate					tʃ dʒ			
接近音 Approximant	w					r	j	(w)
側面接近音 Lateral approximant				l				

　上の子音の表で、横軸は調音（発音）の場所（place of articulation）を、縦軸は調音の様式（manner of articulation）を示します。表の中で同じ枠内にある記号は、左が無声音を、右が有声音を表します。

　子音は、⑴有声か無声か、⑵調音の場所はどこか、⑶調音の様式は何かによって区別され、通常次のように定義されます。たとえば、[p]は無声・両唇・破裂音、[b]は有声・両唇・破裂音、[dʒ]は有声・後部歯茎・破擦音、等々です。なお、[w]は二重調音（double articulation）と言って両唇と軟口蓋のふたつの場所で同時に行われるため、正式には有声・両唇軟口蓋・接近音と呼ばれています。

資料編

日本における英語教育の問題点
――音声教育の欠落

音声学なき音声教育

　日本における英語教育の最大の問題点が、その音声教育にあると指摘されてから久しいものがあります。多くの教育現場では、LL教室などでテープやCDを聞いたりビデオを見たりし、また最近ではCALL（computer-assisted language learning）が導入されるようにもなってきました。英語のネイティブスピーカーに授業を手伝ってもらう方策も取り入れられてきました。しかし、依然として「使えない英語」という学校教育に対する不名誉な言葉はなくなってはいません。

　故ライシャワー元駐日大使が1977年にその著 *THE JAPANESE* において述べた、「日本の英語教育につぎ込まれたたいへんな努力にもかかわらず、その成果はきわめて貧弱なものである」（Despite the huge amount of effort put into the teaching of English in Japan, the results are extremely meager.）との指摘は、30年以上たったいまもなお生きているといってよいでしょう。これは何が原因なのでしょうか。以下、主な要因を指摘してその改善のための理念と方策を提起しておきたいと思います。

1. わが国には「沈黙は金、雄弁は銀」という思考様式とでもいえるものがあって、話す行為を重視せずむしろそれを低く見る傾向があった。
2. 上の1とも関係して、インプット（入力）を重視しアウトプット（出力）を軽視する傾向があった。
3. これまで外国の学問・文化を主として文字を通じて取り入れてきたという経緯があった。
4. 言語の研究にあっては、純粋理論言語学や歴史言語学などの研究が主流を占め、実践を伴う音声学や応用言語学は傍流の地位に置かれる傾向があった。
5. 外国語の学問・研究は文学の研究が中心となり、実践・応用を伴う言語教育の研究はここでもまた傍流の地位に置かれてきた。
6. 大学は研究機関であるという認識の下で、教育の重要性より研究の重要性が優先される傾向にあった。
7. 外国語教育との関連においては、外国語の歴史や統語論（文法）の研究が中心となり、外国語の音声指導に必要不可欠な「音声学の理論」と「実践技術」は深く顧みられない傾向にあった。
8. これは、言語理論の研究は頭で行われるが、音声の研究は実践的訓練（耳と口を鍛えること）を必要とすることとも関係していた。
9. 英語教育にあっては、音声学を専攻した研究者・教員が少なかったこともあり、多くの大学では教職の資格を取得できる英文学科などのカリキュラムに、英語音声学、日英対照音声学等の教科を持つことが少なかった。

10. その結果、英文学科等で行われる英語教員の養成が、英語の音声研究・音声教育を実質的にはほとんど考慮されない中で行われ、音声指導の力を必ずしも十分に持たない教員資格者が多く生み出された。

11. 英語の音声指導に自信を持って取り組むことのできる教員が少なく、しかも1クラスの生徒・学生数が多く、かつ、学校教育が英語の読解に重点を置く流れの中で、望ましい教育成果が生み出されなかった。

　要するに、「使えない英語」の根本的な要因は、日本の英語音声教育が羅針盤を持たない船のように、**音声学を持たない英語教育**にあったといってよいでしょう。羅針盤がないために、日本の英語教育は難破船のように漂い続けてきたといえます。次のようなもっともらしい説を見聞きすることがあります。「母語である日本語は、その文法も音声も特別な訓練などをしないで自然に身についたのだから、英語もただCDなどを聞いているうちに、あるとき突然、自然に英語が口を突いて出てくるようになる」「英語放送や英語のCDなどを一日中聞いていれば、いつのまにか英語が聞き取れるようになる」、等々。

　しかし、聞き取れない音はどうしても聞き取れない、一生懸命話したのにどうしても通じない、という経験を持っている人は多いものです。また、日本の英会話学校ではネイティブスピーカーと何となく話が通じたのに、海外に出たら全然駄目だったといって悩んでいる人も多くいます。これは、英語のネイティブスピーカーは日本語母語話者が話す英語の音声や文法の間違いにはすぐに気づきますが、必ずしもその間違いを指導して正すことができるわけではないこととも関係しています。

母語の干渉

　母語の干渉とは、学習者が身につけた母語が外国語を学ぶにあたってその習得に及ぼす不利な影響のことをいいます。いったん母語を身につけた人が後に外国語を学ぶ場合は、その外国語は母語の強い影響の下で習得されるということです。その影響がどれほど強いかは、母語と外国語との音の体系の違いがどのようなものであるかによって決まります。単純な音の体系の言語話者が複雑な音の体系の外国語を習得する場合は、母語の干渉の度合いがその逆の場合よりもはるかに大きくなります。ということは、習得がずっと難しくなるということです。

　この不公平とも言える現象が日本語と英語との間には存在するのです。それは日本語と英語の音声の体系、すなわち両言語の音の成り立ち方がまったく異なっているうえに、**英語の音の体系のほうが日本語のそれよりもあらゆる面ではるかに複雑**であるからです。日本語を母語とする私たちは、音声の面では英語を学習するにあたってたいへん大きなハンディ（不利な条件）を負っているのです。

　聞き取りと発音の両面にわたってその習得が難しい英語の音声現象は数え切れないほどありますが、その中でも最も習得が難しいといってよい、英語の強勢現象にかかわる実例を見てみます。

ある日本人がアメリカ入国の際、係官にfour finger [fɔ́:r fíŋgər] ● ●（4本の指）と言われ、fingerに複数のs [z] が付いていなかったことから、「アメリカ人も単数・複数を間違えるのだなと思った」とのことでした。しかし実際は、4本の指と言われたのではなく、forefinger [fɔ́:r fíŋgər] ● •（人さし指）と言われたのだということがわかりました。4本の指も人さし指も子音と母音の組み合わせは同じですが、強勢型が違います。料理器具のホットプレートはhotplate ● • であってhot plate ● ● ではないのと同様の、強勢現象の問題です。ちなみにhot plate ● ● だと温かい（熱い）皿になります。

　英語を使うことにとくに不自由のない高いレベルの英語力を持つ人でも、この種の強勢現象には正しく反応することが難しいのです。これは、母語の日本語が音節リズムの言語（syllable-timed language）であるのに対して、習得対象である英語が強勢リズムの言語（stress-timed language）であることによるもので、母語の干渉がきわめて強いことを示す典型的な例のひとつです。

　この例からもわかるように、日本語の母語話者が英語を学ぶにあたって直面する音声現象習得の難しさは、根本的にはすべて母語である日本語の音の体系から生み出されます。それゆえ、その難しさは潜在的なものであって、よほどのことがない限り意識できません。そこで、その克服のためには体系的な指導と学習が必要となるのです。ここにおいて、体系的な指導と学習を可能にするのが学問としての音声学であり、音声学こそが確実で効果的に英語の音声を習得する道を示し、それを達成するための理論と方法を提供してくれるのです。

音声学 —— 理論と実践の学

　音声学（phonetics）は、全世界の言語をその研究対象とし、研究のための理論的枠組みおよび実践的技術を提供して、これに基づいて言語音声の記述・分析・表記を行います。これが一般音声学（general phonetics）です。諸言語の音声研究において、いろいろな仮説を科学的にテストする目的で、主として機器類を使用してラボ（language laboratory）その他で実験を行う場合、これを実験音声学（experimental phonetics）と呼びます。

　音声学の具体的な研究領域としては、言語を話し手と聞き手との間のスピーチチェーン（話し言葉の連鎖）として捉え、その視点から下記の3つの部門に分けるのが一般的です。

スピーチチェーン（The speech chain）

> 話し手の脳（メッセージの作成）──→ 話し手の口（調音）──→ 空気の振動（音波）──→
> 聞き手の耳（聴覚）──→ 聞き手の脳（メッセージの解釈）

音声学の3部門

1. 話し手（口で言葉を発する）── 調音音声学（articulatory phonetics）
   音声器官による調音（発音）の仕組みの研究
2. 音波（空気中を音が伝わる）── 音響音声学（acoustic phonetics）
   空気の振動（音波）の物理的研究
3. 聞き手（耳で言葉を聞く）── 聴覚音声学（auditory phonetics）
   耳に届いた音声に対する聴覚的反応の研究

なお、メッセージの作成とメッセージの解釈は言語学の対象分野となります。

英語の音声研究

　英語の音声に関しては、とくに海外の英語圏において、いろいろな観点から詳細な研究が行われてきました。外国語としての英語教育とのかかわりにおいては、調音（発音）の仕組みとその具体的な音声の記述・分析とが、主として英語音声学の名の下に調音音声学の観点から行われてきました。この従来の英語音声学は英語の音声のさまざまな姿を知ることができることから、そして多くの場合CDなどでその姿を確認することができることもあって、外国人学習者にとっては音声学の貴重な研究成果として世界中で活用されてきました。

　しかし、調音音声学をベースとしたこの伝統的な英語音声学に問題がなかったわけではありません。ひとつには、母音・子音の記述・分析という、分節音素論（segmental phonology）の分野がその中心を占め、強勢、リズム、イントネーションなどの超分節音素論（suprasegmental phonology）の分野はあまり重要視されてこなかったことです。多くの場合後者は強調や話者の心的態度（感情）を表すものとして、上級学習者が学習の最終段階において学ぶ、いわゆる英語らしさを身につけるためのものとして扱われてきました。しかし、強勢やリズム、イントネーションは単に話者の心的態度を示すだけのものではないことが、その後の多くの研究で明らかにされてきており、そこに見られる新情報や旧情報という情報処理の機能、さらに相手との関係性におけるコミュニカティブな機能などは外国人学習者にとってきわめて重要な学習課題となっています。さらにもうひとつの非常に大きな問題点は、従来の英語音声学は英語の音声の姿をいわば解剖学的に示すことを中心課題としていて、母語によって異なる学習上の問題点に対しては、一般的な記述にとどまってきたという点です。

　本書は、音声学の分野に誕生してきた新しい研究領域である「**教育音声学（educational phonetics）**」の観点から、日本語母語話者がその母語の干渉（母語の壁）を乗り越えるために必要な理論と実践的方法を体系化したものです。音声学が日本の英語教育を新しい方向に進めていく羅針盤となることを願ってやみません。

新装版 英語の発音パーフェクト学習事典

発行日　2000年10月20日（初版）
　　　　2015年1月23日（改訂版）
　　　　2024年2月20日（新装版）

著者：深澤俊昭
編集：株式会社アルク 出版編集部／株式会社伴想社
AD・デザイン：早坂美香（SHURIKEN Graphic）
イラスト：鈴野麻衣
「LET'S LISTEN」作成：Cathleen Fishman／Jorge Ribeiro
ナレーション：Thomas Clark（米）／Judith Sackheim（米）／Pamela Fields（米）／
　　　　　　　Simon Loveday（英）／Leighton Armitage（米）／Chris Koprowski（米）
　　　　　　　伊澤美穂（日）／高橋大輔（日）
録音・編集：安西一明／株式会社メディアスタイリスト
DTP：株式会社秀文社
印刷・製本：シナノ印刷株式会社
発行者：天野智之
発行所：株式会社アルク
〒102-0073　東京都千代田区九段北4-2-6　市ヶ谷ビル
Website：https://www.alc.co.jp/

地球人ネットワークを創る

アルクのシンボル
「地球人マーク」です。